普通高中新课程新教材实施国家级示范区（常州）实践探索丛书

普通高中教学改革创新的实践探索

本册主编

黄惠涛

本册作者

陈国祥　方海燕

江苏凤凰教育出版社
Phoenix Education Publishing, Ltd

图书在版编目(CIP)数据

普通高中教学改革创新的实践探索/完利梅，戚宝华主编. —南京：江苏凤凰教育出版社，2023.12

ISBN 978-7-5743-0283-9

Ⅰ. ①普… Ⅱ. ①完… ②戚… Ⅲ. ①课程-教学改革-高中 Ⅳ. ①G632.3

中国国家版本馆 CIP 数据核字(2024)第 019743 号

书　　名 普通高中教学改革创新的实践探索
主　　编 完利梅　戚宝华
责任编辑 李　炘
装帧设计 许　畅
出版发行 江苏凤凰教育出版社(南京市湖南路 1 号 A 楼　邮编 210009)
苏教网址 http://www.1088.com.cn
照　　排 南京理工出版信息技术有限公司
印　　刷 江苏凤凰数码印务有限公司(电话 025-83657309)
厂　　址 南京市湖南路 1 号 C 座 1 楼
开　　本 787 毫米×1092 毫米　1/16
印　　张 12.5
版　　次 2023 年 12 月第 1 版
印　　次 2023 年 12 月第 1 次印刷
书　　号 ISBN 978-7-5743-0283-9
定　　价 52.00 元
网店地址 http://jsfhjycbs.tmall.com
公 众 号 苏教服务(微信号:jsfhjyfw)
邮购电话 025-85406265，025-85400774
盗版举报 025-83658579

编 委 会

主 编

完利梅　戚宝华

副主编

邓小进　韩志祥　潘正凯　丁　静

编 委

曹新跃　姚　奕　黄惠涛　周冬英　朱禾勤

目录
CONTENTS

第一章　普通高中教学改革创新的背景 …………………………… 1
第一节　历史溯源:普通高中传统教学的现实问题 ……………… 3
第二节　文献综述:普通高中教学改革的国内外趋势 …………… 6
第三节　政策梳理:普通高中教学改革的要点分析 ……………… 12

第二章　普通高中育人目标的落实 …………………………………… 17
第一节　人才培养目标:宏观、整体的学生形象刻画 …………… 19
第二节　课程目标:校本化的核心素养表达 ……………………… 22
第三节　课堂教学目标:学科核心素养的内容锚定 ……………… 25

第三章　普通高中教学实施的创新 …………………………………… 31
第一节　高质量组织教学内容 ……………………………………… 33
第二节　教学内容组织的基本类型 ………………………………… 36
第三节　教学方式创新的基本路径 ………………………………… 50
第四节　教学方式创新的现实案例 ………………………………… 55

第四章　普通高中学习机制的探寻 …………………………………… 71
第一节　明晰学生学习的一般过程 ………………………………… 73
第二节　理解学生学习的学科差异性 ……………………………… 77
第三节　学生学习的教育支撑:学业指导 ………………………… 82

第五章　普通高中评价方式的变革 …………………………………… 89
第一节　学校整体性评价体系 ……………………………………… 91
第二节　诊断性评价 ………………………………………………… 105

第三节　表现性评价 …… 112
第四节　增值性评价 …… 117

第六章　普通高中教育技术的支撑 …… 123
第一节　典型适切的教育技术 …… 125
第二节　技术融合的精准教学 …… 136
第三节　服务教学的智慧管理 …… 148

第七章　普通高中组织协同的保障 …… 159
第一节　制度保障 …… 161
第二节　资源保障 …… 170
第三节　督管保障 …… 183

第一章

普通高中教学改革创新的背景

第一节　历史溯源：普通高中传统教学的现实问题

第二节　文献综述：普通高中教学改革的国内外趋势

第三节　政策梳理：普通高中教学改革的要点分析

随着新课程改革的不断推进，普通高中教学也在不断发生变化，并逐步形成了以学生为主体的教学模式。但在传统教学观念和模式的影响下，普通高中教学仍存在诸多问题与挑战，亟待进一步深化改革，为促进学生全面而有个性地发展、培养德智体美劳全面发展的社会主义建设者和接班人提供有力支撑。

第一节　历史溯源:普通高中传统教学的现实问题

一、教学理念:重"教"轻"学"

教学理念是对教学行为的思考,是教学过程的思维方式,是教育教学的价值取向。当前,普通高中在教育教学中存在着重"教"轻"学"、重"教"轻"育"的现象,在课堂教学过程中,往往过于重视教师在课堂上的主导作用,而忽视学生在课堂上的主体地位。尽管从本质上说,教师是课堂教学的设计者、组织者和学生学习的指导者与帮助者,但这并不意味着教师应成为课堂教学活动中的主体。

重"教"轻"学"现象产生的原因是多方面的。首先,是应试教育思想的影响。当前,高考仍然是我国普通高中教育教学工作的指挥棒,在应试教育思想影响下,我国普通高中的教师更多地关注学生在课堂上的学习效果,而不是学生在课后、课外自主学习的情况。因此,教师在课堂上将更多的精力放在了传授知识、技能等方面,而忽视了培养学生自主学习能力。很多普通高中教师都有这样一个共同认识:做好课堂上的知识传授,教学任务就算完成了,学生学到什么程度也与自己无关了,只要学生能顺利通过高考就行。

其次,是传统教学理念的桎梏。我国传统的教学理念,一直以来都强调"教师为中心",强调教师对学生的引导和指导。传统教学模式中教师是"中心",学生则是"客体"。由于教师在课堂上具有绝对的权威地位,学生在课堂上只能是被动地接受教师所传授的知识,处于一种"客体"地位。同时,传统教学模式往往更注重教材知识本身的讲解和传授,而忽视学生自身能力与素养的培养,学生的主体性也无法得到充分发挥。

最后,是课程改革实践的局限。普通高中新课程改革实施已有几年的时间,但在实践中还存在着一些问题:一是新课程改革在执行中缺乏教师的自主参与,学校在实施中仍然是被动地执行新课程改革的内容和要求,因而使新课程改革实施的效果大打折扣;二是新课程改革后学校仍然没有改变"以教师为中心"的传统教学模式,尽管教师已经在教学中融入了"问题情境"和"合作学习"等新型教学方式,但学生仍然只是被动地接受老师讲解的知识。

二、教学方法:偏向知识传递的基本模式

在传统的课堂上,教师往往过度关注对教材知识的讲解,学生只是被动地接受知识,这也就是我们所说的"教师讲,学生听"。这种方法容易让学生形成思维惰性,忽略自己的思考和理解,或懒于对自己所学到的知识进行总结。这样一来,教师实际上只教给学生教材中的知识,而没有教学生如何去学这些知识。其实,更重要的是让学生学会如何去学。

教师在教学方法上的另一个误区是忽视学生的知识水平和认知结构。教师在备课时,常常只注意对教材的分析、比较、选择,对学生的知识结构却了解甚少。有时盲目按照教材内容授课,讲了许多学生已经懂了的知识。而对于新知识,有时又讲得太多了,学生也很难消化和理解。又或者,只把有关概念或结论直接告诉学生,然后让他们直接记忆和接受。教师只关心自己讲解的内容是不是清晰、正确、符合逻辑,而不关心学生是否已经理解或能够理解这些内容。教师在课堂上不能合理评估学生对知识的认知,往往以自己对知识的理解作为学生学习的参照。

此外,由于课堂时间有限,教师又常会忽略学生的思维发展。高中学生在课堂上学习知识,教师以讲授为主,学生则以听讲为主。课堂时间是有限的,而教师又不可能照顾到每一个学生,因此,学生在课堂上的思维活动机会较少。这样,学生就难以充分发挥自己的潜能,激发学习兴趣,培养自己的独立思考能力和创新能力。其实,高中阶段是学生思维发展的关键期。这个时期,学生的思维正从以感性形象为思维基本单元的形象思维向以概念为思维基本单元的抽象思维过渡。他们不再满足于机械记忆书本知识,而是喜欢运用知识去解决问题。这个阶段如果不鼓励学生独立思考,可能会限制他们创新意识和创新能力的发展。

三、教学结构:线性的知识体系呈现

教师为了帮助学生构建清晰的知识体系,会着重讲授一些核心的、主干的知识内容,学生在学习这些内容时,也会建立起线性的学习思路,比如将数学公式、定理等内容作为知识体系的主干知识来记忆,然后再去补充其他相关内容。这样的做法虽然能够帮助学生快速掌握核心知识,但在学科知识体系构建方面并没有起到积极作用。因为在构建完整知识体系的过程中,需要学生对知识进行探索和理解,如果教师只注重主干知识的教学,就会忽视对学生学习过程中知识内部的横向关联的引导。这样做很容易让学生在横向学习过程中遇到困难,从而产生畏难情绪。

四、教学评价:单一的终结性评价导向

当前,普通高中的学生评价正朝着以综合素质为基础展开评价的方向发展,已有多个省份的教育部门出台了普通高中综合素质评价的相关政策,并以此来引导学校开展内部的教学评价工作。

教学评价既是对学生能力与人格发展的一种检验,也是对课程设计和教师教学水平的一种检验。教学评价的主要目的一方面是对学生的学习状况进行及时反馈,协助学生对自己的学习成果进行分析,使学生全面了解自己的学习状况,在后续学习中查漏补缺,提高学业水平。另一方面,教学评价也是对教师教学能力的检验,可以督促教师提高自己的教学水平,推动教育质量的提高。目前,普通高中的教学评价越来越受到教育界的共同关注,但仍面临着诸如分数导向明显、科学性不够等各种问题。

首先,受到长久以来的应试教育的制约,传统的教学评价过分关注学生的考试成绩,对最终的结果太过重视,而忽略了形成性的评价。各类评价系统大多把注意力集中在学业成绩与升学率上,其评价的首要目标就是筛选出那些表现优异的考生。由于这仅仅是一种"工具化"的评价,只对学生进行工具化的筛选和简单的分级,因此偏离了人文精神,也偏离了教育最初的目的,背离了教育的本意。教育应当是以所有人为对象,以人为本的教育。但如今对成绩的错误运用使得成绩变成了一种负担,无数案例已经说明,如果仅仅以成绩为导向,忽略教育的其他职能,偏重"智育",不重视"五育俱全",很容易导致"高分低能",不仅对学生的能力发展无益,也对学生的身体和心理健康发展不利。

其次,不合理的教学评价对教师的发展也是一种禁锢。对教师的评价,很多时候都依赖于简单的问卷调查以及基于调查结果的简单的数据处理,而没有真正去聆听学生内心深处的真实感受。此外,在评价过程中,由于缺少相关理论的指导,评价的标准往往过于单一,很难确保评价结果的科学性。不合理的评价结果无法正确地给予教师应有的反馈,也会限制他们主观能动性的完全发挥。

第二节　文献综述：普通高中教学改革的国内外趋势

一、顺应国家政策导向，注重综合素质发展

2019年6月，国务院办公厅印发了《国务院办公厅关于新时代推进普通高中育人方式改革的指导意见》（下称《意见》），从构建全面培养体系、优化课程实施等多个角度，就推进普通高中教育教学改革、全面提高普通高中教育质量进行了系统设计和全面部署。《意见》指出，坚持以习近平新时代中国特色社会主义思想为指导，深入贯彻党的十九大和十九届二中、三中全会精神，全面贯彻党的教育方针，落实立德树人根本任务，发展素质教育，遵循教育规律，围绕凝聚人心、完善人格、开发人力、培育人才、造福人民的工作目标，深化育人关键环节和重点领域改革，坚决扭转片面应试教育倾向，切实提高育人水平，为学生适应社会生活、接受高等教育和未来职业发展打好基础，努力培养德智体美劳全面发展的社会主义建设者和接班人。

《意见》明确了改革目标，即到2022年，德智体美劳全面培养体系进一步完善，立德树人落实机制进一步健全。普通高中新课程新教材全面实施，适应学生全面而有个性发展的教育教学改革深入推进，选课走班教学管理机制基本完善，科学的教育评价和考试招生制度基本建立，师资和办学条件得到有效保障，普通高中多样化有特色发展的格局基本形成。

普通高中教育在我国教育事业发展中占有重要地位。然而，目前我国的普通高中教育发展还面临着一些问题，如：素质教育发展不够完善，一些学校仍存在"唯分数""唯升学"的问题等。《意见》从"构建全面培养体系""创新教学组织管理""加强学生发展指导""完善考试和招生制度"等多个方面提出了要求。例如，《意见》强调，把综合素质评价作为发展素质教育、转变育人方式的重要制度，强化其对促进学生全面发展的重要导向作用。强化对学生爱国情怀、遵纪守法、创新思维、体质达标、审美能力、劳动实践等方面的评价。在教师队伍建设方面，《意见》也指出要创新教师培训方式，重点提升教师新课程实施、学生发展指导和走班教学管理能力。

二、关注核心素养培养，聚焦课堂教学改革

随着全球化、信息化程度加剧，世界格局正在发生深刻变革。为了应对时代挑战，许多国家和国际组织纷纷开展教育改革。20 世纪 90 年代以来，许多国家都致力于核心素养的研究与基于核心素养的基础教育改革。国外关于核心素养的界定，目前主要有两种类型：一种是界定为知识、能力和态度的集合，比如欧盟 2005 年发表的《终身学习核心素养：欧洲参考框架》认为核心素养是个人在自我、社会的价值体现，以及在就业时所需要的，整合个人知识、技能与态度的素养；另一种是界定为关键能力，例如美国 21 世纪能力联盟提出的核心素养主要是指学生参与的活动和从事的工作都必须具备的能力。

2014 年 3 月，教育部发布《教育部关于全面深化课程改革 落实立德树人根本任务的意见》，提出“研究制订学生发展核心素养体系和学业质量标准”，并指出“各级各类学校要从实际情况和学生特点出发，把核心素养和学业质量要求落实到各学科教学中”。自此以后，核心素养成为基础教育改革的热门话题，发展学生核心素养成为课程与教学改革新的目标指向。2016 年 9 月《中国学生发展核心素养》正式发布，明确提出核心素养是学生应具备的，能够适应终身发展和社会发展需要的必备品格和关键能力。

核心素养是一种宏观的育人理念，具有整合性、普适性和跨学科性等特点。而教育教学和学生学习是一种具体的实践过程，且带有明显的学科特征。为建立核心素养与课程教学的内在联系，教育部于 2018 年发布了普通高中课程方案和语文等学科课程标准，基于各学科本质凝练了本学科的核心素养。余文森认为学科知识与学科活动是学科核心素养形成的两翼，其中学科知识是学科核心素养形成的主要载体，学科活动是学科核心素养形成的主要路径。李松林认为强大的统摄力与整合性、广泛的迁移力与适应性、持续的影响力与建构性是学科核心素养的三大基本特性。李润洲认为学科核心素养的培育首先要基于学科知识的层级性，用学科思想或价值观引领教学；其次要基于学科知识的顺序性，让知识学习成为学生发现之旅；最后要基于学科知识的层核性，以意义获得统御各种教学方式。

高中学科核心素养体系构建、高考命题改革、高中课程标准修订及其教材内容的相应调整以及学生综合素质评价体系构建，协同构成了高中学科教学改革深入推进的基本政策体系。近些年来，高考命题有了重大改革，更加重视对学生关键能力和必备品格的考查，更加注重综合性、应用性、开放性、创新性，尽管其开放性有待加强。与此同时，学生发展核心素养体系、高中学科核心素养体系建立起来，高中各学科课程标准得到重新修订，课程内容进行了模块化的调整和优化，更加聚焦学科核心素养

培养，特别是设置了某些推动学习方式变革的内容模块，从而更加聚焦推进情境式学习、综合性学习、研究性学习等新型学习方式，力图破解“机械刷题”难题。

三、扎实推进课程改革，创新课程体系构建

普通高中新课程改革与新一轮的高考综合改革，是推动普通高中育人方式变革的关键。目前，我国普通高中新课程改革已步入新的发展阶段。早在几年之前，《中国学生发展核心素养》就已发布，在此基础上，高中新课程体系得以层层深入地推进建设。

第一，新阶段，新任务：通过教学改革，实现新课程、新教材的理念和要求。首先，以学生发展核心素养为指导，对各个学科的核心素养进行精炼，即对各个学科在培养学生核心素养中所能做出的贡献进行梳理。在 2018 年 1 月教育部发布的普通高中新课程方案和课程标准中，明确了经过凝炼的各学科核心素养。第二，在学科核心素养的指导下，对教学内容进行选择与重构，重思“学什么”。第三，为实现核心素养的目标，制定并执行相应的教学流程与方式，重思“怎么学”。第四，根据培养学生的实际情况，提出了基于核心素养培育的相应的评价准则和评价方法。要实现学生发展核心素养，不仅要对教学内容加以选择和改变，还需要转变学习方式和教学模式。所以，目前最迫切和最需要解决的问题，就是如何将现有的顶层设计，转变为教学和学习的实际行动。这是一项关乎新课程改革的理念和方案能否真正落地、能否取得理想的结果，能否真正完成培养学生核心素养的目标，以及育人方式能否真正转变的重要一环。

第二，重思学习的本质。要想真正地转变学习方式和教学模式，就必须深入地了解人是怎样去学习的，进而力求回到学习的本质，回到对问题的探索。学习已经不只是“把外部世界的知识装进人的脑子里去”，而更应该是在不断地自我发现问题和自主解决问题的过程中，探索世界、认知自我、发展理性。若以此为目的，那么，最理想的教学就是让学生去探索和经历某一学科的知识，将学习的内容与实际的生活相结合，培养其对某一学科的内在兴趣。另外，要让他们探索和经历真实的生活，感受充满激情和创造力的人生。在教学中，教学活动的设计要有情境性，有问题性，要与生活相联系，更要以“创造”为目的，使科学探索与生命探索突显其所要寻求的意义。老师们常常会提出这样的问题：让孩子们自己去探索，这样的课堂效率从何而来？事实上，对于现行的知识传播，除了“效率”外，也应当存在一个“意义”的维度。“意义”指的是人类生存的目标，是为了完善自己，完善与他人、社会和自然之间的关系而存在的。意义超越了“有效”和“无效”：如果能更好地实现人生意义，那就是“有效”；如果人生意义不能得到满足，那么任何知识和回忆都会显得缺少了灵魂。

第三，由“传递”向“探究”转变，使用新教材。教育并非将一大批外在的知识照本宣科地教给学生，再一丝不苟地训练。一切的学科，无论是学科课程还是综合实践活动课程，都应当是师生共同进行的有意义的探索，在探索中表现自己的理念和意义，使学生感悟到自身的耐力与独特。在这种教育方式下，才能产生生动的、充满智慧的、符合人的学习成长规律的教育，而不是将教育变成一种机械的、僵化的、脱离人的学习成长规律、不去关注学生的情绪和思考的操作过程。普通高中启用新教材，就是要在每一堂课、每一单元、每一学期、每一学年都以“学科核心素养”为中心，对学科教学进行再设计，推进育人方式变革。

四、注重学科关联统整，实现学生综合学习

综合学习源自日本的“综合学习时间”以及美国高等学院和大学协会（Association of American Colleges and Universities，以下简称 AAC&U）为推行博雅教育而倡导的综合学习项目。在日本，从 20 世纪中叶起便有了综合学习实践。有些中小学已经在这方面做了很多年的探索，例如奈良女高师附属小学就进行了“合并科目，综合学习”的研究。为了满足教育发展需要，提高学生的自立与发展能力，自 20 世纪 80 年代起，日本教育界就着手建立一种新的合科学习模式。日本文部科学省于 1998 年发布的《学习指导要领》首次提出设置“综合学习时间”，这在日本的教学改革中发挥了重要作用。21 世纪初，美国高等学院和大学协会（AAC&U）将综合学习理念引入到了学校教学中。美国所提倡的综合学习，就是为了让学生能够面对多元的、错综复杂的问题，使他们能够与所处的复杂的环境相连接。总的来说，对综合学习进行体系化和制度化的研究源于日本的教学改革，其重点是在中学和小学设置“综合学习时间”；美国推行的综合学习项目则不仅扩大了综合学习的应用阶段，也深入了对综合学习的理论研究。2022 年，我国对国外的经验进行了积极的借鉴，并与我国教育发展的实际情况相结合，在新的课程方案中强调要加强课程内容与学生的生活经验、社会生活之间的关系，强化学科内知识整合。

在综合学习成为一种新的教育理念及教育改革模式在教育界引起广泛关注之后，对于它的内涵，国内外学者提出了各种不同的认识。在国际上，人们通常把综合学习界定为一种实践性的学习，或者把它看作是一种注重跨学科知识联系的学习。例如日本学者佐藤学就提出：综合学习是围绕着“主题”进行的，它是一种实现与事物、与他人、与自我对话的实践性的学习。儿岛邦宏认为，打破学科、科目、领域、单元之间的界线而进行的学习就是综合学习。而美国的学者更注重结合学生现在和将来要面临的各种复杂问题来理解综合学习。例如，曼西拉（Mansilla，V. B.）曾提出，综合性学习要求学生关注复杂的、多维的问题，对不同学科的观点和角度

进行衡量、运用、结合,进行跨学科的探究,从而突破一种单一的观点。纽维尔(Newell, W. H.)则认为,综合学习根源于复杂性,使学生面对新的知识,并整合来自不同视角的见解。马格特(Marcotte, K. M.)、格鲁本(Gruppen, L. D.)以及比恩(Beane, J. A.)都把综合学习看作是把不同领域和不同背景的知识结合起来的一种教育方式。另外,英国学者布思(Booth, A.)、麦克莱恩(Mclean, M)等在谈到综合学习时,都强调这种学习能使学生反思自我与全球社会中的其他人之间的联系,并以有目的、有自我意识和道德的方式行动。芬兰学者哈帕尼米(Haapaniemi)等则认为,综合学习就是将多个领域中的各种知识进行整合,以形成一个更加广阔的视角,进而培育出综合思考者。

目前,对综合学习的认识主要集中在内容组织与展开方式两个方面。从内容组织上来说,综合学习强调了对跨学科知识和经验的整合,将学生们所学到的知识与他们的学习经历联系在一起。徐晓东认为,综合性学习将"学会生存,学会学习"作为最终目的,以学习者的内在动力(兴趣、需求等)作为基轴,将各个学科的知识和技能结合起来,从而加深和拓展了学生的学习内容。从展开方式上来说,综合学习着重对多种学习方法进行综合,其目的是通过多元学习方式,将知识、经验和现实生活相结合。崔允漷等则认为,综合学习的本质是以"联结"为导向的一种学习模式的改革,它不仅注重突破不同学科的固有界限,增进不同学科的知识关联,同时也明确了综合学习在具体实践中需要通过多样的学习模式来实现。可以看出,对于综合学习的内涵,中外研究者们有着不同的侧重点,并没有达成共识。然而,纵观现有的不同认识,它们都认为"综合学习"的中心是"综合","综合"的基本内涵是"整合"和"联结","综合学习"凸显了以"整合和联结"思维引导的学习内容和学习方法的改革。

五、助力信息技术变革,积极推进智慧教学

科技的发展,推动了教育与教学的转型,而"智能化"则是许多人所关心的问题。在智能时代的背景下,国家紧紧跟随时代发展步伐,多次出台促进教育公平、提升教育质量的规划性政策。在目前的教育体制下,合理运用智能技术是提高教育教学水平的一条有效途径。如今,智能技术已经不再是对传统教学的一种补充和帮助,它已经作为智慧教学中的重要一员加入到了智慧教学矩阵与系统之中,成为激发教师的教学力和学生的学习力的重要驱动。

改革开放后,国家对普通高中的发展提出了许多新的要求。1999 年发布的《面向 21 世纪教育振兴行动计划》进一步在国家层面上推动了我国的教育转型,提出了实施"现代远程教育工程"的举措。2004 年发布的《2003—2007 年教育振兴行动计

划》又提出了实施“教育信息化建设工程”，这是我国教育系统与信息化接轨的重要标志。2010 年以来，《国家中长期教育改革和发展规划纲要（2010—2020 年）》《教育信息化十年发展规划（2011—2020 年）》《国家教育事业发展“十三五”规划》《教育信息化 2.0 行动计划》等政策文件均将教育信息化列为国家教育工作的重中之重，这为当前开展智慧教学奠定了良好的理论和实践基础。但现在已经不是简单的信息社会了，而是一个智能社会，以“互联网＋”“万物互联”为核心。在此基础上，智慧教学就是信息化教育教学的进阶，这不仅是深化信息化教学和培养新时代创新型人才的必然要求，也是当前信息化教学政策的指向。

在智能时代，以物联网、云计算、大数据等为代表的新一代信息技术，比目前的教育技术的发展要快得多，对人才的培养也要有更高的要求。因此，在新时代普通高中教育中，学生不仅要学习基础技术知识，还要学会智能和智慧的思维。同时，智慧教学模式还可以帮助实现差异化、多元化的教学，通过智能技术呈现出的差异性环境，可以为灵活地开展教学提供坚实的硬件保障，从而有针对性地提高学生的智慧学习水平，丰富他们的智慧学习经验，为培养具有专家型知识结构、良好的价值取向、较强的行动能力以及较好的思维质量的智慧学生奠定了良好的基础。

在政策和社会需求的共同推动下，传统的教育方式正处于转型关口，特别是在现有的智能技术的基础上，进行新的教育改革已经成了一种必然的趋势。在传统的教学模式中，纯粹的教师讲、学生听和课本媒介已经不能与当今的智慧社会相适应了。在现行的教育理论指导下，与传统的教学模式相比，互动、启发和探究式的教学模式不仅是创新式教学的发展趋势，也是培养创新型人才的发展方向。想要培养出优秀的创新型人才，就需要改变传统的教学方式，充分发挥智能技术的优势，对传统的教学环境进行改革，创建教师和学生双驱动双联结的智慧模式。

第三节 政策梳理:普通高中教学改革的要点分析

一、核心素养引领的课程目标

“教学目的”和“教学目标”虽然只有一字之差,但这两个词却是许多老师在做教学设计时很难区分开来的。正确认识二者的差异,厘清二者之间的联系,是科学设计教学目标的先决条件。教学是一种有目的、有意识的行为,其目的是指在进行这一行为前,教师所抱有的一种意向和期望,它代表的是教育者的主观意愿。教学目标,指的是教师在课堂授课之前对学生预期学习成果的描述。这个描述必须把学生作为主体,而且一定要运用外显行为动词来展现。比如说,驾驶员培训学校所提供的课程,其教学目的是让所有的学员在最短的时间之内通过机动车驾驶人考试。而其教学目标,则是让学员掌握某项特定的驾驶技术,培养出良好的文明驾驶习惯。在确定教学目的时,既要贯彻国家的教育方针,又要考虑到课标的要求,而在确定教学目标时,除了要考虑到以上几点,还要考虑到学生的具体状况和教师的教学风格。由此看来,教学目标相对于教学目的而言,更具客观性、可达性和可测性。

在课程目标的影响下,一些教师更倾向于照搬三维目标的思路来进行课堂教学目标的设计,这种方式将教学行为三个维度的价值割裂开来,一方面导致了能力目标和情感态度价值观目标离开了学科知识的支持,缺少了可操作性,另一方面也导致了知识的传授缺少了对能力和情感态度价值观的提升,从而导致应试教育倾向愈发明显。为克服这一缺点,2017 年版普通高中各学科课程标准对学科核心素养进行了凝炼,并将其作为课程目标叙述的主要内容。但核心素养并不是这三个维度目标的简单相加,它在三维目标回答“培养什么人”问题的基础上,又突显了价值导向,对“为谁培养人”这一问题做出了解答。因此,核心素养目标是对三维目标的整合,强调的是学生通过本课程的学习应当获得的正确价值观念、必备品格和关键能力。

二、大概念统整的课程内容

《普通高中课程方案(2017 年版 2020 年修订)》提出“重视以学科大概念为核心,使课程内容结构化,以主题为引领,使课程内容情境化,促进学科核心素养的落实”,

自此以后，以大概念促进课程内容结构化成为高中课程改革的重点。

大概念指的是一种可以广泛迁移并具备整合作用的思想，广泛迁移指的是大范围的、更具普遍性的解释能力，可以应用到一套相互关联的事物或现象（简称“事象”）上。整合作用主要表现在大概念的活性上，首先，大小概念可以互相转化。其次，大概念有广义与狭义之分，存在不同的类型和层次，对学生迁移能力形成有着十分重要的作用。这样，大概念不仅有助于对抽象问题的理解和对全局的把握，也有助于对具体问题的分析和对各种观念的把握。再次，在教育实践的层面上，大概念是将素养贯彻到具体教学中的锚点，它是一种能够体现出专家思维方式的概念，一种具有生活价值的概念。目前，关于“大概念”这个词的定义还没有一个统一的说法，也没有一个统一的翻译。但是，毫无疑问，大概念是学科或跨学科领域知识系统的关键原则、原理、理论或法则，将众多的小概念和不同的经验联系起来；大概念引导下的教育实践，是对不同概念的深刻内涵的理解，是关于学科理解的思想。因此，大概念为特定主题或类型的教学设计提供了一个基础和架构。

大概念所蕴含的丰富的含义，有助于推动课程教学模式的变革。课程的组织作用就是将各种分散开来的课程要素整合起来，从课程结构上讲，大概念可以作为一种“凝固剂”，使学生的核心素养与专业能力相互融合、相互促进。由于大概念的统一性与流动性，我们可以把大概念看作是连接各学科元素的一条重要纽带。从知识层来看，大概念统整论的教学内容是以“有组织有结构”为导向的，其实质是“结构化”的教学过程。大概念能够将课程的各个主要模块划分为不同的层次，以某一主题或概念为主线来统一整合。此外，大概念还能提升学生联系理解多个概念、主题、问题的认识与技巧，并最终着眼于提升学生的综合素质。

三、跨学科主题学习的教学应用

跨学科学习已成为中国20多年来的一个热门话题，尽管理论研究很丰富，但在实际操作中教师们普遍存在着“身在云端”的感觉。“跨学科”的本质就是突破现有的学科边界，通过对不同领域的知识的融合和设置复杂情景的方式，使学生能够在知识的运用、批判思维、创新思维、解决问题等方面得到充分的发展，从而使教育真正成为一种综合性的教育。“主题学习”理论表明，跨学科的教学模式不再是逻辑式的教学模式，而是以专题或专题式的方式来进行教学。每个科目的思维模式都是一种线性模式，不同科目的思维模式在学生的脑海中相互交织，跨学科学习的实质就在于寻找这些线性模式之间的连接点，形成一种网络化的效果，使得各类信息能够畅通无阻地流动，这样，学生就可以从不同的视角去考虑实际问题，并能够提供富有创新性的答案。任何一种主题式的研究，本质上都是为学生提供一个视角和框架来观察现实世界。

虽然传统的分科教学在培养学生的专业能力方面起到了一定的效果，但是这并不利于他们从总体上掌握和了解知识间的整体联系，也很可能会切断他们与现实世界之间的联系。真实的世界是立体的、多维的、复杂的，因此，要解决一个特定的问题，就必须要有多个领域的知识能力。例如，买一张高铁车票看起来很容易，却要综合考虑时间、路线、价格等多种因素。尤其是在信息时代，科技的发展日益凸显出现实世界整体性和综合化的特点，学科之间的交叉与融合因此也变成了培养未来高质量人才的一个重要支点。

跨学科的主题学习，可以提高学生的跨学科思维能力，帮助他们进行向度的转换，从而达到对现实世界的整体性和系统性的理解。跨学科主题学习能破解"解决问题"和"知识学习"两张皮的问题，其在教育层面上的重要性是不言而喻的。例如，尽管数学是一门抽象的学科，但现实世界毕竟是其起源之地，回到真实世界，给人类认识世界、改造世界带来新的思路和新的方法，才是数学发展的最终目的。与此同时，数学的基本工具性质也表明，数学与其他学科存在着密切的关系，现代信息技术的产生和发展，离不开数学与物理、化学等学科的结合。从这一点可以看出，数学和其他学科的交叉结合，使我们的生活更为精彩。跨学科主题学习具有"跨学科"的内容选取、"主题式"的组织模式、"协作式"的学习模式、"展示式"的成绩表现等特点。首先，它对传统的教育方法进行了变革，使教学过程变得丰富多彩；同时，还可以调动起学生的学习积极性，让他们在学习中感受到快乐，在跨学科的研究中，他们可以像数学家那样去度量，像科学家那样去探索，像工程师那样去规划，最终达到学科教育由"育分"转向"育人"的目的。

四、学科实践的教学追求

教育是一种特殊的认知性活动，在传统的教育理念中，教育就是教师借助对书籍的直接体验，在教室里把知识传递给学生，也就是所谓的"老师教，学生学习"。这样的教学方式在帮助学生理解知识方面有着不可比拟的优势，但是，在要求培养学生核心素养的时代背景下，这样的教育理念必然要进行相应的改革，其中一个重要的方面就是"学科实践"。

"自主""合作"和"探究"是第八次课改中较为系统地提出的新的教学观念。自主、合作、探究教学是以建构主义的基本观点为基础的，该理论认为，学习不是由外而内的知识与信息的输入，而是主体在将新知识与现有经验进行连接的过程中自主进行建构与生成，教师的教学就是要引导并帮助学生实现这种知识的自我建构。自主学习要求在教学中充分发挥学生的主观能动性，引导他们实现知识的自我建构；合作学习是指学生在与他人的互动中进行知识的建构，是个体建构与协作建构的有机结合;探究教学,就是师生共同围绕某一个问题进行分析、探究和解决。

在此基础上,学科实践可以说是对“自主式”“合作式”“探究式”教学模式的又一次深化,它的超越性就在于“实践”这个词。从教育的观点来看,实践的价值与意义主要表现在以下两点:一是指导教师与学生共同关注实践问题,即这个知识可以用来解决什么实践问题,在解决实践问题的过程中该怎么用,由此帮助学生走出被课堂及课程知识所束缚的困境,逐渐地培养和发展起学生将规律与理论运用到自己的生活实践中去的意识。二是把教与学相结合,在学中教,在教中学,实现教学合一的目的。通过把知识应用于社会实践,学生既能领悟到知识的本质,也能实现智慧和品格的修炼。

于是,学科实践就冲破了传统教学观念的束缚,成为一种具有实践和经验意义的新型教学观念。在进行学科实践过程中,知识从教育的目标与教学的归宿转化成了学生实践的基础与实践的结果,将教师“传授知识的教学”转化为学生“探究知识的体验”,从而使“为了学科知识”的教学转化成“学科知识育人”的过程。

五、素质教育导向的学业质量评价

学业质量评价是一项非常有意义的工作。在中国特色社会主义新时代,学业质量评价应当怎样变革与发展?《国务院办公厅关于新时代推进普通高中育人方式改革的指导意见》指出,突出立德树人导向,重点考查学生运用所学知识分析问题和解决问题的能力。

学业质量评价通常遵循两种方式:一种是以标准为基础的评价,又称标准参照评价,属于绝对评价方式;另一种是以常模为基础的评价,即常模参照评价,属于相对评价方式。通常来说,对学生的能力评价多采用基于标准的命题和基于常模的判断相结合的方式。强调“标准”“常模”的评价方式,会使学生在评价过程中失去话语和自由。因为学生会更倾向于从评价的结果中获得对自身的认识,而不是从实际学习过程中得到成长。在学业质量评价的整个过程中,学习者都没有自主选择、解释和决定的权力,随着时间的推移,慢慢就出现了由“为学习而评价”演化为“为评价而学习”的问题。

例如,在过去的几十年里,我们一直使用百分制来衡量学生的学习质量。百分制起源于欧美国家的教育测量运动,它是一种用量化方法来对教育过程及其结果作出定量描述的评价方式。除百分制外,也有把最高成绩设定为 150 分或其他数值的若干种不同的评价方式。百分制划分细致、可比性强、易于操作,因此得到了教育工作者的普遍认可。但是,“唯分数论”和过重的学习压力等问题慢慢也随之而来。从上世纪 90 年代开始,我国湖南、浙江、山东、吉林等省进行了“等第制评价”改革,但是成效不大。除了社会压力外，它的技术路径与运作模式的不规范也是一个重要原因。

一直以来，学业质量评价都是保证教育基本质量的重要手段。但是，随着经济全球化、国际化的不断发展，对人才的培养方式和要求也在不断地改变，基于中国学生发展核心素养、以学科核心素养为导向的育人需求日益明晰。因此，今后的学业质量评价应该将学生素养评价作为重点，创设不同的学习情境与任务，系统收集学生在任务完成过程中及最终状态的信息，展现并评估其复杂性表现，进而推断出其素养习得的情况。特别是，在评价中，学生不能仅仅作为被评价的客体，他们作为“学习者”的人格与立场也应该受到关注。同时，面向立德树人的根本任务，在内容设计、数据处理和结果表征等环节，也亟待构建更加科学、务实和有效的学业质量评价体系。

参考文献

[1] 郭诗艺.核心素养导向下的高中物理教学问题情境创设的探究[D].扬州：扬州大学，2021.

[2] 核心素养研究课题组.中国学生发展核心素养[J].中国教育学刊，2016(10)：1－3.

[3] 余文森.论学科核心素养形成的机制[J].课程.教材.教法，2018，38(01)：4－11.

[4] 李松林.学科核心素养的发展机制与培育路径[J].课程.教材.教法，2018，38(03)：31－36.

[5] 李润洲.学科核心素养的培育：知识结构的视域[J].教育发展研究，2018，38(Z2)：43－49.

[6] 潘希武.普通高中教学改革的追求及其向度[J].教育学术月刊，2022(04)：3－8.

[7] 尹后庆.深入推进普通高中新课程体系建设[J].中国教育学刊，2020(08)：5.

[8] 陈佑清，贺元萍.综合学习的要义阐释[J].当代教育科学，2023(04)：27－34.

[9] 鲍乃源.高校智慧教学实践模型构建研究[D].长春：东北师范大学，2023.

[10] 孟庆天.核心素养导向下高中思政课教学目标设计研究[D].济南：山东师范大学，2023.

[11] 梁秀华，王向东.以大概念为线索的课程组织探析：以加拿大 BC 省 K-12“科学”课程文件为例[J].比较教育学报，2021(05)：141－156.

[12] 周素娟.跨学科主题学习的逻辑理路与教学实践[J].基础教育课程，2022(22)：4－11.

[13] 夏永庚，尹巧玲.论“学科实践”的课程与教学论意义[J].教育理论与实践，2023，43(10)：48－53.

[14] 何永红.智慧教育背景下学业质量评价的设计：以学习者为中心[J].教育发展研究，2019，39(24)：28－32.

第二章

普通高中育人目标的落实

第一节　人才培养目标:宏观、整体的学生形象刻画

第二节　课程目标:校本化的核心素养表达

第三节　课堂教学目标:学科核心素养的内容锚定

教育是国之大计、党之大计。普通高中教育是国民教育体系的重要组成部分，在学生成长成才、服务经济社会发展中发挥着重要作用。面对新课标、新教材和新高考对普通高中育人目标提出的新要求，学校要进一步深化育人方式改革，培育学生的理想信念和社会责任感、科学文化素养和终身学习能力、自主发展能力和沟通合作能力，着力发展学生核心素养，使学生成为有理想、有本领、有担当的时代新人。

第一节　人才培养目标:宏观、整体的学生形象刻画

一、坚定牢固的远大理想信念

普通高中教育是我国基础教育的重要组成部分,是培养国家和民族未来人才的基础工程。《国务院办公厅关于新时代推进普通高中育人方式改革的指导意见》指出,坚持把立德树人融入思想道德教育、文化知识教育、社会实践教育各环节。深入开展习近平新时代中国特色社会主义思想教育,强化理想信念教育,引导学生树立正确的国家观、历史观、民族观、文化观,切实增强“四个自信”,厚植爱党爱国爱人民思想情怀,立志听党话、跟党走,树立为中华民族伟大复兴而勤奋学习的远大志向。

理想信念是支撑一个人、一个国家、一个民族不断前进的精神动力。2017 年,教育部印发了《中小学德育工作指南》(下称《指南》),把“理想信念教育”放在了“德育内容”的第一位。可见,在中学开展理想信念教育是非常重要的。教师应该灵活地把理想信念教育融入到教育教学过程中,让学生们认识到,他们学习的目标并不只是习得知识,更是要通过不断地锻炼自己的意志,去追求更加高尚的人生理想。《指南》中还强调,高中学段的教学要“教育和引导学生热爱中国共产党、热爱祖国、热爱人民,拥护中国特色社会主义道路,弘扬民族精神,增强民族自尊心、自信心和自豪感,增强公民意识、社会责任感和民主法治观念,学习运用马克思主义基本观点和方法观察问题、分析问题和解决问题,学会正确选择人生发展道路的相关知识,具备自主、自立、自强的态度和能力,初步形成正确的世界观、人生观和价值观”,“要精心设计、组织开展主题明确、内容丰富、形式多样、吸引力强的教育活动,以鲜明正确的价值导向引导学生,以积极向上的力量激励学生,促进学生形成良好的思想品德和行为习惯”。

二、持久深远的自我发展能力

“自我发展”是美国知名的教育心理学者布鲁纳在其著作《教育过程》中提出的观点,即“学生通过对多种方式的反复试验,逐步获得有用的知识和技巧”。在布鲁纳看来,以人为本的教育过程并非单纯的“教授”,更多的是“让人为之着迷”“让人学会”。布鲁纳认为,一个人的学习过程包括两个层面:一个是对知识的兴趣,另一个就是对

知识的掌握。学生的学习兴趣既要有内部的激励，也要有外在的激励。要想调动起他们的积极性，让他们真正地由“学”到“会”，就必须让他们体会到“学”的快乐。

对学生进行自我发展能力的培育，需要师生两方面的合作来让学生更好地了解自己，对自己的能力、品质、价值、意义等方面产生更深层次的了解和掌握，从而使学生产生内部驱动力，激励他们不断地培养并提升自己的能力，更好地促进自己的成长。人的自我发展是人自身的内驱力，是人不断成长的永不枯竭的原动力。培养学生的自我发展是教育中永恒的话题，它是教师的职责，也是提高学生素质的一种行之有效的方法。培养学生自我发展的意识与能力，需要教师在平时的教学过程中持续地强化学生的主体意识，指导他们学会自主学习，以及自我管理、自我反思、自我评价、自我调控等，从而让学生认识自我、发展自我乃至超越自我，做一个拥有独立发展能力的人。

自我发展的能力是个体终生受益的一种品质与能力，也是个体获得成功的必要条件。高中是一个承上启下的过渡阶段，也是青少年自我发展的关键阶段。在这个阶段，学生要学会在学习活动中建立起正确的世界观、人生观、价值观，要学会学习、学会生活、学会做人，因此，在这个阶段提高学生的自我发展能力显得尤为重要。

然而，从目前的实际状况来看，我们的中学在这方面的成绩并不尽如人意，一些中学对这方面的工作重视程度不够，投入不足，管理不力，评价机制也不完善，甚至有一些中学还带有功利的倾向。为此，应充分关注并强化普通高中教学中对高中生自我发展能力的培育。

要提高学生的自我发展能力，就要从根源上改变传统的教学模式。首先要转变传统的教学观念、教学方式，建立全新的教学观念。其次，要建立健全新的评价体系，转变以往注重“知识性”“技巧性”的考核方式，构建“流程性”“能力性”的考核方式，将学生自我发展能力纳入评价体系。第三，要优化师生“教与学”的关系，培养学生的主体性和创造性。在教学中，教师要充分发挥引领作用，让学生主动地去学习和思考，充分发挥学生的主观能动性，要注意对学生进行创造性思维、动手操作等方面的训练，突出学生在教学中的主体地位。

总而言之，在高中阶段对学生的自主发展能力进行培育并提高，不仅是实施素质教育的需要，也是推进普通高中教育向更高层次发展的需要。在一定程度上，如果没有自我发展，学生就无法成为真正独立健全的“人”，也就谈不上什么真正的教育。

三、自觉内驱的社会责任意识

中国教育正在经历由应试教育向素质教育的转型，高中阶段的教育不只是单纯地传授知识，还要让学生掌握学习方法，养成学习习惯，学会做人。在这个过程中，教师和家长都应注意帮助学生树立正确的世界观、人生观、价值观，培养其健全的人格。

按照《普通高中课程方案(2017年版2020年修订)》的要求，普通高中教育应使学生“热爱祖国，拥护中国共产党。弘扬中华优秀传统文化，继承革命文化，发展社会主义先进文化，培育和践行社会主义核心价值观，增强文化自信，树立为中国特色社会主义、人民幸福、民族振兴和社会进步作贡献的远大志向。遵纪守法，履行公民义务，行使公民权利，维护社会公平正义，具有法治意识、道德观念。热心公益、志愿服务，具有奉献精神。尊重自然，保护环境，具有生态文明意识。维护民族团结，树立国家总体安全观，捍卫国家主权、尊严和利益”。这就需要教师对学生进行科学的教育，使用规范的教材，帮助学生确立良好的行为习惯和道德准则。

在快速发展的信息化时代，互联网进入千家万户，人人都是网民，都能在网上发表观点，各类社交平台也层出不穷。互联网上的信息复杂多样，其中不乏一部分落后的文化内容，由于缺乏社会经验和人生阅历，高中生很有可能会受到某些不良观念的影响。如果不能加以正确引导，可能会导致高中生的社会责任感降低，被拜金主义和享乐主义所侵蚀，出现厌学情绪等。为避免这种情况的出现，对高中生进行全面、深入的道德教育，培育他们树立正确的道德观念和对社会的责任感就至关重要。

四、全面发展的知识文化基础

高中生应该具备全面发展的知识文化基础，这个基础是多方面的：首先是基本的科学常识，包括物理、化学、生物等学科知识；其次是文化基础，包括历史、地理、政治等方面；第三是实践能力，包括劳动、生产实践等；第四是基本的道德规范。

目前我们的教育面临着一种比较大的困惑，就是学生在升学考试中已经形成了一种惯性，这种惯性就是片面、单一地追求分数。现在有很多学生把分数看得太重，这是一种错误的观念。的确，我们应该看到分数在升学考试中的作用，但分数只是一个方面。事实上，每一个学生都应该全面地发展、提高自己。不仅要掌握基本知识和技能，还要具备正确的价值观和良好的行为习惯，建立全面发展的知识文化基础。

要实现这一点，扭转片面的应试教育倾向，就需要在高中阶段建立一个比较合理的评价体系，引导学生不仅仅关注分数，更要形成正确的价值观，注重自我的全面发展，夯实全面发展的知识文化基础。普通高中要建立健全完善的教学体系，这个体系应包括知识的获得和文化的积累，只有这两个方面都具备，才能培养出全面发展的人。我们强调把学生培养成一个健全的人，其中包括人格、道德、心理等方面的健全，同时还强调要注重对学生创新精神和实践能力的培养。

第二节　课程目标:校本化的核心素养表达

一、学科核心素养的覆盖性

学科核心素养与核心素养密切相关,但又不完全相同。核心素养是指学生应具备的,能够适应终身发展和社会发展需要的必备品格和关键能力,是学生通过学习获得的,对学生未来发展具有价值性、基础性和引领性的品质。具体来说,核心素养包括了六个方面的内容:人文底蕴、科学精神、学会学习、健康生活、责任担当、实践创新。《普通高中课程方案(2017 年版 2020 年修订)》对学科核心素养的界定为:"为建立核心素养与课程教学的内在联系,充分挖掘各学科课程教学对全面贯彻党的教育方针、落实立德树人根本任务、发展素质教育的独特育人价值,各学科基于学科本质凝练了本学科的核心素养,明确了学生学习该学科课程后应达成的正确价值观念、必备品格和关键能力,对知识与技能、过程与方法、情感态度价值观三维目标进行了整合。"

学科核心素养是一种经过科学论证和实践检验的素养体系,具有相对独立的价值,但又不能孤立存在,而要与具体的学科内容相结合。学科核心素养的提出,旨在促进学生全面而有个性地发展,为普通高中教育培养全面发展的人奠定坚实基础。高中是学生形成核心素养的关键时期,2020 年修订版的普通高中课程标准(以下简称新课标)进一步细化了各个学科的核心素养,完善了高中学科核心素养的基本框架。

学科核心素养是对高中教育教学提出的新要求,也是高中教育教学工作努力的方向。明确提出学科核心素养,凸显了对核心素养内涵的准确理解,也意味着高中教育教学要更加重视学生综合素质和实践能力的培养。从新课标中可以看出,各个学科的核心素养不同,各有其针对性,从整体上覆盖了学生发展所必备的核心素养。例如,语文新课标提出的 4 项学科核心素养为"语言建构与运用""思维发展与提升""审美鉴赏与创造""文化传承与理解",更强调对语言能力和人文精神的培育;数学新课标提出的 6 项学科核心素养则为"数学抽象""逻辑推理""数学建模""直观想象""数学运算""数据分析",更偏重理性思维和科学能力的训练。

二、课程目标的校本化

课程目标体现了学校教育的基本理念和具体要求，以及对学生发展的期望，是教学的出发点和归宿，指向课程的核心。然而，目前普通高中在落实课程目标的过程中，普遍存在着脱离学生发展需要、脱离学校办学实际、脱离课程标准等问题，无法最大程度地发挥课堂教学的有效性。因此，必须立足于教育发展的新形势和新要求，立足于课程改革的需要，以学生发展为本，全面深入地研究和把握高中课程目标，实现高中课程目标的校本化。

校本课程是基于本校实际，依据学校自身资源优势有针对性地开发的课程。它体现了学校特色，蕴含着学校的办学理念和价值取向。如有的学校校本课程强调"以人为本"，在多年的教学实践中形成了"体验式"教学模式；有的学校则强调"和谐"，重视和谐文化建设；还有的学校以"务实"为办学理念，培养务实人才。校本课程既是对国家课程的延伸和补充，也是学校发展的内在需要；既具有国家课程所没有的灵活性和自主性，又具有国家课程所不能替代的针对性和实效性。因此，要最大程度地实现课程目标，积极开设符合本校办学特色的校本课程、开展围绕校本课程的研究，就是一个行之有效的方法。

校本研究是学校为了实现办学目标，以教师为主体，以学校为研究基地，以校本课程为主要载体，围绕教育教学实践问题展开的研究性学习活动。它是在课程改革的大背景下，在教师的校本培训和校本教研活动中，通过对课程标准、教材、教学过程、学习评价等方面的研究来促进教师专业发展和学生素质提高的一种方式。校本研究可以充分发挥教师群体的智慧优势，不断提高教师对教育教学问题的认识水平和解决问题的能力，以群策群力不断推进校本课程的优化，推动教学向课程目标靠近。

要开展好校本课程和校本研究，实现课程目标的校本化，首先要依据教育部门最新发布的课程标准，因为课程标准是国家意志的体现，是国家对基础教育阶段培养人才提出的总体要求，它明确了高中阶段学生应当达到的基本素质和能力要求，具有权威性、规范性和指导性。只有以课程标准为依据，校本研究才能更好更准确地发挥其作用，课程目标也才能真正成为指导学校教育教学活动和学生学习发展的纲领性文件。其次，校本研究是以学校为单位进行的，它可以在一定程度上体现出学校的办学思想、教育观念和办学特色，因而必须以学校办学理念为指导进行研究。最后，校本研究要以教师为主体，教师是校本研究的主力军，没有教师的积极参与和努力探索，就不可能有校本研究的成果。总之，在新一轮基础教育课程改革中，要使高中课程目标实现校本化，必须加强对国家统一课程标准的研究工作，这是校本研究的前提条件。在此基础上，再根据学校教育教学实际和学生发展需求进行开发，才能实现高中课程目标的校本化。

我国新一轮基础教育课程改革把“以学生发展为本”作为基本理念之一，因此，校本研究和校本课程开发也应该以学生的全面发展为出发点和归宿，从学生的身心发展特点、生活经验和学习实际出发，着力促进学生全面和谐的发展。校本课程的开设还要基于学生的需要和能力，并充分考虑学校教学条件和教育资源的实际情况。学校要充分利用已有的物质资源、人力资源、智力资源，以保证课程实施顺畅进行。

三、学生表现水平的差异性

学生的表现水平是指学生在学业上的表现，因学生的学习经历、教师的教学方式、学校的教学条件等因素不同，学生的表现水平之间也会出现差异。《普通高中课程方案（2017 年版）》提出了“促进学生全面而有个性的发展”这一新课程理念。那么，高中课程的设置如何兼顾不同学生表现水平的差异性，促进学生的全面发展就是一个值得深入思考的问题。

首先，建立多元化课程体系，满足学生多样发展需求。高中阶段课程的设置应充分考虑到学生在学业水平、兴趣特长等方面的差异，根据学生的个性差异和未来职业发展需求，构建不同类型、不同层次、不同方向的课程体系，为学生的学习提供多样选择。比如，在选修课程方面，可以将国家课程与校本课程进行整合，打破原有学科界限，为学生提供多元选择。同时，可以增加俱乐部或社团活动内容，满足学生多样化发展需求，促进学生个性发展。

其次，注重学生学业成绩，建立学业质量标准。要制订合理的学业质量标准，既关注学生学业成绩，也关注学生的学业水平在不同年级、不同学科和不同区域之间的变化情况，更关注不同学生个体之间的差异，关注学生在各方面能力发展情况，引导教师了解不同层次学生的学习需求，做到因材施教。在这个基础上，还要关注学生全面发展，扭转片面的应试教育倾向，关注学生综合素质与能力的提升。

最后，根据学生表现水平不同，分层次开展课程实施。高中学生表现水平的差异性是随着学习阶段的深入逐步显现的，教师要尊重和关注学生的表现水平，根据学生的表现水平分层次开展课程实施。例如，通常来说学习比较吃力的学生在课堂上注意力不易集中，他们是教师要重点关注的对象。对这部分学生，教师要给予更多的理解、宽容和支持，关注他们在学业上的表现，帮助他们解决学业上的困难；对于表现较好的、具有一定学习优势的学生，要看他们是否存在学习动力不足、缺乏恒心等问题，要给予他们更多的鼓励和帮助，引导他们在学业上向更好迈进；至于已经非常优秀的学生，他们往往具有良好的学习习惯，课堂上能够积极主动地参与课堂教学活动，有较强的自主学习能力和自我发展意识，对这部分学生，教师要鼓励他们在学业上追求卓越。

第三节　课堂教学目标:学科核心素养的内容锚定

一、明晰学生立场,确定育人价值

第一,要激发学生学习兴趣。兴趣是学习的源动力。学生对学习产生兴趣,就会在学习中全身心地投入,积极主动地思考和探索,自觉地将知识转化为能力。学习兴趣的培养是一个长期的过程,在高中课程教学中,教师要注重运用各种手段激发学生的学习兴趣。首先,要充分利用多媒体技术手段创设生动活泼、形象逼真的教学情境,帮助学生形成对所学内容的感性认识,激发学生学习兴趣。其次,要结合教材内容和学生实际特点,选择符合学生认知水平、兴趣爱好及认知规律的教学方法、教学形式,并使之贴近实际、贴近生活、贴近社会,使学生"做中学""学中做"。再次,要善于运用多样化教学方法激发学生学习兴趣。如可以采用故事法、游戏法、提问引导、课堂讨论等多种方法组织教学。另外,教师还要善于运用新颖别致、富有情趣的教学语言和生动形象的教学图片激发学生的学习兴趣。

第二,要激发学生独立思考。学生是学习的主体,也是教学的对象。学生的学习需要通过自主思考去实现。教学实践中,教师要在尊重学生学习主体地位的基础上,激发学生独立思考,鼓励学生多角度、多层面、多层次地去思考问题、解决问题。教师要积极引导学生展开思维训练,鼓励他们对知识点相关的问题进行深入思考。学生只有通过自己独立思考才能发现问题、提出问题、解决问题。在此基础上才能形成正确的世界观、人生观和价值观。

第三,要启发学生自主学习。高中课程教学中,教师要通过各种形式引导学生自主学习,通过各种途径启发学生自主学习。首先,要引导学生在自主学习中提高发现问题、分析问题和解决问题的能力。教师要为学生创造自主学习的机会和条件,鼓励学生自己动手,主动探究,通过不断的尝试、修正和完善,最终达到解决问题的目的。其次,要引导学生在自主学习中培养自我反思和自我调节的能力。教师要引导学生在自主学习中进行自我反思,进行知识的归纳、整理、提炼和概括,形成科学的知识体系;同时,还要引导学生在自主学习中学会自我调节,以形成正确的情感态度与价值观。最后,要引导学生在自主学习中培养合作精神。高中课程教学不仅要重视知识学习和能力培养，更要重视合作精神培养，要积极引导学生开展合作探究和交流活动，引导学生在合作交流中相互尊重、相互包容、相互理解、相互帮助、共同发展；鼓励学生通过合作探究形成正确的集体观念，在合作交流中形成团结互助、文明礼让、和谐共处的良好风尚以及科学的创新意识和创新精神。

第四，要引导学生积极参与课堂。教学中，学生是学习的主体，教师要在课堂教学中把学生放在“中心”位置，让学生积极参与到课堂教学中来，使课堂成为学生学习的舞台。教学实践表明，学生参与程度越高，学习效果越好。在高中课程教学中，教师要打破传统的课堂教学模式，改变以往的“一言堂”“满堂灌”的教学方法，让学生真正成为学习的主人。

第五，要关注学生个性差异。人与人之间具有很大的差异性，每一个人都是不同的，都有自己的个性。新课程改革特别强调要关注学生的个性差异，促进每个学生的个性发展。教师要认识到，每个学生都有自己独特的优势和特长，都是具有巨大潜力的人才，在教学中要关注学生不同方面的发展，做到因材施教。特别是要加强对学习困难学生的帮助与支持，针对他们的学习困难进行个性化辅导。

二、区分知识类型，锚定素养内容

基于“知识类型”选择教学内容是教师开展高中课程教学的首要任务。依据课程标准要求，在进行教学内容设计时，教师必须充分考虑知识的逻辑关系和学生的认知规律，选择恰当的知识类型作为教学内容。也就是说，教师在选择教学内容时，必须从学生已有知识和认知发展水平出发，合理组织教学内容，促进学生对知识的理解和应用。

以高中数学教学为例，在学习“函数”这一知识点时，教师可以考虑从函数概念出发，基于学生对函数概念理解的过程来设计相关的教学内容。同时，考虑到“函数的单调性与奇偶性”内容对学生而言是较为抽象的内容，教师可考虑将函数的单调性与奇偶性这两个概念分别作为不同知识类型的内容进行教学。在教学过程中，教师可通过精心设计问题情境、多层次展示概念或结论的本质、引导学生探究定义或结论所蕴含的数学思想方法等方式来帮助学生理解这些概念。

此外，在进行教学设计时，也必须锚定核心素养要求来确定具体教学内容。《普通高中数学课程标准(2017 年版 2020 年修订)》指出，数学核心素养主要包括数学抽象、逻辑推理、数学建模、直观想象、数学运算、数据分析六个方面。这六个方面是相互关联的整体，都旨在提高学生的数学思维能力，教师在设计课程时应特别关注。例如，在设计讲授“等差数列求和公式”这一知识内容时，可以基于学生学习过程中所积累的“数形结合”思想、“函数与方程”思想、“分类讨论”思想等数学核心思想来确定教学内容。

最后，教学内容选择与设计也要基于教学目标来展开。仍然以“函数的单调性和奇偶性”这一知识为例，教学内容选择应该基于课程标准中对函数单调性和奇偶性的要求来设计。例如，课标中要求学生在学习后能够“借助函数图象，会用符号语言表达函数的单调性”“用几何直观和代数运算的方法研究三角函数的周期性、奇偶性（对称性）、单调性和最大（小）值等性质”等。

在高中阶段，学生需要掌握知识，也需要获得知识背后的情感体验。因此，教师在设计课程时也要关注学生的情感体验。在教学过程中，教师要注重情境的创设，通过合理的情境设计让学生在活动中感受知识的美好与乐趣，从而激发学生对学习的兴趣和热情。与此同时，教师还要重视对学生的评价和反馈，并鼓励他们自主探究、合作交流，形成良好的合作和沟通能力。

三、适切学习内容，着眼素养维度

核心素养是课程实施中重要的教学指向。要落实这一教学指向，需要教师在教学中对课程内容进行有效开发和实施，从课程内容出发，针对学生学习兴趣、学科能力和生活经验进行适切学习内容设计，从真实情境中发现核心素养要素，再通过教学活动引导学生进行内化与运用。

首先，适切学习内容，凸显价值引领。高中课程内容多、容量大，学生在学习过程中往往会因一时难以理解而失去兴趣，教师要结合教材内容进行适切学习内容设计，用合适的学习内容吸引学生参与课程学习。教师在选择课程内容时，可以将所选教学内容与社会发展和学生生活实际相结合，针对不同层级学生进行适当调整，合理设置知识难度，激发学生学习兴趣。比如在高中语文教学中，中国古典诗词是一类重要的教学内容。在教学过程中，教师应以诗歌教学为载体，将“诗教”与“美育”相结合，引导学生在古诗词学习中感受中华优秀传统文化的独特魅力。此外，教师还可以引导学生将生活与语文学习相结合。通过对诗词中的历史故事、经典人物等进行深入解读，帮助学生更好地理解诗词蕴含的价值内涵。例如，在教学“《离骚》中的情感态度”这一课时，教师可以先组织学生观看有关屈原的影视作品，然后结合教材中《离骚》原文内容对其情感态度进行解读，最后让学生在课外阅读和生活实践中进一步体会屈原内心的情感世界。这样，学生在教师引导下不仅对中国古代诗词有了更加深入的了解，也感受到了中国古代诗词所蕴含的魅力。适切学习内容可以激发学生参与课程学习的兴趣，引导学生在探究学习过程中进行有效对话、交流与合作。

其次，着眼素养维度，注重学科整合。核心素养的养成，还需要教师在教学中通过学科整合的方式落实培育要求。例如，在“推理”主题教学活动中，教师就可以整合思想政治、语文、数学等不同学科的知识，使学生在主题学习中明确推理的概念、分类以及推理的方法等。这样通过学科整合不仅能提高学生对逻辑与思维的综合理解和认识，也能为学生在理解基础上进行逻辑与思维知识运用提供帮助。这种教学活动还能激发学生的学习兴趣和探究欲望，促使学生在教师的引导下自觉地进行逻辑与思维知识的学习。

再次，创设生活场景，构建知识体系。物理课程中有许多具有现实意义的情景，教师在教学中可以创设一些生活场景，让学生在真实生活情境中将所学知识运用到生活中去，形成基于物理知识的应用意识，构建物理学科知识体系。例如，在学习“圆周运动”一课时，学生通过课本可以了解到圆周运动的定义等相关知识内容。但对学生而言，理论知识毕竟是抽象的，为了使客观的知识更形象易懂，教师可以举出日常生活中一些有趣的现象来增强学生的理解，并进一步让学生学会在情境中运用所学知识解决问题。如：为什么在铁路弯道处，轨道外轨是略高于内轨的？因为，火车转弯时实际是在做圆周运动，如果铁路弯道的内外轨一样高，火车转弯的向心力主要就由车轮外侧的轮缘挤压外轨而产生的弹力提供，但火车质量太大，靠这种办法得到向心力会使轮缘与外轨间的相互作用力过大，不仅铁轨和车轮极易受损，还可能使火车侧翻。但如果在弯道处使外轨略高于内轨，火车转弯时铁轨对火车的支持力与重力的合力就会指向圆心，为火车转弯提供了一部分向心力，这就减轻了轮缘与外轨间的挤压。通过这样一个生动的例子，就能让学生更容易构建起关于圆周运动的知识体系。

最后，深化思维训练，培养必备品格。思维能力是核心素养的核心要素，是学生在学习过程中形成的具有一定逻辑结构的稳定的思维方式。高中阶段，学生思维发展从形象思维向抽象思维过渡，具有一定的复杂性。在教学中，教师要引导学生形成科学理性的思维方式，帮助学生形成正确的世界观、人生观和价值观。例如，在“概率”教学中，教师可围绕“概率和随机事件”这一概念引导学生展开讨论。在学生对概率和随机事件的定义进行充分讨论之后，再引导学生从“生活中经常遇到哪些问题会用到概率”“什么情况下会发生随机事件”“可以利用哪些数学方法预测事物发生概率”等角度进行分析思考，帮助学生建立对现实世界更加全面、客观的认识。

四、依循评价标准，明确素养表现

《普通高中课程方案（2017 年版 2020 年修订）》在“课程实施与评价”一章中明确提出，考试命题应注重紧密联系社会实际与学生生活经验，强调综合运用知识分析解决实际问题能力的考查，要有利于促进学生核心素养的发展。要落实这一要求，不能只停留在对学生考试成绩的关注上，更需要在教学过程中对学生核心素养进行考查。

那么如何做好学生核心素养表现的评价呢?

第一,明确教师在教学过程中对学生展开评价的依据。科学合理的学业评价要依据课程标准中明确的学科核心素养展开。例如,《普通高中化学课程标准(2017 年版 2020 年修订)》明确指出,化学学科核心素养包括“宏观辨识与微观探析”“变化观念与平衡思想”“证据推理与模型认知”“科学探究与创新意识”“科学态度与社会责任”5 个方面。教师可以围绕这 5 个方面来评价学生在化学学习活动中的素养表现。

第二,明确作业与考试时的表现。作业与考试是检测学生学科核心素养的重要途径,两者都可以体现出学生的学科核心素养水平。作业与考试是针对学生所学的内容进行的,主要考查学生对学习内容的理解与掌握程度,从而判断其是否达到了相应的素养水平。作业与考试所测试的是学生解决问题、完成任务或者获得知识所需的能力与素养,所呈现的内容通常是具体、真实、丰富的。同时,不同的作业与考试之间也有一定程度的区分,考查要求上的区别也会对学生学科核心素养表现产生影响。例如,调查研究类的作业任务会要求学生通过调查收集信息来确定研究对象的影响因素及其程度。这一任务可能会以某一调查问卷形式出现,也可能会以小组合作探究形式出现。除了考查学生对相关理论知识的掌握外,也非常考验学生的交流、管理、团队合作能力。因此,在实施评价时需要根据不同任务或问题来确定考查学生学科核心素养表现的依据。

第三,明确学习过程中的表现。学生在学习过程中不仅要掌握学科知识,还要表现出学科核心素养,二者缺一不可。但是,目前对学生的学业评价存在这样一种倾向,即过分重视知识技能的学习成果而忽视学科核心素养的发展。不可否认的是,应试教育的压力是导致这一倾向的重要原因之一。片面重视分数导致教师只关注学生的成绩,只对知识技能掌握情况展开评价,而忽视了对学生学科核心素养发展情况的评价。在教学过程中,教师应该充分重视对学生学科核心素养发展情况的评价,全面了解学生学科核心素养发展现状;要将“学什么”和“怎么学”有机结合起来,以“学什么”和“怎么学”为导向确定学科核心素养发展水平;要通过评价了解学生在学习过程中所表现出的学科核心素养发展现状。

第三章
普通高中教学实施的创新

第一节　高质量组织教学内容
第二节　教学内容组织的基本类型
第三节　教学方式创新的基本路径
第四节　教学方式创新的现实案例

随着教育改革的深入，普通高中教学实施呼唤创新。我们从教学内容的高质量组织入手，探讨内容组织的基本类型，以优化学生的学习体验。再通过引领教学模式的革新，揭示教学方式创新的基本路径。最后通过实际案例展示教学方式创新成果，激发教育者的创新思维，共同推动普通高中教学质量的提升。

第一节　高质量组织教学内容

一、依据育人价值筛选教学内容

立德树人，是教育的根本任务。课程是落实立德树人根本任务的关键，课程质量决定人才培养质量。课程标准是国家对课程实施的指导性文件，对课程内容、教学方式、考核方式等做出了明确规定，是教师进行教学的依据。教材是落实课程标准的重要载体，教材中蕴含着丰富的育人价值。但在教材编制过程中，不同版本、不同内容之间存在着价值取向上的冲突，使得在执行课程标准过程中产生了较大分歧和混乱。因此，需要从国家层面统一课程标准和教材内容，从根本上解决教师教学内容选择难题。

课程是有价值取向的，教学内容选择的价值取向必须与人才培养目标相契合，能够指导学生更好地理解和认识世界。当前，课程改革中对教学内容选择的价值取向存在一些误区，突出表现在：一是把内容选择与育人目标相对立，片面追求知识与技能的掌握，而忽略了价值判断；二是把教学内容选择等同于教材选择，忽视了教学内容的独特性和丰富性；三是把教学内容选择等同于教学方法选择，忽视了教师在教学中的主导地位；四是把教学内容选择等同于教学策略选择，忽视了学生在学习过程中的主体性作用。

在新课改背景下，教师要坚持"学生中心""问题导向"，以课程标准为依据指导教学活动开展，依据课程性质、课程目标和学生学习需求选择教学内容。《普通高中课程方案(2017 年版 2020 年修订)》提出，教师应当"创设与生活关联的、任务导向的真实情境，促进学生自主、合作、探究地学习""提高学生综合运用知识解决实际问题的能力""建立平等互助的教学研究共同体，倡导自我反思与同伴合作""关注学生个性化、多样化的学习和发展需求"。

从育人目标看，教学内容选择必须符合育人价值要求，一方面要遵循学生身心发展规律，以学生的发展为中心，以学生的兴趣为导向；另一方面要遵循教育规律和学科特点，以学科知识为载体，通过知识与技能、过程与方法、情感态度价值观等方面的教育培养，促进学生全面而有个性的发展。例如，在语文课程中，要通过阅读和写作培养学生的逻辑思维能力和语言表达能力；在数学课程中，要通过推理、空间想象等培养学生的理性思维能力；在音乐课程中，要通过解读作品的节奏、旋律等培养学生的审美能力；在美术课程中，要通过艺术作品欣赏、创意表达等培养学生的艺术感性和创新意识。

二、依据逻辑线索组织教学内容

依据逻辑线索组织教学内容是新课程标准的重要理念之一，也是“三新”背景下普通高中教育教学改革的重要内容，其根本目的是发展学生的思维能力，使学生在知识建构过程中运用逻辑推理来形成正确的认知，从而培养学生的思维品质。在具体操作中，可以从知识、思维、方法三个维度把握逻辑线索，以此指导教师开展教学设计和组织实施。在知识维度上，依据逻辑线索组织教学内容是指以学习主题为中心，把知识点和与知识点相对应的材料联系起来，形成知识体系；在思维维度上，依据逻辑线索组织教学内容是指以问题为中心，把知识点和与知识点相对应的问题联系起来，形成解决问题的思维；在方法维度上，依据逻辑线索组织教学内容是指以任务为中心，把知识点和与知识点相对应的任务联系起来，培养完成任务的能力。

依据逻辑线索组织教学内容要兼顾知识的逻辑属性和思维的逻辑属性。知识是人类社会生产、生活的产物，知识的逻辑属性在于它反映了客观事物的本质及其内在联系。从感知知识到理解知识是一个逐步建构的过程，学生在刚开始时获得的知识往往是碎片化、不成体系的。只有以知识为载体，以逻辑为线索，才能构建完整、系统、有序的知识体系。比如，《论语》“君子不器”一句中的“器”，本义是“器盛（装东西）”，引申为“器用（有某种作用）”，反映了孔子对人的全面认识。在教学中，教师要让学生通过对《论语》相关内容的学习，了解孔子及其思想对后人产生的深远影响。也就是说，依据逻辑线索组织教学内容时应同时兼顾知识和思维两个方面，使学生既获得知识内容又体验思维锻炼。

依据逻辑线索组织教学内容，是以核心素养为导向的，即以学科育人价值为核心，根据学生的认知水平和生活经验，设计学习情境，以知识、思维、方法为基本要素，让学生通过学习活动实现学科知识、学科思维和学科方法的综合运用。例如，在思想政治课程关于“中国特色社会主义进入新时代”这一内容的教学中，可以以“社会进步是人的进步”这一逻辑线索组织教学内容。教师首先要解读社会主义进入新时代的历史背景和时代内涵，然后以“社会进步是人的进步”这一逻辑线索组织教学内容。学生在学习过程中不仅要了解党和国家的大政方针、国家建设的伟大成就，还要通过学习活动实现对社会主义核心价值观的认同。

三、依据时代要求重塑教学内容

“三新”背景下，普通高中教学内容是“以人为本”理念和素质教育精神的重要体现。在具体实践中，普通高中教学内容应依据时代要求不断调整，不断进行重新审视和重构，以成为反映时代精神、适应时代要求、回应时代问题的与时俱进的知识体系，成为实现“以人为本”教育理念、满足学生多元发展需求、促进学生全面发展的重要载体。唯有如此，普通高中才能适应时代发展变化，为培养德智体美劳全面发展的社会主义建设者和接班人奠定坚实基础。

教学内容应反映时代精神，是普通高中教学内容的基本要求。在我国进入全面建成小康社会、开启全面建设社会主义现代化国家新征程的关键时刻，我们比任何时候都更需要弘扬以爱国主义为核心的民族精神和以改革创新为核心的时代精神。普通高中教学内容应以社会主义核心价值观为引领，将爱国主义作为最深层、最根本、最永恒的情感，把改革创新作为最鲜明的时代特征，从而使教学内容与时代精神高度契合。

适应时代要求，就是要体现新发展理念，着眼国家重大战略需求和人民群众对美好生活的向往，提升教育供给质量。当前，我国社会主要矛盾已经转化为人民日益增长的美好生活需要和不平衡不充分的发展之间的矛盾。国家发展面临着新形势、新挑战和新要求，普通高中教学内容必须构建适应时代要求的新知识体系。“学生不仅需要掌握基本知识与技能，还需要具备创新意识、创新能力和健全人格。这就要求普通高中教学内容既要注重“授之以鱼”，更要注重“授之以渔”。知识与技能是载体，创新意识与创新能力是核心。这既是知识更新、技术革新、教育改革、社会变革等发展变化的内在要求，也是我国实现教育现代化和培养一流人才的现实需要。

爱国是中华民族的传统美德。普通高中教学内容体系应立足于全面落实立德树人根本任务，通过丰富教学内容、拓展教学空间、创新教学形式等手段，引导学生将个人成长与祖国发展联系起来，将个人奋斗与国家富强联系起来，不断增强民族自尊心、自信心和自豪感，教育学生坚定理想信念、厚植爱国情怀、强化责任担当。教学内容要充分反映习近平新时代中国特色社会主义思想，引导学生深入学习习近平新时代中国特色社会主义思想的丰富内涵和精神实质，重点培育学生的共产主义远大理想和中国特色社会主义共同理想。普通高中教学内容体系应将社会主义核心价值观作为一条红线贯穿始终，使之成为学生成长的根基。面对新时代、新挑战、新任务和新要求，要用马克思主义中国化时代化的最新成果武装学生头脑，引导学生坚定理想信念。教师要善于引导学生把握马克思主义的科学性、真理性、人民性、实践性、开放性、时代性，要引导学生深刻认识中国共产党为什么能，中国特色社会主义为什么好，归根到底是马克思主义行，是中国化时代化的马克思主义行，从而不断增强道路自信、理论自信、制度自信和文化自信。

第二节　教学内容组织的基本类型

一、学科内组织:大概念为核心的大单元组织

大概念是基于学科体系又高于学科体系的、能够统领整个学科的基本观念和思想,它是知识、观念、能力的集合体,具有综合性、长期性、基础性、统领性和发展性。大概念是学习内容的核心,它具有以下特征:一是高度抽象化,大概念是对最具代表性、最本质性的知识和观念的抽象概括,代表着人类对自然、社会和思维等各方面问题及发展规律的认知,是一种最具概括性和普遍性的思想。二是以学科为载体,大概念往往是一个学科或者一个单元所要学习的基本概念和重要思想方法,是用来解释、说明、解决问题或进行表达与交流的工具与方法。三是以思维为核心,大概念在人们的思维中占据着重要地位,它贯穿于所有学科教学过程中,并贯穿于学生学习过程的始终,是学生的认知工具与解决问题的思维方法。

大概念在培养学生学科核心素养方面有重要作用。学科核心素养既包括学生在接受某一学科知识时所表现出来的基本能力和知识素养,也包括学生在学习过程中所表现出来的情感态度与价值观。这些都需要落实到具体课堂中去,具体体现在大概念层面上。从本质上讲,大概念是落实学科核心素养最重要的抓手。

以大概念为核心组织大单元教学时应注意以下问题:一是单元主题应以学科大概念为依据,并能统领整个单元。二是单元主题应以学生生活经验为基础,反映学生生活实际。三是单元主题内容应具有开放性,以探究活动为主。四是单元主题应具有可操作性,能够支持学生在真实情境中展开活动。五是单元主题内容要与学生所处情境相关联,并能反映学科核心素养。六是单元主题内容要具有多样性和复杂性,能够支撑多个大概念在多个知识点上的融合与运用。

随着新课程改革的推进,教学模式不断发生变革。当前,大单元教学模式得到了越来越多的认可。大单元教学是以学生为中心,以知识为主线,以学习任务为驱动,以大概念为核心,围绕学科核心素养展开的系统课程设计。

首先,以学习任务为驱动,是指在教学活动中学生要以自己的方式去完成学习任务。在完成学习任务的过程中,学生是学习的主体。以学习任务为驱动是大单元教

学的一种重要模式，这种模式可以实现三个转变：从以教为主到以学为主；从以知识为中心到以素养为中心；从以课时为主线到以单元为主线。在大单元教学中，要始终围绕着核心素养的培育来组织教学内容，不能偏离学科核心素养这个根本目标。通过任务驱动的教学模式，学生能够对核心素养形成深入理解，在分析问题、解决问题的过程中提高自主学习能力。

其次，以大单元组织课程内容。大概念的提出，意味着我们需要重新审视课程内容的组织，也意味着教师需要重新审视自己的教学，即就备课、上课、作业设计等环节进行系统思考。在课程内容组织上，教师要进行大单元设计，整体把握教学内容的难易度和梯度性。例如，在讲授三角函数、数列等内容时，教师可以进行大单元设计，对单元进行整体规划，考虑每个单元的知识点如何安排以及知识点之间如何衔接等问题。大概念是学科核心素养落地的基石，其所涉及的知识内容更是学科知识体系中最为核心的内容。因此，大单元组织需要按照大概念系统设计课程内容。

再次，对课程内容进行系统设计。大概念的提出，意味着学科核心素养不仅关联教学目标和评价目标，更关联着学科的知识体系。因此，对课程内容进行系统设计就显得尤为重要，需要教师对课程内容进行整体规划，建立基于大概念的知识体系。例如，教师可以围绕“人与自我”“人与社会”“人与自然”三个主题建立大单元，然后以“以文化人”为主线，从人类、社会和自然三个方面对其进行系统设计。这样可以有效促进学生对语言知识、文化知识等内容的理解与掌握。

再者，将课程内容组织成大单元。将课程内容组织成大单元，就是将一门课程中的各知识点和技能按照一定的逻辑顺序组织成若干个大单元，并以单元为单位进行教学，这有助于实现新课标提出的“知识整合”“结构整合”等方面的要求。例如，在语文课程中，可以以大概念为统领，将阅读与交流、口语交际、综合性学习等内容组织成若干个单元。

最后，以课时体系为依托。大单元教学要以课时体系为依托，将大单元的教学目标分解到各课时，将大单元的学习目标落实到各课时。教学目标要分解为大概念、核心概念和基本概念三个层次，并在课时中体现。大概念是教学设计的起点，是整个单元教学的核心。核心概念是对基本概念的具体化，是对知识、技能、方法等要素的高度概括和提炼，它反映了学科的基本观点、学科思想和思维方式，具有高水平的概括性、抽象性和深刻性。基本概念是学科知识在不同层次上的集中反映，是学科知识发展的基础。一般情况下，单元教学中应首先选择一个或两个概念作为本单元的核心概念，当学生能够从大概念出发自主构建知识体系时，教师可对整个单元进行进一步组织和规划。

案例

基于主题意义的高中历史大单元教学路径探索

江苏省前黄高级中学

摘　要:面对统编教科书内容丰富与历史课时不足之间的矛盾、通史呈现的宏大叙事与学生素养的个体培育之间的矛盾这两大矛盾,历史主题意义的凝练为教师教学提供了新的视点与抓手。研究以“第一次世界大战与战后国际秩序”一课为例,通过课例研究生成了基于历史大单元主题确定教学内容、依据深层育人价值铺陈单元子主题、以适宜素材与适切任务建构逻辑关系的高中历史大单元教学路径。

高中历史统编教材必修内容为《中外历史纲要》上下两册,按时序以通史体例编写;选择性必修是《国家制度与社会治理》《经济与社会生活》《文化交流与传播》,按政治、经济与文化三大模块以专题体例编写。新旧教材之间的区别非常明显,新教材必修内容必须在高一学年全部学习完毕,内容丰富,而教学课时少,这也是新教材对高中历史教学提出的最直观的挑战。如何解决这一矛盾是我们首先需要思考和面对的问题。与此同时,学科核心素养时代的日常教学以课标落地、素养落实为基本的立足点。从知识内容的掌握角度看,我们需要把握住必备知识,关注学生关键能力和必备品格的提升。而主题意义是历史大概念的一种呈现表征,基于主题意义的历史大单元教学可以帮助我们从深处想、往细处做,在结构化地教授历史知识时,深化其背后的学科育人价值。

1. 什么是历史大单元教学

与一般的教材单元不同,大单元需要教师根据系统思维对教材内容进行加工、重组,建构一个新单元,其在教学内容、教学视野与教学架构等方面都更为宏大。大单元教学更注重围绕该单元主题重新组织教学内容,继而对教学策略、教学活动进行整体规划,形成符合教学实际、内容无重复、教学环节紧凑、课堂内容倍增的新的教学思想和策略。

高中历史大单元教学不是以教材单元为框架,将单元下设的若干个课时教学简单相加的教学活动,而应该是教师依据课程标准,以唯物史观为指导,同时借助长时段、大空间、宽视野的大历史观念,结合历史课程通史与专题史的内容,以大主题、大专题或大概念为中心,对学习内容进行分析、整合、重组与开发,形成具有明确主题引领、素养目标、驱动任务、真实情境、活动与评价等要素的结构化、系统性的学习单位,并由此开发微课程、开展教学活动的过程。

那么如何确定一个大单元呢？确定大单元首先需要在研读教材的逻辑与内容结构、明确课标要求、分析学情和积累课程资源的基础上，按规定课时确定本学期本学科的单元数。然后依据学科核心素养的相关要求，按一种或几种不同的逻辑，以大任务、大项目、大观念或大问题来统率一个大单元，一个单元至少要对接一个学科核心素养，结合教材，将相关知识或内容结构化。最后还要综合考虑单元设计的要素，包括名称、课时、目标、情境、任务、活动、资源、评价等，并以相对规范的格式呈现出完整的设计方案。

在历史教学改革中，有很多老师提出以大概念、大主题、大专题、大项目或大问题为中心，来构建一个大单元。而实际教学中，我们也确实感觉到，无论是对历史学科本身的学习还是应对高考，学生对概念的理解与把握很大程度上影响到了他们的学习效果。但是，概念是学生通过具体知识细节的学习与探究，逐渐生成的一个抽象的理解，把握概念的内涵和外延，其本身并不是我们的目标，正如学一个历史专题、探讨一个历史问题甚至是完成一个项目，都不是历史教学的最终目的。以立德树人为目标的历史教学，从日常每一节课的教学、每一个问题的探讨，甚至高考中每个题目的命制，都蕴含了设计者的价值取向或是带着价值引领的意图。无论是概念、专题还是项目，在历史教学中均须赋予其价值导向。这就为我们开展主题意义引领下的大单元教学提供了一定依据。

2. 历史主题与主题意义的提取

很多老师在实践中经常将历史专题学习与历史主题学习混为一谈。华南师大黄牧航、张庆海两位教授在《中学历史学科素养的教学与评价》一书中谈道，从历史学术研究的角度来看，两者的区分并不大，都可以归于专题史教学，也正因为如此，在之前的高中课标与初中课标中，这两个概念其实被视为同等概念。但他们也认为，在历史教育中将这两个概念加以区分的意义非常大。因为历史教育最重要的功能就是价值观教育，从历史中寻找价值观教育的资源，是每个历史教育工作者必须思考和完成的任务，在倡导学科核心素养的时代，这项工作显得尤为重要。

那么，按照两位教授的观点，历史专题和历史主题的区别在哪里呢？所谓历史专题，就是把若干孤立的史实按照一定的分类方法组合在一起的问题。所谓历史主题就是有明确价值导向的专题。由此可见，历史主题和历史专题最大的区别就是历史主题强调价值引领或导向。而在具体的教学设计过程中，如何确定有一定价值导向的历史主题，并能以此主题来架构一个大单元呢？

我们可以借助教材内容，在深入研究课程标准的基础上，提取整个高中阶段历史教学所涉及的大专题，从中挖掘价值观资源，从而确定历史教学主题并提炼出相关的主题意义。这就需要我们进一步准确把握历史学科核心素养的具体要求，以历史学科核心素养五个方面为主要抓手，例如，在唯物史观主要理论指导下，对历史问题进行分析与认识，在家国情怀指引下增进对家乡、民族和国家的认同以及对文化的理解与认同。

以现行统编历史教材为例，《中外历史纲要》上册的第一课和选择性必修1第一课的教材内容中有大量重复，通史中介绍了夏的王位世袭制、商的内外服制、西周的分封制和宗法制，到选择性必修里又作了进一步的延伸和拓展，更详细地谈到了原始民主制的遗存。而通史部分的课标要求学生了解早期国家特征，这部分内容在通史教材中并未明确概括，但是在选择性必修中则讲述得更为清晰。选择性必修1的课标要求通过秦朝建立前后政治体制发展变化来探讨中国古代政治体制，这与教材编撰的专题体例是内在切合的。所以，根据课标我们可以设置两个历史专题：一个是早期国家的特征，另一个是中国古代政治体制的演变。早期国家的特征围绕三方面：最高统治集团尚未形成权力的高度集中（有限君主权力）、血缘贵族统治（夏的聚族而居，周的分封制与宗法制）、原始民主遗风（国人议政）。中国古代政治体制的演变这一专题，需要我们把早期国家政治体制、春秋战国社会转型时期的体制变化、秦朝政治体制的建立这几个环节按照时序进行纵向联系，涉及分封制、宗法制的瓦解，郡县制、官僚制等制度的产生，秦朝在全国建立中央集权制的相关内容。那么如何把它们上升为历史主题，淬炼内容主旨，提取价值取向呢？这就需要我们融入学科核心素养五个方面的要求了。

从唯物史观的角度看，政治制度属于上层建筑，由经济基础决定，与经济基础存在相互关系；从时空观念的角度看，跨越数百年的历史进程中，制度随着时代的发展而产生变化；从史料实证和历史解释的角度看，不同于传说时代，秦朝建立前后这一时期有文献和考古发现二重证据可用以论证，尤其是近年来大量秦简的发现与解读，在很大程度上丰富了我们对这一时期国家管理的了解与认识；从家国情怀的角度看，这一阶段为中国大一统局面、封建政治格局、传统文化结构奠基。我们可以从中提取主题意义，选取教学资源，设置驱动任务，组织综合性主题教学。

3. 基于主题意义的历史大单元教学实施路径

当历史教学主题及主题意义确定之后，又应该如何具体实施历史大单元教学呢？以“第一次世界大战与战后国际秩序”为例，研究者进行了相关实践教学探索。

(1) 基于历史大单元主题确定教学内容

《中外历史纲要》下册第七单元“两次世界大战、十月革命与国际秩序的演变”设有四课内容，分别是“第一次世界大战与战后国际秩序”“十月革命的胜利与苏联的社会主义实践”“亚非拉民族民主运动的高涨”和“第二次世界大战与战后国际秩序的形成”。基于大单元建构的思想，教学中把这一单元进行拆分与重组，将“十月革命的胜利与苏联的社会主义实践”放到了“社会主义力量发展壮大”这一专题中着重展开，将“亚非拉民族民主运动的高涨”放到了“世界殖民体系的形成与崩溃”这一专题中进行探究。所以第七单元的专题可设置为“两次世界大战与战后国际秩序的演变”，涉及的教学内容是“第一次世界大战与战后国际秩序”和“第二次世界大战与战后国际秩序的形成”，在一战后的国际关系变化和二战的背景中，简单涉及十月革命与亚非拉民族民主运动高涨的有关情况。教学主题是探索 20 世纪的“战争与和平”问题，目的在于引导学生关注战争的起因与危害，教育学生珍惜和平，为构建人类命运共同体而努力。

(2) 依据深层育人价值铺陈单元子主题

根据子主题组织史料，设置若干个驱动任务，构成任务串——这部分工作是当前教师进行教学设计时最重要的一个环节。每个主题(包括单元主题和单课主题)背后的价值立意、设计意图都必须紧扣课标要求、融合教材内容、贴近学生实际，着眼于家国情怀和正确价值观的培养；单元主题与子主题之间、各子主题之间的逻辑关系、驱动任务、重难点的对应与任务串的难易衔接都要符合史学体系与中学历史课程体系的认知规律。

在设计“第一次世界大战与战后国际秩序”这一课时，按照以往单课的教学思路，我们可以按事件发展的时序，采用“背景—过程—结果—影响”这一传统模式，也可以按照从现象到本质的逻辑，采用“状况—归因—评价”这种符合认知规律的范式。但是放到大单元教学里，一战就不能作为孤立的一个事件进行教学；将之放到大单元的系统里之后，一战和二战就不再是简单的相隔 20 年左右的两个事件的接续。它们反映一个更加宏大的主题——人类世界的“战争与和平”问题，上承 19 世纪的欧洲战争形态发展与变化，下启二战后的冷战与世界总体和平。教师可以设计一根明线串起这单元的内容：人类为何走向战争？人类如何努力避免再次发生战争？人类为何从战争走向战争？两次残酷的世界大战给人类带来了什么？

(3) 以适宜素材与适切任务建构逻辑关系

由于学生在初中历史课上已经对一战的过程、重要的战役乃至一战的原因和影响有了比较全面的了解，所以在进行“第一次世界大战与战后国际秩序”这一课的教学设计时，笔者将重点放在了“人类为何走向战争”和“人类为何从战争走向战争”这两个环节，分别对应两个重点问题：一战的原因和一战后国际秩序的变化为何不能避免战争再次发生。在选择教学素材时，教师可以使用图片、表格、地图、文字材料、历史影音等多种形式的材料，采用了反事实推理的方法，设置一系列驱动任务和问题，层层深入，引导学生进行深层次思考，培养他们的批判性思维。

如“人类为何走向战争”这一部分，首先以学生在初中学过的萨拉热窝事件相关的图片导入，进行历史情境创设。然后，提出若干问题形成学习任务链：(1)画面给我们呈现了哪些历史信息？(2)画面反映了欧洲当时哪些突出矛盾？(3)造成欧洲这些矛盾冲突的根源是什么？引导学生观察漫画，从萨拉热窝事件着手分析一战爆发的原因，通过反事实推理的假设，让学生思考如果没有萨拉热窝事件战争能不能避免，由此引出战争爆发的深层原因乃至根源各是什么。

接着，再让学生看一组材料：

材料一 在遥远的萨拉热窝，一位大公遭遇刺杀，看似是远在天边的事件……毕竟在那些国家里，人们总遭遇刺杀。

材料二 斐迪南大公被暗杀后的三个星期左右的时间里，普通民众几乎察觉不到任何迫在眉睫的国际危机。……塞尔维亚陆军司令到奥地利去泡温泉了；英国驻法国大使回国休年假；圣彼得堡几乎没有什么灾难临头的感觉。

材料三 奥匈帝国皇帝并未气急败坏，……慢慢地他意识到这是“解决”塞尔维亚在奥匈帝国内部煽动南斯拉夫民族分离带来的威胁的契机，希望得到德国的坚定承诺以避免俄国干预。7 月 5 日德皇保证：奥地利可以依赖德国的全力支持。德国方面在多个场合重复了他们对奥匈帝国的支持，而且持续向奥地利施压，迫使奥地利人认可快速行动的诸多优势。

借助这组材料，引导学生继续以反事实推理的方法思考：即使发生了萨拉热窝事件，战争就一定无法避免了吗？接着，再提出 3 个问题构成学习任务链：(1)分析各方对萨拉热窝事件的态度。(2)后来发生了怎样的变化？(3)你从中得出了怎样的认识？最后，在课堂教学过程中，教师引导和帮助学生提炼出每一个任务链背后的主题意义，在兼顾所有意义的基础上，升华和提炼课时乃至单元的主题意义，通过课堂互动，促进学生的个性化表达，给予相应的评价。该教学过程恰恰吻合了部分学者所述的：问题情境是培养学科核心素养的最佳情境，问题引领是历史思维教学的最优路径。

如前所述，在进行关于战争进程的教学时，由于战争大概过程、重要战役等内容学生在初中阶段都已学过，所以教学的重点应放在如何加深学生对于战争的认识、如何帮助学生理解战后各种势力竭力避免战争(甚至因此走向了绥靖)的举措以及如何引导学生认识到不完美的国联确是人们反战的希望之依托，而这些都必须从战争进程给人类带来的震动本身开始谈起。所以，教师继续使用反事实推理的方法，通过美国学者、政治家小约瑟夫·奈对战争可能呈现出的四种形态的假设入手：“第一种仅仅是局部战争；第二种可能是一条战线的战争；第三种可能是没有英国参加的两条战线的战争，即德国和奥匈帝国对法国和俄国的战争；最后一种可能是没有美国参加的战争。”

在学生阅读上述战争可能呈现出的四种形态的假设后，引导他们开展分组讨论，从战争的深层原因和根源等角度把握战争进程，加深对教材“大战的进程完全走向大国决策者主观意志的反面”这句话的理解，从而思考：人类何以打开“地狱之门”？通过讨论，学生们大致会从德国的推波助澜、英国的“大陆均势”、美国的日益强大等角度指出，两大军事集团下的任何一方都不会甘于缩小自己的利益范围，最后的结果只可能是以空前的规模和惨烈程度展现在人类面前的一场世界大战。

在进行本课最后一部分（即战后国际秩序）的课程设计时，教师一直在寻找一个能够关联到二战爆发原因的契合点。凡尔赛—华盛顿体系和国联的出现，虽然没有能够最终解决战后的国际秩序问题，但是相对于过去的情况而言，尚算是一个进步；十月革命和苏俄的发展、亚非拉的民族民主运动高涨，也不是二战爆发的起因。实际上，民族主义的问题才是一战后一个广泛的社会问题，并且民族主义的发展与走向，直接影响了二战的发生。所以教师抓住凡尔赛—华盛顿体系下的法德矛盾、战胜国之间的矛盾、大国强权与民族自决之间的矛盾这三组矛盾，提供材料，让学生分析极端民族主义与法西斯主义的扩张、战争阴影下反战情绪与绥靖主义的兴起，从而理解国联在“全体一致”和“委任统治”原则下发挥的有限作用，以列宁等人的名言作为注解，使学生对“人类为何从战争走向战争”有了一个初步的认识，这就使教学的关注点从一战顺利地过渡到了二战。

二、跨学科组织：学科知识与思维的联动组合

跨学科学习是一种综合性的学习方式，旨在通过多种学科知识的交叉融合，培养学生综合运用多学科知识解决问题的能力。它是一种在课程设置中渗透跨学科内容、在教学设计中强调学科融合、在教学实施中开展跨学科活动、在评价体系中突出综合能力考察的综合性学习。

课程是培养学生综合能力的重要载体，跨学科学习以其综合性、整合性的特征，成为培养学生综合能力的有效途径。学校要将跨学科学习的理念和方法融入到课程中，设计好跨学科学习的教学目标和评价方式，提升学生解决问题的能力。从目前各地的实践来看，跨学科学习主要是通过与其他学科融合、在课程设置中渗透跨学科内容来进行。

在教学设计中强调学科融合，是指教师在课程设计时将学科知识作为载体，将这些知识与学生的生活经验、学科认知能力和学习需求相结合来组织教学内容。学生的学习需求是多样融合的，包括从社会角度观察问题、从科学角度认识问题、从文学角度理解问题、从哲学角度思考问题、从技术角度分析和解决问题等等。教师在进行

教学设计时,需要关注学生的学习需求,根据学生的学习需求选择合适的课程内容,为学生提供合适的学习环境。例如,可以在语文课中引入历史学知识、在数学课中引入物理学知识、在化学课中引入生物学知识等。上述课程设计均旨在将不同学科知识结合起来开展教学,其目的是培养学生综合运用多学科知识解决问题的能力。这些课程设置形式多样、内容丰富、实用性强。

在跨学科学习的课程设计中,教师需要考虑以下几个方面:首先,要确定合适的教学目标。教学目标是整个课程设计与实施过程中的关键要素。在设计教学目标时需要明确学科内容和学生需求两个维度:学科内容要体现学科本质和学科价值;学生需求要符合学生实际和学科发展需要。其次,需要对课程进行整体规划,包括主题选择、内容安排、课时安排等。再次,需要对不同学科的内容进行整合,使课程具有综合性。例如,在“环境教育”主题下开展跨学科学习时,可以设计以“垃圾分类”为主题的系列活动。在活动过程中可以融合生物学、数学、化学等学科知识。最后,需要选择合适的教学模式。例如,可以采用项目式教学模式,将跨学科内容以项目形式呈现出来,这种模式有利于激发学生兴趣和学习动力。

在教学设计中进行跨学科融合时还需要注意以下两点:首先,要明确“为什么学”“学什么”“怎么学”以及“学到什么程度”这四个问题,这是进行跨学科教学设计的关键所在。其次,要注意多学科融合的程度及难度的等级设置。跨学科学习不是简单地将不同学科知识组合起来,它需要综合考量知识的相关度与学生的认知水平和学习进度,合理设置相关内容的衔接,从而最大程度发挥融合教学的效果。

在跨学科学习活动中,学生可以在教师的指导下进行项目式学习、发现式学习和探究式学习。这些学习可以以小组合作形式进行,各小组成员共同探索和研究相关学科知识,通过对问题的研讨分析、合作探究和分享交流培养起集体意识与团队合作能力。在跨学科活动中,学生要有计划地进行项目研究,在执行计划的过程中,要关注与相关学科的联系,将不同学科知识进行融合运用。同时,还要注重在解决实际问题中锻炼自己的思维能力和综合运用多种学科知识的能力。

案例

面向环境主题的生物学跨学科主题教学研究

江苏省前黄高级中学

摘　要:跨学科主题学习作为立足于解决学科问题,联动其他学科开展探究实践的重要学习方式,受到了教育工作者的广泛关注与积极实践。强调学科通力合作的环境教育,对于落实生物学跨学科主题教学具有重要意义。环境主题具备了实践解决现实环境问题、关联社会发展多元学科、生成超越学科本体思想等跨学科实践教学优势。在具体研究面向环境主题的生物学跨学科主题教学中,可结合生态学的驱动力—压力—状态—影响—响应(Driving Force-Pressure-State-Impact-Response, DPSIR)模型,采取共情历史变迁、观测环境状态、溯源环境压力、探讨未来影响与构建响应机制的基本策略。

本研究尝试以环境主题为支点,论述面向环境主题的生物学跨学科实践教学的基本策略。为了解决现实的环境问题,科学的环境修复或治理必然需要环境评估报告。环境评估报告能够让学生更加清楚环境问题的现实影响、具体成因,以及决策生成的治理机制等。DPSIR 环境评估概念模型自 1993 年提出以来,被广泛应用于现实的生态评估、资源利用与环境修复决策等方面。本文以“天目湖的生物多样性评价”为例,探讨依据 DPSIR 模型进行跨学科主题教学的尝试。

1. 共情历史变迁,构筑实践性学习境脉

教学过程:教学开始前,教师举例当地的几大著名风景旅游地,询问学生都去过哪些地方,对哪些比较感兴趣。根据回答结果,学生最感兴趣的当地著名景点为天目湖。教师先让同学们聊聊他们自身游玩天目湖的经历,询问他们感知到的天目湖整个景区的环境状况、旅游体验,并追问学生天目湖从何而来。紧接着,教师展示“天目湖的前世今生”新闻宣传片,让学生边看新闻报道边记录天目湖整体环境转变的关键时间节点,并让他们分析转述变化背后的各种驱动因素。之后,教师提出整体性的探究实践任务,即完成天目湖的生物多样性的评估报告,并让学生自己分成小组,讨论决定他们想探究完成天目湖生物多样性评估报告的哪一部分。最后,经过师生交流讨论,将各个小组的任务顺序确定为天目湖物种现实状态考察、环境压力调研、生存环境影响分析与现有生物保护响应措施探讨,便于进行后续的实践探索。

设计意图:境脉是一种情境设置脉络化的“学习线索”。它既强调学习者在所处情境中对学习主题的感知、体验和内化过程,也要求学习者借助情境去外部环境中互动、交流与应用,不断丰富和发展自我认知。上述教学过程并未直接将整体性的跨学科实践大问题先抛出,而是依据学生已有的地方生活经验,选择其感兴趣的话题,以此勾连学习个体的先验境脉。而新闻宣传片的介入则是对接了学习环境的资源境脉、学习资料的文化境脉,让学生在共情化的历史溯源中品悟 DPSIR 的驱动力要素。在之后抛出整个跨学科主题学习活动的整体任务时,教师并未将自己的任务分解强加代替,而是在充分考虑学生情趣异质性的同时,构筑了以生物多样性评估为指向的实践性任务，以便让他们顺着该任务的探究实践沿波探源，生成评估报告。可见，该过程着重构建了学习群体的情趣境脉与学习意义的联动境脉。

2. 观测现实状态，生成多学科交叉意识

教学过程：在观测物种现实状态时，教师先让学生自主罗列、商议需要调查哪些指标，再提供给他们科技文献，提示其可以对天目湖中养殖鱼类、栽培植物的多样性进行调查，并让他们调查该区域受威胁物种状况，以及重点保护物种的种群动态等。对于以上的任务调查，鼓励学生从不同角度、采用不同方法进行尝试解决。就养殖鱼类与栽培植物的物种数量调查而言，学生会分别运用所学的标志重捕法与样方法进行实地测算；天目湖植物种类的调查则可借助文献中的GIS(地理信息系统)测绘或查阅地方环保部门的记录资料完成，而养殖鱼类的调查可利用文献中的水声学法查阅搜集，或从渔业部门寻找资料完成。调查完成后，便让学生依据上述观测的现实状态，绘制一幅天目湖生物多样性地图，并说明地图应完成面积标注、生境质量描绘，以及物种种类与数量。最后，便让学生进行地图制作的组内互评，并说出同伴制作的地图有哪些可借鉴之处与不足之处。

设计意图：关于生物多样性需要观测哪些指标，学生的设想可能并不详尽。教师应依据现有的科学文献给予学生一定的引导，让其在了解生物多样性评估指标的同时，感受到科学共同体的基本研究范式。而观测调查过程既能帮助学生运用所学生物学知识进行探究，也能够让他们从不同学科视角展开科学探究的深度思考，生成多学科交叉意识。如GIS测绘的植物种类分析关联了地理学与数学的相关知识，而水声学法的资料查找则给学生带来了物理学的视角。不同的学科体验在让学生感受到现代科技日新月异的同时，也凸显了科学技术为社会生产而服务的基本理念。此外，生物多样性地图的绘制则是以表现性评价的方式，充分展示学生的学习过程。这不仅能够让教师了解学生的学习状况，也能够让学生在学习社群中获得反馈并调适改进。同时，绘制生物多样性地图更是将工程学模型、美学绘图等跨学科知识融入其中，进一步丰富了学生对于现实世界的整体性认识和对环境主题复杂性的认知，促进了他们的综合学习。

3. 溯源环境压力，培育循证式科学思维

教学过程：当学生依据上述任务明确了天目湖的现实状态时，便想进一步探究造成现实状态的影响因素。此时，教师先让学生分析可能存在哪些环境压力因素，再引导学生依据生物多样性评估的文献溯源环境压力指标，如湖泊水体的富营养化程度、外来入侵物种的种类及数量、主要污染物排放情况以及旅游面积扩张与道路建设等。紧接着，教师再让学生分成不同小组对上述感兴趣的问题进行调查。此时，学生可以通过现实观察的发现、资料查阅的推理以及实验探究的证明等多种循证形式进行溯源。如在湖泊水体富营养化程度的调查上，可以采用通过文献资料查找 N、P 量的二手推理，也可以借助水体透明度、环境指示生物的观察测定，还可以通过自主实验测定总 N、总 P 量。整个溯源环境压力的过程，教师需要在一旁提点学生依据经济、便利与安全的原则适当选择一两种方式进行实践探索。而当学生完成相关指标的溯源后，则让其依据“展示资料或实验证据——展示推理分析过程——得出现存环境压力”的模板，陈述观点并进行短文写作。

设计意图：上述跨学科实践的教学引导过程，是从环境现状出发让学生先自主推理可能的环境压力来源，再由教师提供补充评估报告的相关指标，在一定程度上培养了学生的归纳总结与分析推理能力。针对不同问题的实践探索，学生需要采取不同方式溯源环境压力，如查阅资料、分析数据、开展实验等。此处不仅为学生树立了循证化的科学思维，也让其在综合运用发现式探究、推理式探究与实验式探究等探究方式的时候，进一步深化了他们对生物学各类程序性知识的理解。而后教师对于经济、便利与安全性原则的提醒，既培养了学生比较分析的科学思维，也让学生深入理解了科学研究的基本原则，走进了科研的真实世界。最后的结构化的科学写作，一方面显性展示了学生的学习成果，为其植入了证据、推理与主张的科学论证过程，另一方面也借由公开的交流展示，促进了学生对整个环境主题的系统化认识。

4. 探讨未来影响，构建系统化演变图示

教学过程：在面向环境主题的生物学跨学科实践教学中，需要让学生基于自身或他人已有知识经验的分析，探讨环境压力可能带来的影响。此时，教师可以让学生先根据能量流动、物质循环与信息传递等生态系统基本功能，以及抵抗力稳定性与恢复力稳定性的概念，推演环境压力造成的未来影响。之后，再让学生依据自己的观点展开组内讨论，并完成环境压力影响下一系列变化的生态系统演变图示。在此过程中，教师同样应当提示学生生物学多样性评估报告的影响要素大致包括哪些，如碳储量与生态系统生产力，养殖鱼类或栽培植物的生物量和年净增量，以及相关生物资源产品开发等。此外，在系统化演变图示的绘制与展示时，应当让学生按照“压力—现状—潜在的未来影响”这一逻辑线索进行绘制。如外来入侵物种的环境压力可能影响本地物种的生存，进而可能导致遗传多样性丧失，从而降低养殖鱼类或栽培植物的丰富度，造成抵抗力稳定性下降。

设计意图：环境压力所造成的影响在现实环境中可能已经出现，也可能是潜在的未来影响。通过上述过程探讨未来的影响，能够让学生更好地理解科学规律运用的预测或决策功能，从而提升他们对于科学事业本质的认同感。而系统化演变图示的构建，则是让学生在已然明晰环境压力的情况下，预知大致影响范围，进行逻辑推演。这不仅有助于学生运用所掌握的知识体系或学科观念进行深入思考，也培养了他们的收敛性与系统性思维。而可视化的图式表征不仅可以清晰反映学生的逻辑思考过程，而且可以让学习者更为投入、专注，将复杂的思考以简练的形式进行意义共享。此外，通过可视化图表的互动反馈，能够阐明先前内隐生态学知识以及思想观点，从而更高效地修正完善，并转变学习视角，改善自身的逻辑思维。

5. 构建响应机制，促进综合性社会实践

教学过程：为了解决上述发现的现实影响或潜在影响，教师让学生探讨构建天目湖生物多样性保护的响应机制。此时，教师会诱导学生依据之前的实践，提示他们进行减轻环境压力、改变环境驱动力的响应机制构建。然而，学生此时较为关注之前探究过的各类要素，往往会忽略生物多样性评估报告里面的一些外围响应要素，如公众意识和参与、环境影响评价的有效性以及相关资金的投入等。同样，教师需要引导学生回顾生物多样性评估报告的响应机制主要包括哪些维度，让他们完成一份保护天目湖生物多样性的响应机制方案。对于方案的评价则要组织模拟政协，协商筛选出优质方案，并积极报送相关主管部门。此外，教师还设置了一系列面向全体学生的综合性社会实践活动，如开展“爱护天目湖生态环境”的志愿服务活动，让学生参与到风景区清扫以及净水浮岛的制作中，组织学生宣讲天目湖的环境保护注意事项并制作公益海报等。

设计意图：保护天目湖生物多样性响应机制方案的设计，不仅让学生进一步从现实环境问题解决以及永续发展的角度回顾了整个环境主题，也作为一种终结性评价考量学生的科学思维与生态素养。与此同时，模拟政协评比后的优质方案报送也给学生建立了地域服务的渠道，进一步增强了他们的社会责任意识。面向环境主题的生物学跨学科实践一定要落实到社会实践中，教师不仅需要引导学生思考环境问题的现实状况、驱动因素，设计响应机制，也需要鼓励学生通过实际行动来解决环境问题，促进他们环保态度和意识的终身发展。这样一种综合性社会实践活动，一方面能够让全体学生依据自身兴趣参与其中，投身社会实践；另一方面可以让学生个体通过自身的具身化劳动，实现环保态度意识的终身发展，并力所能及地服务地方，培植了其乡土根基。

三、跨领域组织：现实情境主题介入的综合实践

综合实践活动作为一门面向全体学生，以问题解决为导向，以学生自主探究和亲身实践为基本学习方式的学科课程，已经在全国各地的教育教学中落地生根。在新课程改革和高考综合改革的背景下，综合实践活动课程能有效培养学生发现问题、提出问题、解决问题的能力和习惯，对学生的综合素质培养意义深远。然而，我们也必须清醒地

看到，在当前的教学实践中，教师的综合实践活动教学意识仍然不强，理论学习与实际操作脱节现象较为普遍。在综合实践活动课程的开展中，教师应着重注意以下几方面的问题：

首先，选择真实情境，确定活动主题。现实情境是综合实践活动课程开展的基础，是学生开展研究活动的背景和环境。在选择现实情境时，教师要注意选择贴近学生生活实际、能够让学生参与其中的真实情境；同时，这些情境还要反映科学问题或社会问题等，能够引发学生深入思考，激发他们持续探究。主题是对现实情境的进一步概括和提炼，是活动实施的核心要素，它反映了实践活动与现实生活之间的关联程度。开展综合实践活动，教师应根据学生的年龄特点和认知发展规律，选择学生感兴趣而又有一定难度，能激发学生参与热情的主题。如在“我身边的传统节日”主题活动中，教师可以选择春节、元宵节等具有代表性和影响力的节日作为活动主题。这些节日承载着丰富而深厚的民族文化内涵，有很大的研讨空间。同时，隆重、盛大的传统节日氛围也很容易激发学生的实践热情。

其次，设计问题情境，确定研究方向。教师在开展综合实践活动课程时，要注意以问题为切入点，以主题为纽带，将综合实践活动课程的学习与学生的实际生活结合起来，把学生置身于一个真实、具体的问题情境之中，引导学生开展探究活动。在设计问题时，教师要考虑到学生在现实生活中会遇到哪些问题，会提出哪些疑问，有什么困惑和想法。同时，还要考虑到如何将这些问题有效地呈现出来。综合实践活动课程不同于学科课程，它需要教师有较强的综合素养和专业素养，教师在设计问题时要注重引导学生从实际生活中寻找、提出、分析和解决问题。

最后，组织研究活动，推动问题解决。我们知道，现实问题是综合实践活动课程的出发点和归宿，只有对问题的解决才能有效地促进学生核心素养的发展。因此，在综合实践活动课程中，问题解决是至关重要的关键一步。教师要善于引导学生从身边的生活问题入手开展研究活动，对现实生活中遇到的一些问题，引导学生运用所学知识和方法去积极探究、分析、解决。在实践活动结束后，教师可以组织学生就这些问题进行讨论和交流，通过这种方式引导学生全面参与到实践活动中来，在与他人合作探究中完善对学科知识和问题解决之间关系的理解。教师也可以引导学生利用自己收集到的信息来解决现实问题，促进学生综合素质水平的全面提升。

第三节　教学方式创新的基本路径

一、投入性学习为标志的教学起点

在普通高中教学中，投入性学习是指学生在教师的引导下，通过投入精力、情感、意志等心理活动，自主地参与课堂教学活动，并在课堂教学中获得良好发展。它是对传统的以教师为中心的课堂教学方式的超越和发展，也是普通高中教育课程改革的重要内容。

投入性学习是全面提高教育教学质量的必由之路。在普通高中教学中，投入性学习的目的在于通过提高学生的学习积极性和主动性，促进学生全面发展，它与致力于提高教育教学质量的新课程改革的目标是相吻合的。普通高中课程改革要求实现两个转变：一是转变学生的学习方式，即由接受式学习向探究式学习、自主式学习转变；二是转变教师的教学方式，即由传授知识为主向引导学生自主学习、主动探究为主转变。这两个转变都需要以投入性学习作为教学过程的起点，促进学生展开深度学习。在“三新”背景下，积极促进投入性学习意义重大。

首先，投入性学习是培养创新精神和实践能力的有效途径。传统教育注重对知识技能的传授，而忽视了学生创新精神和实践能力的培养。普通高中课程改革要求改变以教师为中心的传统教学方式，强调教学过程中的师生互动和生生互动，以“问题”为中心组织教学。通过各种途径和方式培养和激发学生积极探索问题、自主探究问题、合作解决问题的热情和能力，成为新课程改革追求的目标。投入性学习能激发学生的自主性和探索热情，把课堂还给学生，能够显著改变传统教学方式中以教师为中心、以教师讲解为中心、以知识传授为中心等现象。

其次，投入性学习是提高课堂教学效率的重要保证。在传统教学中，教师主要是根据自己对教材内容的理解来组织课堂教学，因而教学过程显得较为僵化。由于教师对教材内容理解上的偏差和不准确，课堂教学效果也会相应地受到影响。而在投入性学习中，学生更多地参与到了课堂教学过程中来，因而其学习效率也相应得到了提高。此外，通过投入性学习，学生在参与教学活动过程中能够自主地发现问题、分析问题、解决问题，并进一步培养学科核心素养。

再次，投入性学习是提高学生学习能力、发展学生个性品质、促进学生全面发展的重要途径。在投入性学习过程中，学生不仅能够从课堂教学中获得知识与技能，而且能够形成积极的情感体验、正确的价值观念和良好的个性品质。因为投入性学习要求学生在课堂上不仅要对自己的学习负责，而且要对其他同学、教师乃至整个集体的学习负责。投入性学习的过程是学生与教师、学生与学生之间平等交往、沟通合作、共同发展的过程。有教育学者认为，学生获得知识的最佳途径是与他人一起进行有意义的学习。在参与教学活动过程中，学生能够从他人身上获得有用的信息和观看世界的不同视角。同时，在与他人一起学习的过程中，学生也会体验到对自己、对他人、对学习本身的一种责任感。在这种责任感下，他们会积极主动地参与到学习活动中去，并因此增强彼此之间的交流和合作意识，形成良好的人际关系。

最后，投入性学习还可以使学生养成良好习惯并促进其健康成长。有心理学家指出，习惯是在刻意注意基础上形成并固定下来的行为方式，是一种自动化了的行为方式，它无须意志或意识努力便可形成和改变。在学习活动中，能够通过投入性学习形成并固定下来的行为方式包括注意、保持、回忆、思维、想象等一系列心理活动，这些心理活动能够产生很强的意志力和驱动力，推动学生去完成学习任务；这些优秀习惯的养成，也有利于塑造他们的健全人格。

在教学活动中，教师要以尊重、理解、宽容和积极关注的态度来对待学生在投入性学习过程中出现的各种问题和困难，使他们在轻松愉快中积极主动地参与到学习活动中去。

投入性学习要求教师把自己看成是教育中的一个重要因素，不仅是知识和技能的传授者，更是学生发展过程中的指导者和帮助者，是学生的良师益友。教师与学生之间要建立一种民主平等、相互信任、相互尊重和相互合作的师生关系。只有这样，才能充分调动每个学生学习的积极性、主动性和创造性，才能更好地实现教学目标。这种关系还要求教师善于了解和掌握学生的学习状况，充分尊重每个学生的人格和个性差异，及时发现和解决问题，使每个学生都能在课堂学习中有所收获。

投入性学习还要求教师转变教学观念和教育理念。投入性学习对教师提出了新的要求，首先，教师要转变教学观念，即“以生为本”，注重学生个性发展和创新能力培养。再次，教师要改变教学方式，即改变“以讲为主”“以教为主”的传统教学模式，倡导和开展开放式、探究式和体验式等多种教学方式。最后，教师要改变评价方式，即改变过去单一、刻板的评价标准和评价方式，对学生进行多元的、全方位评价。

二、探究性学习为抓手的教学活动

探究性学习是指在教师的指导下，学生通过亲身实践、独立探索和合作交流，主动获得知识、技能、情感态度和价值观等方面发展的学习过程。在新课程改革的背景下，教学活动应以探究性学习为抓手，以课堂教学为载体，让学生在探究中学习，在实践中成长。教师要引导学生充分利用教材内容开展探究性学习，提高学生学习的主动性和积极性。从某种意义上讲，高中阶段的探究性学习就是要求学生在教师指导下自主发现问题、提出问题、解决问题。探究性学习的重点有以下几个方面：

第一，创设问题情境，提出探究问题。探究性学习强调问题意识，鼓励学生以发现的眼光观察和分析周围事物，以探究的方式进行学习，注重培养学生解决问题的能力。问题意识是在具体的问题情境中形成和发展起来的。没有具体的情境，学生就不会有提出问题的愿望和需要。因此，教学中教师要善于创设问题情境，引导学生提出探究性问题，培养学生的探究意识，激发学生探究的欲望。通过创设问题情境，引导学生提出探究性问题时要注意以下几点：①以课本知识为基础；②提出的问题要具有广泛性；③注意引发学生思考；④注重培养学生发现和解决问题的能力；⑤要给学生留有一定的思维空间。在这个过程中，教师要将课本知识转化为探究知识，引导学生进入到问题情境之中，使教学活动变得轻松愉快、生动活泼。

第二，鼓励自主探究，促进合作探究。探究性学习倡导自主探索、合作交流与实践。教师要创设开放的、合作的学习环境，提供必要的材料，鼓励学生自主探究与合作探究。当学生遇到困难时，要及时给予帮助和指导；当学生取得成绩时，要及时给予肯定和鼓励。只有在这样自由、和谐、宽松的课堂教学环境下，学生才能大胆质疑、大胆想象、大胆表达，热衷交流合作，从而使学习成为一种自觉行为。

第三，设置探究问题，引导学生创新。探究性学习强调学生主动参与、动手实践、独立思考、积极探索。教师要善于从教材中选取科学探究的课题，提出探究性学习的问题。教师可根据教材内容和学生的实际情况，灵活设计探究性学习的问题。探究性学习也要让学生体验到成功的喜悦，多鼓励学生，帮助他们树立自信。例如，可以多让学生参与实践性强、实践效果显著的探究任务，让学生在实践探索中亲身体验成功。探究性学习要发挥教师的主导作用，让学生主动参与到探究活动中来，使学生充分认识到自己才是学习的主体，教师只是活动的组织者、指导者和促进者。

第四，提供自主活动，强化学生实践。探究性学习与课堂教学存在着根本的区别，即探究性学习要求学生在教师的指导下主动探究，亲自实践。因此，要想使探究性学习真正成为教学的重要组成部分，就必须为学生提供自主活动的空间和机会。

三、表现性评价为驱动的教学纵深

学业评价是教学的指挥棒。当前，在普通高中的学业评价中，有"以结果为导向"的评价倾向，也有"以过程为导向"的评价倾向。前者以成绩为评价标准，后者则关注学生在学习过程中表现出的素养和能力。在我国基础教育改革背景下，要改变传统片面的评价方式，实现普通高中教育由"量变"到"质变"的跨越，推广实施"表现性评价"是一条非常重要的路径。

表现性评价指向学生在真实情境中解决问题的能力和素养养成，注重学生在学习过程中的表现。基于表现性评价的教学实施路径强调学生在学习活动中学习和发展自己，而不是被动地接受知识和技能。实施表现性评价，让学生从被动学习走向主动学习，从死记硬背走向理解探究，从浅表学习走向深度学习，从"一考定终身"走向"综合素质评价"，从而实现学校教学由"应试教育"到"素质教育"的转变，这既是推进课程改革的有效举措，也是落实立德树人根本任务的要求。

依据新课改要求，高中课堂教学应以培养学生核心素养为导向进行教学活动设计，通过对学生在真实情境中解决问题能力和素养养成情况的观察、记录、分析与反思，了解学生的学习与发展情况，并以此作为"教"的依据，指导后续教学活动的开展。当前，普通高中课堂教学实施中普遍存在两个问题：一是教学活动重知识的传授、教学内容的分析，轻学习方法、学习过程和学习态度的培养；二是教学活动重课堂教学目标和结果的评价，轻学生的自主学习和主动参与性评价。这两个问题都不利于学生综合素养和能力的培养。在这个背景下，相对于结果导向的评价，表现性评价能够更加真实、科学地反映学生的学习情况，更有利于教学活动的展开和学生素养的培育。

开展表现性评价之前，教师一方面要对学生进行学习能力诊断，掌握学生的基本状况，分析、明确学生已有能力和经验水平以及学生当前所处的认知发展阶段，在此基础上设计出有针对性、易于操作的表现性评价方案。另一方面，表现性评价所依赖的技术支持，即从"纸笔"到"电子"的数据记录和分析也值得教师关注。传统的纸笔测试，其缺陷在于无法充分体现学生在学习过程中所表现出来的素养和能力。与此相反，基于电子技术的表现性评价则能够记录和分析学生在学习过程中所表现出来的素养和能力，同时为教师提供科学、有效的教学依据，帮助教师改进教学方式和教学内容。从"纸笔"到"电子"的数据记录和分析，实现了学生学习过程中数据的记录、分析与管理；智能终端的广泛使用，为学生学习行为数据的采集提供了可能。

基于大数据的学生学习评价，是在充分利用现代信息技术的基础上，通过对学生学习过程中所产生的数据进行采集、分析与管理，从而实现对学生学习过程的全面了解。比如，对学生在网络平台上在线学习的行为数据进行采集，再利用软件平台对数据进行分析，最终将学生网络学习过程中的行为表现通过量化的方式予以记录和评价，这是一种评价技术上的创新。而在传统纸笔测试中，教师往往只能根据自己的教学经验和测验结果去评价学生，并不能全面了解学生在学习过程中所表现出来的素养和能力。而通过电子数据量化的方式，教师则可以了解到学生在学习过程中表现出来的素养和能力，从而对学生展开更加全面的评价。

第四节　教学方式创新的现实案例

一、基于概念铺展的启发性教学案例

案例

生活化直线的斜率与倾斜角概念教学案例

常州市金坛区金沙高级中学

摘　要：让学生充分调动各类感官“动”起来，自己积极求取探索，才能真正理解发现知识，实现综合能力的提升，也才能让教育达到育人的目的。本文以“直线的斜率和倾斜角”的教学为例，进行了数学生活化的相关探索，以期为大家提供参考。

1. 案例背景

“知识来源于实践”，在数学课上，为学生提供更多的“活动实践”机会，让学生充分调动各类感官“动”起来，自己积极求取探索，才能真正理解发现知识，同时实现各方面能力协调发展。

直线的斜率和倾斜角是平面解析几何的第一课，包含直线的斜率和倾斜角等概念、斜率和倾斜角之间的关系等内容，这些知识是后续课程展开的基础。

在讲授本课时，教师采用视频辅助的方式，融合实际生活应用案例来引起学生的兴趣，然后通过设置小梯度目标的方式循序渐进，让学生在学习过程中有价值实现感，最终达到预期教学目标。

2. 案例过程

(1) 情景引入

为了让学生顺利进入课堂环境，教师借助微视频，向大家展示了这样一个任务——“刘晓明是一名建筑工程师，今天他接到了一个任务。对方要求他在图纸 A 点上建一个楼梯，大家帮一下刘晓明，给他设计一个楼梯。”

学生开始在白板上操作，教师观察大家的结果后，进一步作出总结：“好，大部分同学都画出来了，有的画的楼梯高一点，有的画的楼梯矮一点。目前，老师手中展示的不同高度的楼梯有四五个，那你们猜猜，经过这个点一共能画出多少个楼梯呢?”

“很多个。”

“是的，因为经过一个点的直线有无数条。现在，老师有一个要求，只画出一个楼梯，也就是确定一条直线，你们有什么办法呢?”

学生沉思了一会儿，一个学生率先说:“两点确定一条直线，老师，你要确定两个点。”

(2) 构建新知

教师肯定了学生的想法，并进一步引导:“现在建筑工人准备照着你们的图纸施工了。那么问题来了，甲建筑工人做出了这样的楼梯，而乙建筑工人做出了那样的楼梯，你们觉得问题出在哪里?”

“没有规定楼梯的角度。”

“好，规定楼梯的角度，你们打算怎样规定呢?”

“老师，你可以以地面为角的一条边，然后规定角的大小为 30°。”

“这样问题就解决了吗? 你看，我画出了两个大小为 30°的角。”

“还需要其他条件。”

“条件是什么呢?”

学生进行了充分的讨论，最终认为还需要说出一个点，有了度数和点，就能确定唯一的方案了。整个过程中，学生表现得都很优秀，积极跟随教师的思路走，而且是生活中的现实案例，所以他们解决起来也比较有真实感和生活基础。

(3) 深化概念

在生活化的基础上，进一步深化延伸出数学概念，实现了现实问题的数学化。

“同学们，大家还记得吗? 在平面直角坐标系中，点用什么表示?”

“老师，可以用坐标表示。”

教师继续提问道:“那么直线如何表示呢?”

学生根据刚才的例子快速反应过来:“老师，可以规定角度，然后选用一个点来区别。”

“非常棒哦，那么你们知道这个规定的角度叫什么吗?”

学生摇摇头，教师进一步引导:“其实不只是楼梯的角度。在生活中，我相信大家都有过爬山、爬坡的体验，那我们该怎么说这座山陡不陡呢?”

“看山的倾斜程度。”

“非常棒，那么你们还记得初中的时候会用什么量来反映山的倾斜程度或者坡的倾斜程度吗?”

教师在黑板上画了简示图，方便学生思考。

利用旧有的知识，学生很快得出，山的坡度=山的高度/山底长度。

坡角、坡度都能反映倾斜程度，迁移到数学中，坡角相当于直线的倾斜角，而坡度则对应于直线的斜率。

在黑板上写出板书：在平面直角坐标系中，当直线与 x 轴相交时，我们取 x 轴作为基准，x 轴正方向与直线向上方向之间所成的角，叫做直线的倾斜角。

(4) 巩固内化

教师通过例题、寻找生活中的倾斜角等多种方式，引领学生进一步巩固倾斜角的内容。

比如：当山的倾斜度 α 增大时，坡度如何变化？当山的倾斜角度 $\alpha=90^\circ$ 或 0° 时，山高、山底面长度分别是什么？山的倾斜角度又分别是什么？

通过这些问题，让学生自己发现倾斜角的巧合，比如让学生思考：直线和 x 轴平行或重合时，倾斜角是多少度？再为学生进行讲述，这一情况下，我们规定直线的倾斜角为 0°。

除了倾斜角外，课上还引入了斜率的概念，让同学们明白，对于倾斜角不是 90° 的直线，其倾斜角的正切值叫做这条直线的斜率，即 $k=\tan\alpha(\alpha\neq 90^\circ)$。

结合前面所学知识，进一步引入和深化：

“既然两点确定一条直线，那么大家想想，坐标系中的两点是不是也就确定了直线的倾斜程度呢?”

学生点点头。

教师进一步深入：“那这个倾斜程度，其实是?”

“倾斜角与斜率。”

“所以说，直线上两点与直线的斜率有着天然的联系，具体是什么联系呢？我们来一起看一道例题。大家看一下，这是一个平面直角坐标系。我们已知直线上两点 $M(x, y)$，$N(z, 23)$ 且 $x\neq z$，能否用 M、N 的坐标计算出直线的斜率 k?”

引导学生自己用笔在纸上画出坐标系，并画出 M、N 两点以及直线 MN，进行相应的尝试推导研究。课程最后，请一名学生上台，向大家展示他的推导过程与结果。

(5) 提炼升华

“这节课到这里就结束了，我们一起回顾一下，这节课咱们一起发现了什么呢?”

“我知道什么叫做倾斜角了。”

“还有斜率。”

“还有确定坐标系中直线位置的方法。”

“对，我们学习了直线的倾斜角、斜率，以及定位的几何要素。希望大家深刻理解刻画倾斜程度的倾斜角与斜率，也能利用所学定义法和坐标法等知识，自己去求斜率。最重要的是，数学来源于生活，服务于生活，希望大家多多关注生活中的数学应用，并且用数学进一步解决生活中更多的难题。”

3. 案例效果

从学生课堂表现来看，他们参与的程度很高。一是这是第一堂课，课程新鲜劲儿在；此外，注重引起和激发他们的兴趣，也是让他们整节课情绪高涨的重要原因。从作业结果来看，大部分同学掌握了本节课的内容，达到了预期的教学目标。

4. 案例反思

(1) 做好学情分析是关键

学情分析是教学的基础。通过对前面课程的整理及与学生的探讨，发现学生已经具备“两个点确定一条直线”“坐标轴”等初步知识基础，为本节课讲授提供了基础条件。此外，在调查过程中，发现部分学生认为数学无用，只为考试。因此，本节课着重强调了“数学问题来自生活，在生活中解决数学问题，即生活问题化，数学生活化”。这也是进一步跟随新课标，强调数学实用性的教学方式。

(2) 注重发挥学生的主观能动性

高中学生已经具有较强的解决问题的能力，他们也习惯在亲自参与问题解决过程中发现问题，发现规律。实际上，数学的要义也在于问题。恰当地创设问题情境对于改善教学有着不可低估的作用，它可以激发学生的学习兴趣，充分调动学生学习的积极性，缩短学生与数学的距离。因此，这节课也通过巧设数学问题情境来提升学生的主观能动性。除此之外，还通过让学生自己画图解决，自己组织语言讲述，进一步发挥他们的主观能动性，提升学习效果。

(3) 不足之处

本课依据新课标内容和要求进行了一定创新，取得了一定成果，但仍有不足，在实施过程中主要发现如下问题：首先是知识点的衔接不够紧密，偶尔会有断层现象，需要在情境创设中进一步提升逻辑性。其次，本方法基于学生们具有一定的创新意识和学习的主观能动性，但是对于那些在初中已经习惯通过老师的全程论述获得知识的学生来说，本教学模式欠缺实用性。最后，在简约课堂构建方面，本节课内容仍需进一步优化。

二、基于程序方法的探究性教学案例

案例

探究性学习在高中历史课堂教学中的应用探究

——以高二历史“古代的商业贸易”一课为例

常州市平陵高级中学

摘　要：探究性学习模式是当前我国基础教育课程体制改革工作的一个亮点与

难点，它既是培养学生的科学性学习思考和实际操作技巧的一条重要途径，也是学生综合素质培养与个性化展示的重要内容。然而，由于诸多因素的干扰，探究性学习模式在高中历史课堂教育中的运用现状仍不容乐观。本文结合笔者一线教学实践经验，以统编版选择性必修2中“古代的商业贸易”一课为案例，针对完善探究性学习在高中历史课堂教学中的应用策略进行简要探讨，以期为一线历史教师及相关研究人员提供一定的借鉴和参考。

1. 引言

新课程标准倡导充分发挥学生的主观能动性，将课堂还给学生，以学生为主体进行教学。但实际教学面临的问题是如何让学生积极主动地参与课堂的建设，广泛而高效地发挥探究式学习在历史学科中的应用。就当前对高中历史学科的研究来看，高中学生对历史学科的认知和重视程度不足，他们仅仅简单地将历史归于自然和社会两方面，极少关注历史学科对自身的影响。同时，由于高考的压力，学生在历史学习中仅仅注重对知识点的背诵和记忆，知识信息的获取高度依赖教师以及相关教辅材料，自身缺乏探究式的学习。这种学习方式的弊端已经日渐凸显。统计显示，新高考改革方案实施以来，学生对历史的关切度日益增加，探究性学习模式在当前高中历史学科教学中的应用已刻不容缓。

2. 探究性学习在高中历史课堂教学中的应用策略

(1) 重视课前预习，完善课堂活动设计

就目前的高中历史课堂教学情况而言，由于学科的特殊性质和传统课堂模式的束缚，学生在学习历史知识方面存在较多的问题，重点表现为课堂学习兴趣较低下，缺乏必要的学习方法，以及难以把握课堂的重点内容等等。

针对这些问题，在“古代的商业贸易”这一课的探究式学习课堂中，应该进一步结合学生的特点，注重对学生历史学习思维的把握，通过完善课前预习的方式，来提高学生对课堂所学知识点的熟悉和掌握水平，从而提高学生在探究性学习课堂中的参与程度，从根本上提高学生的历史学习兴趣，使学生真正做到从兴趣出发，掌握自主学习方式，不断完善探究性学习的目的。例如，可以结合学生的学习小组，开展针对性的探索任务，以任务为驱动，引导学生了解契约、汇票等相关名词的概念界定和相关案例等。借助任务的设置，确保学生在课前预习的过程中能够明确探究性学习的方式，把握探究性学习的知识重点等。

在探究性学习中，根据学生的思维模式来制定适当的策略是关键所在，这就需要教师进一步完善对课堂活动环节的设计，以不断提高学生对课堂探究活动的参与兴趣。例如，可以借助时间轴进行趣味活动设计，安排不同小组展示不同的历史时期等等。课堂预习以及优化课堂活动环节能够有效提高学生在学科学习以及探究方面的兴趣，从根本上提高学生学习的主动性，不断完善探究性学习模式的开展。

(2) 尊重学生主体地位，教师适度参与

在高中历史探究性学习模式的应用过程中，教师应该积极转变自身的教学理念，不断学习借鉴优秀的教学模式。在课堂模式转变过程中，尊重学生的主体地位是根本要求，也是探究性学习模式开展的基础前提和必要条件。在探究性学习模式中，教师可以适当参与学生学习小组，增强与学生的互动频率，同时注重对课堂秩序和课堂节奏的把握。

探究性学习势必要给予学生一定的展示机会和展示舞台，在课堂模式最初的创新过程中，由于新颖的模式能够充分激发学生的兴趣，可能会导致课堂过于活跃，对学生的学习效果产生一定的负影响。同样以“古代的商业贸易”一课的教学为例，在针对不同历史时期的分组探究学习过程中，教师应对展示的质量以及模式进行把控，避免错误以及不适当的内容和形式，同时需要注重对学生创意、活动热情以及课堂积极性的把握。总之，在探究性学习课堂模式之下，教师要明确自身的课堂角色，真正将课堂还给学生，做学生学习的引导者和陪伴者，不断深化探究性学习的开展。

(3) 巧用情境教学，增强学生探究兴趣与自主能力

高中历史学科的知识点覆盖古今中外长时间、多方面的历史知识内容，时空跨度极大。“古代的商业贸易”这一课同样如此，时空跨度大，有中外对比等内容知识。针对这一特点，教师在课堂探究性学习的开展过程中可以借用情境教学，利用多媒体以及课堂导语等形式，搭建良好有效的课堂情境，增强学生课堂学习的沉浸感和体验感，不断提高学生探究兴趣与能力。

3. 总结

终身学习是教师的必备品质，由于历史学科的自身特性，当代历史教师更需要不断地汲取新的知识来完善自身。现阶段有不少教师在自身素养、知识储备、观念的更新等方面都存在明显缺乏。但是不论是从职业发展角度，还是从新教学模式的尝试与变革角度考虑，教师都需要不断地接纳新的知识、学习新的技能。当代高中历史教师应该通过多种渠道，加深对探究性教学模式的理解并不断提升自身素养，对教学的每一个环节进行不断的思考与探究，在不断的创新和尝试中进行反思完善，逐步建立高效的探究性教学模式。

探究性学习的重要性以及模式的优越性已经在教学实践中得到了明确的体现，教师应该根据不同班级的实际情况，结合探究性学习的优势以及课堂开展策略，有计划有步骤地开展探究性学习课堂模式的应用，不断推进学生核心素养的养成。

三、基于成果展示的项目式教学案例

案例

融合中国文化的项目式学习在高中英语新教材中的运用

常州市第一中学

摘 要:针对英语高考全国卷进一步融入中华优秀传统文化和培养核心素养的方向,本研究结合学情与本土文化发展,依托译林版新教材,开发具有中国文化融合属性的英语学习项目,通过分析指导和实践反思,探索助力学生在真实情境中合作研究和深度学习的新途径。

1. 引言

在新的时代背景下,高考蓝皮书《中国高考报告(2023)》提出要"强化理想信念、爱国主义情怀……等内容在考试中的要求,引导学生培养和践行社会主义核心价值观,弘扬中华优秀传统文化";《普通高中英语课程标准(2017 年版)》提出了学科核心素养发展目标,强调对知识的实践应用和迁移创新,提高学生在真实情境中解决问题的能力。这些既是教育理念发展的趋势,更是社会发展的需要。然而,目前关于中国文化元素的英语教学还存在以下问题:

(1) 中国文化元素选择碎片化

许多教师会在英语教学中融入中国文化元素,但时常会对文化元素的选择感到茫然,有时根据节日节气搜寻零碎知识和信息,有时借助课外读物选取中国文化经典故事等,这样的知识元素不成体系,无法给学生带来长期、持续的文化浸润。要解决这个问题,译林版新教材其实就是很好的选择,它包含了丰富的中国文化教学资源,以学生的课本、课堂、作业的真实情境为依托,成体系推进中国文化元素的深度学习和研究性学习。

(2) 中国文化知识处理程式化

中国文化的学习以介绍、语篇学习的程式为主,被动的信息接受和知识记忆难以调动学生的积极性和自主探究的能动性,长此以往,易出现知识僵化、思维固化的问题,学生的高阶思维品质得不到提高,语用意识也逐渐淡薄,也无法提升在真实情境中解决复杂问题的能力。译林版新教材的 Integrated skills 版块提供了很好的处理模板,全面调动学生的"听、说、读、看、写"五大技能,以知识输入为铺垫,鼓励学生高质量知识输出。

(3) 中国文化教学评价单一化

目前许多评价体系依然将笔试成绩作为评价学生英语水平的唯一标准,导致学生的努力方向就是不停地练习关于中国元素的题目,长期的单一评价使学生丧失了学习英语的原动力,似乎在英语课堂里学习中国文化就是为了考试。针对这种情况,译林版新教材在涉及中国文化的版块都会提供学习任务和相应评价标准,鼓励教师和学生多维度自评和他评,明确学习中国文化的目标,激发学生自主学习意识。

2. 高中英语教学中项目式学习设计实践

《普通高中英语课程标准(2017 年版)》指出,教师应设计"具有综合性、关联性和实践性的英语学习活动"。项目式学习是一种以学生为中心的教学模式,是学生从真实世界中的基本问题出发,围绕复杂的、来自真实情境的主题,以小组合作方式展开探索的周期较长的开放性探究活动。高中英语项目式学习是一种沉浸式语言深度学习模式,强调"做中学"。学生通过完成一系列诸如方案设计、决策拟定、问题解决、作品创建以及结果交流等学习任务,最终实现知识建构与能力提升。融合中国文化的高中英语项目式学习借助中国文化的真实语境,学生在实践的过程中学习英语,实现语言学习、学科知识学习以及中国文化意识发展的融合。译林版新教材众多版块都涉及中国文化元素,很多活动都有较大开放性,教师可结合本土文化设计活动项目,在提升学生学科核心素养的同时践行实践育人的理念。

以译林版新教材选择性必修第三册第四单元 Protecing our heritage sites 的 Integrated skills 版块教学为例,此单元主题涉及文化遗产保护和宣传,此版块文本则讲述遗产的价值和保护的意义,教师在教学中创设了以下真实情境:我校国际部某外籍老师初来常州,对常州的文化遗产地非常感兴趣,学生需要利用本单元所学向这位老师介绍一处文化遗产,讲好常州文化故事。确定了项目的主要任务后,接下来就是按设计步骤实施项目。

(1) 拆解项目,确定组员分工

由于学习活动项目具有综合性,组员需对项目进行拆解。拆解时需保证每位组员的分项目涉及两个方面的英语学科核心素养的要求,这样才能保证学生在实践时有获得感,避免"为了活动而活动"的表层化处理。就这一项目而言,需要先敲定一个想介绍的常州遗产,可以是自然遗产或文化遗产,也可以是文化与自然混合遗产,比如青果巷、大运河、焦溪古镇等;随后组员分别认领位置及历史、重要性及影响、现状及问题、解决及总结、共同呈现这 5 个分项目(见表 3-1)。

表 3-1 项目分解

分项目	人数	英语技能	核心素养	呈现方式
位置及历史	2	看、读、听	学习能力、文化意识	宣传海报，拍摄照片、视频
重要性及影响	2	看、读、听	学习能力、文化意识	宣传海报，思维导图
现状及问题	2	看、读、听	学习能力、文化意识	拍摄照片，录制视频
解决及总结	1	写、读	思维品质、学习能力	思维导图
共同呈现	4	说、听	语言能力、文化意识	PPT 展示

(2) 明确要求，安排组员进度

教师对项目落实要明确具体时间节点，关注不同时间节点的任务进度，督促学生按既定时间节点完成任务，确保项目完成的效率和质量。每个节点的完成可以与学生沟通交流，确定接下来是否需要微调(见表 3-2)。

表 3-2 项目要求及时间点

分项目	项目要求	时间点	
		第一个周末	第二个周末
项目一	文明安全参观，多渠道获取资料	查阅资料，参观景点	制作海报，录制视频
项目二	文明安全参观，多渠道获取资料	查阅资料，参观景点	英语介绍，制作海报
项目三	文明安全参观，多渠道获取资料	查阅资料，参观景点	英语介绍，录制视频
项目四	查阅相似案例，整合手头资料	查阅资料，整合资料	整合制作文字资料
项目五	合理选择演讲内容和文字	—	整合演讲稿和 PPT

(3) 实践探究，指导项目实施

项目开始实施后，教师需根据时间节点询问学生实践情况，了解是否因资料缺少而需要推迟进度；或者当学生遇到不确定的英文表述时，教师可以介入，指导学生查阅官网考证史实和正确表达，一方面可以督促学生按照项目实施计划进行，另一方面也能关注项目实施过程中的组员表现，为后续形成性评价打好量化基础。例如，项目一的同学在参观焦溪古镇后觉得焦溪糍团也是很好的非物质文化遗产，属于焦溪古镇的一部分，教师亦觉得如此，因此项目一第一阶段往后推迟了三天，给学生足够的时间收集非物质文化遗产的资料。

(4) 展示成果，落实多元评价

教师选择连续的两节课，第一节课处理好“听、读、说”三个版块，为第二节课的成果展示进行预热。教师给每个团队 8 分钟的展示时间，项目一至项目四每个部分有 2 分钟的时间来轮流展示两周来项目实施的成果。学生可以选择自己喜欢的呈现形式和互动形式，成果优劣并不是由教师一人决断，而是由全体学生共同评审。在不同团队展示过程中，其他学生可以根据评价表进行团队打分(见表 3-3)。教师还应该注意展开多元评价，除了考虑团队的表现情况，还要关注个人成长，根据组长汇报情况，可以挑选出最佳个人奖、金点子奖、热心奉献奖等。

表 3-3　评价打分表

评价维度	团队 1	团队 2	团队 3	团队 4	团队 5	团队 6
介绍内容(20 分)						
语言表达(20 分)						
演讲技巧(20 分)						
问题解决(20 分)						
团队合作(20 分)						
总　分						

(5) 反思优化，提升项目品质

在完成整个项目后，教师和学生的反思都必不可少。学生可以反思在项目实施中自己的失误与不足，与团队的磨合是否有可改进的地方，选材和演讲的展示是否还可以更有趣，以及这样的改进如何在以后的项目中为自己和团队增色添彩等等；教师也应该反思任务的布置是否可以更合理，学生在展示过程中的问题是否有关注到，如何将做过的项目成体系记录装订好，为更好地开发教材中关于中国文化的总项目打好基础，提升项目整体品质。

3. 实施成效

项目实施后，学生都有积极的反馈，对于教师成体系挖掘课本中中国文化元素十分配合，不满足于知识的介绍和输入，渴望自己整理资料和表达自我的机会，在成果展示时也都能高质量完成自己的分项目，从海报、视频、照片中可以看出他们在过程中付出的努力。除了在记忆里留下深刻的团队合作回忆，学生的中国文化的意识也被一步步强化，在学习英语和表达英语的过程中培养起爱国主义情怀。而且这一切以译林版新教材为依托，没有给学生施加额外压力，也落实了“双减”宗旨。

四、基于信息技术的智慧型教学案例

案例

基于格斯丁翻转教学模式的生物学实验智慧教学

江苏省前黄高级中学

摘　要：格斯丁翻转教学模式具备深化翻转要义、促进学生主动学习，构建渐进支架、提升教师可操作性，凸显本质与转化、达成知识深度理解的特点；应用该模式在生物学实验教学中达成智慧教学，可采取以微课模拟的体验参与激发投入学习、以试题介导的概念探索阐发知识本质、以变式训练的意义建构引发学习评判、以定量转化的演示应用触发创新实践的基本策略。

生物学实验中内隐着生命科学探究的学科方法、逻辑思维与应用案例，已然成为实际教学中回归理科属性和科学本质的重要途径。随着教育技术的进步与发展，线上与线下相结合的混合式教学（以翻转式教学为代表）成为众多教师的选择。除塔尔伯特（Talbert）的翻转课堂教学模式外，国际上使用较多的还有马萨来姆（Musallam）与格斯丁（Gerstein）翻转教学模式。

格斯丁认为，翻转式教学中教师难以操作"课上对学生少量且快速的测试，以及帮助学生内化知识"，因此其在长期的实践反思中构建了"体验式参与、概念探究、意义建构与演示应用"这一翻转教学模式。其中，体验式参与是教师以微课的课外实验、模拟探究或虚拟参观等体验式学习活动去激发学生的兴趣；概念探究即让学生在此环节中沿着体验式参与的相关内容，探究其中相关的事实概念、科学方法等；在意义建构的环节中，教师可采用相关试题测评，让学生建构并展示出他们所理解的内容与方法；演示应用即让教师选择适合的课题或项目，引导学生将所学内容进行价值的深化延伸或实际的创新应用。

1. 微课模拟的体验参与——激发投入学习

体验参与在格斯丁翻转教学模式中表现为以视频微课或网络交互等技术手段，将学生带入模拟化的情境任务中，从而更好达成深度学习要求的全身心主动投入学习。具体的教学过程为，教师在课前先让学生观看某品牌超效加酶洗衣粉的广告，并询问学生觉得该广告的内容是否真实。教师在视频最后加以引导，让学生利用家中的材料自主设计实验并操作验证加酶洗衣粉的高效性。学生实验完成后，再学习第二个视频"比较过氧化氢在不同条件下的分解实验"，根据教科书上对照实验的阐释，分析该视频中各组实验的对照组、实验组、自变量、因变量与无关变量。此处留下一个问题让学生在课上进行思考，即能否提炼出实验设计的基本原则。最后，教师引导学生参照过氧化氢的分解实验，修正之前验证加酶洗衣粉高效性的实验设计。

设计意图：教学过程以现实生活中真实问题的模拟探究作为微课的起点，既实现了体验式参与的格斯丁翻转教学模式首要步骤，也达成了朱正威先生所述的教学要注重学生"好奇心的唤醒与探究欲望的点燃"。而接下来向学生展示的"比较过氧化氢在不同条件下的分解实验"，一方面让学生能够以此为依据理解"酶的高效性"的知识表象，并感性认知实验设计的自变量与因变量等基本术语；另一方面，该视频也便于学生结合之前加酶洗衣粉高效性的探究情境，通过宏观化的实例示证，理解酶具有高效性这一知识符号的实际生活意义，并为后面学生的模仿改进奠定了基础。总体而言，该教学过程以现实生活的真实问题为源头，让学生沉浸于学习任务中进行循序渐进、模仿参照的探究，激发了他们全身心主动投入学习的深度学习状态。

2. 试题介导的概念探索——阐发知识本质

概念探索是让学生在体验参与的情境回顾或纵深中，以多种形式的活动帮助学生抽象、凝练出学科内容的内在联系，进而力求对知识及其本质特征的深度体悟。教学时延伸体验参与环节中的加酶洗衣粉情境，教师先给出先行组织者材料，即加酶洗衣粉的化学成分表，其中添加了蛋白酶、脂肪酶与淀粉酶等多种酶制剂。之后，教师便询问学生为何洗衣粉中的酶种类如此多样，有学生便从酶的名称上猜测不同种类酶的催化底物不同，具有专一性。紧接着，教师依据学生的科学假设，引出 2009 年高考全国Ⅱ卷的第 32 题，即根据所给的实验材料与仪器完善"验证蔗糖酶和淀粉酶的催化具有专一性"实验设计，让学生回顾微课中学习的实验设计方式，分小组进行实验的完善设计。学生完善设计后，教师便针对学生的作答引导其探索建构出实验设计的一般原则——控制变量原则与对照原则。

设计意图：此教学过程先是延续加酶洗衣粉的情境，以化学成分表的解读让学生感觉到所学知识与现实生活的紧密联系。之后的高考试题介入与小组合作学习相结合的方式，则给予了学生任务驱动式的生生讨论交流机会，既让他们通过试题的解决学习了"酶的专一性"这一知识内容，又让他们于科学共同体的合作交流体验中，建构凝练了实验设计的对照原则与控制变量原则。总体而言，该过程用情境的纵深与试题的介导将学生所学习的内容牵引至酶的专一性上，并最终阐释清楚了实验设计的基本原则。此外，无论是之前微课情境中高效性的实验原则体会，还是此处专一性的实验原则凝练，均让学生体会实验设计背后的"一本万殊"，真正帮助学生实现了品悟科学探究方法与原则的深度学习。

3. 变式训练的意义建构——引发过程评判

意义建构旨在用快速经典的测试题一方面帮助教师判断学生对知识及其背后逻辑思维或探究方法等的理解程度，另一方面能让学生达成对学习过程的自主评判。正因如此，教学过程中研究者对之前的高考试题进行了变式，给学生展示出六组淀粉酶对淀粉或蔗糖催化的实验方案及其结果（如下表 1 所示），让学生独立思考、反向推理选择出哪两组的结合可用于验证"酶的专一性"。之后，教师给学生展示在日常使用加酶洗衣粉时，因用沸水与洗衣粉共同浸泡衣物而导致去污无效的视频，让学生明确温度为微课中验证加酶洗衣粉高效性的无关变量。此时，教师便让学生仔细观察表 3-4 中的六组实验及其结果，判断根据其中哪几组实验可以得出淀粉酶作用的最适温度，且最适温度大致为多少。

表 3-4　探究淀粉酶对淀粉或蔗糖催化作用的实验方案

试管编号	①	②	③	④	⑤	⑥
2 mL 质量分数为 3%的淀粉溶液	＋	＋	＋	－	－	－
2 mL 质量分数为 3%的蔗糖溶液	－	－	－	＋	＋	＋
1 mL 质量分数为 2%的淀粉酶溶液	＋	＋	＋	＋	＋	＋
温度(℃)	40	60	80	40	60	80
2 mL 斐林试剂	＋	＋	＋	＋	＋	＋
砖红色颜色深浅	＋＋	＋＋＋	＋	－	－	－

注：“＋”表示有；“－”表示无；“＋”的多少表示颜色的深浅。

设计意图：变式训练是以知识呈现形式、逻辑顺序等方面的变化改变探究任务，让学生能够通过其更好地掌握知识本质，并评判自身的学习过程。该教学过程中承接之前教学活动中验证酶的专一性实验的实验组(淀粉溶液＋淀粉酶溶液)与对照组(蔗糖溶液＋淀粉酶溶液)，学生应用对照与控制变量的原则就可以排除干扰项，判断出依据①和④、②和⑤或③和⑥均可验证淀粉酶的专一性。该环节则是以变式训练测试学生对实验设计原则的反向迁移与应用能力，也可让学生自主评判之前的学习过程是否实现了自我的真正内化。接下来，适宜温度范围的以问导学，不仅将教学的进程延伸至“酶作用于温和条件下”的特性，而且再次让学生运用之前所学的控制变量原则，比较①、②、③组实验可得出淀粉酶的最适温度是在 60 ℃左右，实现了对学生之前学习过程自我评判的深度学习。

4. 定量转化的演示应用——触发创新实践

演示与应用于格斯丁翻转教学模式中，强调学生在教师的引导下将所学知识进行创新性演示或创造性转化的过程，从而在一定程度上达成知识迁移与应用的深度学习特质。在教学过程中，教师接着上文“淀粉酶最适温度大致为 60 ℃”的推理结果，询问学生采用肉眼观察颜色深浅的方式是否准确，又可否创新改进实验，用准确的数据呈现探究淀粉酶的最适温度。当学生束手无策时，教师展示分光光度计的照片，并简要介绍该设备的工作原理与实际应用，即分光光度计采用光线通过溶液后透过光的强度数值化、精确化表示溶液颜色的深浅，且已经被广泛应用于各类生化物质的定量检测。紧接着，教师让学生分小组围绕该设备，以及淀粉、碘液等材料设计实验，考虑结合数学建模的方式绘制图像并探究得出淀粉酶准确的最适温度。最后，让各小组将最终方案呈现出文字稿用于反馈评价。

设计意图:定性的研究方法给科学研究者明确了一个大致范围或基本特征,而定量的研究方法则将科学研究具体到科学数值上,方便人们运用数学的方式予以抽象研究与准确描述。正因如此,将定性实验进行定量化改进的高中科学实验的创新设计屡见不鲜。此教学过程中引入分光光度计对加碘后的溶液进行吸光度的测量,利用具体数值的绘图建模就可以绘制出温度对酶活性的影响曲线,从而既让学生深化理解了"酶作用于温和条件下"这一基本特性,又认识到了科学的严谨性与规范性。然而,此处的实验设计并非教师直接给予方案,而是在教师的提示与辅助下,触发学生的迁移与应用能力,让他们在创新实践的自主改进后进行最终方案的文字演示,并最终交予教师反馈评价。

格斯丁翻转式教学作为具有清晰操作结构的新型翻转教学模式,为指向深度学习发生的课堂教学变革提供了可能。然而,任何西方舶来的教学模式都应当进行本土化的调适转化,才能达成为教师所用、契合学科育人目标、符合我国教育实践的理想状态,对待格斯丁翻转教学模式在生物学实验教学的应用同样如此。在上述实践案例中,研究者结合所授课例予以设计打磨。如,将教科书的经典实验操作、实验涉及的基本术语学习、设计实验的基本原则体会等全部置于课前的体验式参与环节中,而后三个环节中均采用高考试题、变式训练与改进任务等测验帮助学生真正内化知识,达成深度学习。此外,格斯丁翻转教学模式中的概念探索环节需要进行视频播放教学,但研究者在此处考虑到实验的特性,即实验的知识概念一般为其背后的基本原则与方法,便采用了纵深体验式参与的情境,辅之以试题的做中学,帮助学生生成概念。由此可见,格斯丁翻转教学模式的实践转化仍有待结合更多的课例进行深入研究。

参考文献

[1] 胡波,赵晓东.大视野与小切口:"纲要"式教学内容应对策略:也谈大概念教学的策略[J].天津师范大学学报(基础教育版),2021, 22(03):73-78.

[2] 崔允漷.学科核心素养呼唤大单元教学设计[J].上海教育科研,2019(04):1.

[3] 黄牧航,张庆海. 中学历史学科核心素养的教学与评价[M]. 北京:人民教育出版社, 2020.

[4] 薛伟强.问题前置 材料后出 思维驱动:以"诸侯纷争与变法运动"为例[J].历史教学(上半月刊),2021(10):48-52.

[5] 李果,吴晓莆,罗遵兰,等.构建我国生物多样性评价的指标体系[J].生物多样性,2011, 19(05):497-504.

[6] 俞明雅,范蔚.我国翻转课堂教学模式研究进展[J].天津师范大学学报(基础教育版),2016, 17(04):17-20.

[7] 丁奕然，吕立杰，任小文.朱正威生物教育思想的时代回响：兼论对生物学学科核心素养培养的启示[J].课程.教材.教法，2019，39(05)：37-43.

[8] 宋艳玲，孟昭鹏，闫雅娟.从认知负荷视角探究翻转课堂：兼及翻转课堂的典型模式分析[J].远程教育杂志，2014，32(01)：105-112.

第四章

普通高中学习机制的探寻

第一节　明晰学生学习的一般过程

第二节　理解学生学习的学科差异性

第三节　学生学习的教育支撑:学业指导

自党的十八大以来，“新课程、新教材、新高考”三新工程相继提出。在这一背景下，普通高中如何落实“三新”工程，促进学生的全面发展，是需要思考和研究的问题。普通高中要落实“三新”工程，促进学生全面发展，就必须坚持以学生为中心，让学生成为学习的主人。本章以“三新”工程为背景，探寻普通高中在落实“三新”工程过程中如何建立与之相适应的学习机制，为普通高中落实“三新”工程提供一些思路。

第一节　明晰学生学习的一般过程

一、知识理解与建构的过程

理解与建构是学习过程中的两个基本环节，是知识获得的两个基本途径。理解是指通过学习或对事物的研究而对其本质特征进行认识，它是获取知识的第一步。建构是指在已有知识基础上，通过对新信息的意义加工而形成新知识，它是获取知识的第二步。知识的理解与建构是人类学习活动的两个基本环节，理解是建构的基础，建构是理解的深化。理解与建构在学习过程中各自起着不同的作用：理解起主导作用，它是教学内容成为学生能够掌握的知识所必须经历的过程；建构起决定作用，它是学生将已有的知识与新信息结合起来形成新知识，并将它们纳入原有认知结构中的过程。因此，在教学中我们必须把理解与建构放在同等重要的位置上加以对待。对学生理解和建构能力的培养，也是素质教育的重要内容和新课程改革的重要目标。

在教学中，我们经常会发现这样的现象：教师在传授知识时，学生对所学知识的理解和建构程度不高，往往只是“记住”了某个公式、定理，并没有真正地理解它的内涵；或者学生学习后，虽然理解得很好，但由于没有经过自我知识体系的加工建构，最终对所学知识并没有掌握，更谈不上应用它。后一种情况往往是因为教师仅仅将注意力集中在学生的理解上，而忽视了建构的重要性。因此，教师必须重视对学生建构能力的培养，根据学生学习基础和教学内容等实际情况，从学生已有经验出发，创设情境、引导学生进行建构活动。必须让学生亲自参与到学习活动中去，让他们在学习过程中产生对知识的深刻认识和感悟。为此，教师要尽可能地为学生提供丰富而又真实的问题情境，让学生亲身经历知识的形成过程。同时，在教学中要注意引导学生把已经掌握的知识应用到新问题情境中去，通过对新问题的解决来实现对已有知识的理解与建构。

怎样才能让学生真正地理解知识，建构知识？一要让学生充分地阅读教材，只有在充分阅读的基础上，学生才能理解教材的内容；二要引导学生根据自己的实际情况进行分析和对比，从而达到对知识的理解；三要引导学生进行自我提问，自我解答；四要让学生在课堂上对所学知识进行尝试性的运用，从而使所学知识真正地建构起来。

总之，理解和建构是教学过程中两个十分重要的环节，既要求教师在教学过程中能够引导学生在理解的基础上进行建构，又要求教师引导学生在建构中进行思考、质疑和自我提问。

二、知识应用和迁移的过程

当新学习的知识和原有的知识结构有相同或相似之处时，就会发生迁移，这种迁移是一种主动的、积极的迁移，它要求学习者必须具备相应的心理准备和能力。教师可以通过创设条件，改变学习材料的难度，引起学生的学习迁移；也可以通过为学生提供更多的信息、强化学生积极的认知结构来引起学生的学习迁移，使学生在新情境中更容易理解和应用所学知识。但要注意的是，学习迁移不仅涉及知识和技能在头脑中的储存、提取、运用等过程，还涉及态度、价值观、情感等心理因素。

知识迁移的条件：

(1) 两种知识的内在联系。迁移是指一种学习对另一种学习的影响，是两种知识相互联系、相互影响的结果。两种知识是在内容上有联系、形式上有区别的，它们之间可以相互影响，从而发生迁移。两种知识有内在联系主要表现在三个方面：一是它们都涉及认识对象；二是都与一定的认知结构有关；三是都需要一定的认知努力。

(2) 原有经验的性质与状态。原有经验对迁移有重要影响，一般情况下，知识迁移既取决于学生已有的知识经验，又取决于原有认知结构的特征与水平。

(3) 相似的学习内容和任务。学习内容相似、学习材料相似、学习经验相似、认知结构相似、学习动机与态度相似等因素都会促进迁移的发生。

(4) 迁移水平。所谓迁移水平是指在学习一种知识时所达到的熟练程度或应用程度。这种熟练程度或应用程度越高、越广泛、越深入，迁移水平就越高；反之则迁移水平就越低。

要实现成功的知识迁移，学习者要能够对新材料进行编码，并使已有的知识结构与新材料建立起联系。这种知识的编码和联系就是先行组织者。先行组织者的作用主要有两个方面：一是为学生提供具有较高水平的结构化的学习材料，帮助学生建立起高级认知结构，从而为迁移提供基础；二是可以刺激学生头脑中已有的有组织的认知结构，帮助学生迁移新材料中相关概念和原理，使学生能够顺利地理解和掌握新材料。这两方面作用均要求学习者有较高水平和较丰富的内容基础。如果学习者没有相应高水平内容基础，就无法建构出较高水平结构化的学习材料，从而影响迁移。

例如，江苏省前黄高级中学物理学科发展中心通过三十年来对数万名学生参与物理实验的学习过程进行观察，以叙事研究的方式明晰了“仿操作、析原理、慧设计、破难题”的进阶式物理实验学习的过程。仿操作是实验学习的开端。学生在观察了教师的实验示范操作后，产生了动手做的兴趣。学生按教师示范进行仿效操作后，教师需对学生模仿的结果及时评价，方能将机械模仿性的操作转变成规范动作。析原理是仿操作后的内省。当实验操作模仿完成后，学生会以适当的工具和各种技术手段收集重要资料或数据，并利用图形、表格、图像等多种方式处理信息。基于此，学生可从定性和定量两个方面进行科学推理，进而解析实验背后的物理原理、模型和理论，加深对实验的理解。慧设计是原理解决后的解决方案预设，是指学生运用所学知识和技能，通过实践操作设计并解决真实情境中技术问题的一种学习方式。破难题是实验学习的应用终端。破难题主要是指学生综合运用所学知识，开展科研应用，完成相关的科创项目，包括结构设计、科创大赛等综合性、创新性活动项目。

三、持续性、统整化为核心素养的过程

知识的持续性与统整化是知识学习过程中的两个基本特征。学生在学习中要经历这两个阶段，即先对知识进行持续性的理解与把握，然后对知识进行统整化的加工与建构，它们共同指向学生核心素养的发展。教师在教学中要引导学生经历这两个过程，通过这样的过程不断发展学生的核心素养。

首先，知识学习的过程是持续性的理解与把握。知识的连续性是指知识的内容或结构是相对稳定的，它是在原有经验基础上逐渐积累而成的，具有一定的连续性。知识的连续性还意味着知识之间具有内在联系，它们之间是一种相互支撑、相互促进、相互渗透的关系，也就是“一荣俱荣、一损俱损”。比如，我们知道分数的意义是指“平均分成若干份”，但如果将分数与除法联系在一起，就会发现“平均分成若干份”和“除法”之间存在着内在联系，即分数的意义是根据除法计算出来的。

知识的连续性说明了知识学习不能仅仅停留在表面上，只对知识进行简单记忆和机械训练，而要在理解的基础上建立联系。理解是学生获取知识、形成技能的必要前提，是学生对知识的意义建构过程。有了理解，才会有正确的认知。如果没有对知识的深刻理解，学生就不能建立起相关的联系，也就无法形成相应的认知结构。在对知识的理解过程中，学生必须主动去学习，而不是被动接受。这样，知识学习才会指向更高层次的目标，即促进学生认知能力发展。如果学生只是机械地接受知识，则其学习的效果就不会很好。

其次，知识的统整化加工是核心素养发展的基础。学生的知识学习，除了要经历知识的持续性理解与把握阶段，还要经历对知识进行统整化加工的过程。所谓“统整”，是指将多个相关的知识进行综合，并使其具有内在逻辑联系。知识的持续性理解与把握，主要是学生对已有的知识进行理解，这时学生对知识的理解还是比较浅层次的、零散的。在这种情况下，学生很难建立起对知识整体结构和联系的认识。因为

从表面上看，学生学习的是某一部分或某几部分知识，似乎这些知识之间并没有必然联系。在这种情况下，学生对所学知识缺乏整体观念和系统认识，学习时往往只能形成碎片化、片段化的记忆。统整化加工则能够在知识学习过程中把零散、破碎的知识整合起来，形成具有整体性、系统性和逻辑性的认识。它是一个经过思维加工而建立起新旧知识之间联系与整合的过程，是从局部到整体、再到局部再到整体逐步完善发展的系统认识。

在学生对现有知识进行统整化加工过程中，主要涉及两个方面：一是把原有知识系统中零散、破碎的部分整合起来；二是把原有知识系统中联系不紧密、缺乏逻辑关系的部分联系起来。如果学生对所学知识进行统整化加工过程不充分、不细致，就容易在新旧知识之间留下空隙或者遗漏一些重要信息，造成认识上的混乱。

统整化加工对学生核心素养发展有着重要意义。一是它有利于学生核心素养目标与内容体系整体建构。二是有利于学生核心素养实现"融合"。统整化加工能让学生在新旧内容之间形成新的联系，从而促进学生核心素养实现融合。统整化加工过程不仅涉及对已有知识进行加工、整合与完善，更重要的是能够促进学生核心素养目标与内容体系整体建构。

因此，教师在教学中要引导学生对已有学习过程进行反思与总结，帮助学生建立起对所学内容整体结构和联系进行分析的能力；通过不断引导学生运用已有知识经验来解决新问题，让学生在解决新问题过程中发展学科核心素养，并进一步在学科核心素养发展中实现综合育人。

第二节　理解学生学习的学科差异性

一、学科产生方式不同:探究程序学习差异

在教学过程中,经常遇到这样的现象:同一个班上的学生,有的人在学习某些课程时能较快地掌握,而有的人则怎么学也学不好。他们的这种差异是由什么原因造成的呢?这是值得教师深入思考的问题。通过研究,我们认为主要是由学生学习活动的特点和学科产生方式不同而导致的。这也正是我们为什么要研究“学科产生方式”的原因。只有理解了这一点,我们才能进一步地从根本上解决学生学习过程中出现差异的问题。

从不同的学科来看,学习程序有所不同。学生的学习活动与学科的产生方式紧密联系,不同学科的产生方式,会影响学生学习的程序。比如,数学教学中,在学习完加减乘除之后,教师会把四则运算进行分类汇总,然后让学生进行记忆、掌握。这种教学方式在教师看来是很有条理的,但学生学习起来就不那么容易了。因为四则运算是一个“集合”,就要归类、概括、形成规律。但是,在这个过程中,学生就需要进行大量的记忆和理解。因为每一个学生的学习程序都不一样。又如,化学教学中的“元素周期律”是一条基本原理,很多教师都会让学生进行记忆、掌握。但是,如果我们把“元素周期律”进行分类归纳后再让学生去记忆、掌握的话,那就不会那么容易了。所以,在教学过程中也要区别对待。因此,从学科产生方式来看,有些学科的学习程序就会更容易一些。

首先,逻辑性强的学科,比如数学、物理等,学习的程序是以问题为导向,以解决问题为目的,而不是以记忆为目的。比如,在数学教学中,如果教师能让学生把加减乘除四则运算进行归类,那么就会让学生学会如何运用知识解决实际问题。因为分类、归纳是一个“集合”,学生只要掌握了这个“集合”的特征就可以了。化学元素周期律的学习程序就是以问题为导向,以解决实际问题为目的的。

其次,结构复杂的学科。比如,化学学科,其学科结构非常复杂。各种结构都需要学生进行分析、归纳和总结,然后才能形成规律。这与其他学科的产生方式是不同的。其他学科的产生方式是“基于具体问题的研究”,而化学学科的产生方式是“基于

自然现象或规律的发现”。这两种不同的产生方式会导致学生学习程序有很大差异。在化学学习中，有些学生很难理解教师所讲的内容，即使教师把内容讲得非常详细、清晰，但这些学生还是无法理解。如果把化学学科按照“发现→概括→应用”进行学习的话，学生就容易接受；按照“发现→应用→概括”进行学习的话，学生就会感到很吃力。比如，在高中化学课堂上，教师在讲完“氧化还原反应”这一节内容之后，会给学生举一些生活中常见的氧化还原反应的例子来进行说明，这些例子对有些学生来说很容易理解，但对于其他学生来说是很难理解、接受的。

然后，理解难度大的学科。对于理解难度大的学科，学生的学习程序就会比较长，比较慢。比如，英语教学中的语法学习，在学习语法规则时，要通过大量的练习才能真正掌握。学生需要通过不断地练习才能掌握。而英语教师在教学中，更多的是通过讲解、分析、概括等手段让学生理解、掌握语法规则，而不是让学生去练习。如果学生的学习程序较长，那么学习效果就会差一些。再如，数学教学中的方程教学、不等式教学等。这类学科的学习程序比较长，而且容易让学生混淆、误解。比如，方程的分类：整式方程（含整式型方程）、不等式（含不等式、齐次性）、方程（含齐次性）、不等式（含齐次性）。又如不等式的分类：正项不等式、同底数幂不等式（包括指数型和对数型不等式）、指数函数型不等式、对数函数型不等式等等。每一类不等式都要通过大量的练习才能真正掌握。

最后，理论知识不够丰富的学科。从学科产生的角度来看，有些学科的理论知识是不够丰富的，如历史、哲学等。所以，教师在教学的过程中，就要引导学生通过大量的阅读、分析来加深对历史、哲学等学科知识的理解。比如，哲学学科中的“唯物辩证法”就是一个理论知识不够丰富的学科。在学习这个科目之前，学生已经知道唯物辩证法是一种科学的思维方法，但是并不知道“唯物辩证法”是什么。这样学生在学习过程中就会轻松很多，因为他们已经知道了“唯物辩证法”是一种科学思维方法。

二、学科应用维度不同：实践层面学习差异

实践层面的学习差异是指学生在不同学科的应用过程中，由于应用的维度不同，所表现出的学习差异。例如，有的学生主要运用数学知识解决问题；有的学生运用数学知识解决社会问题。由于应用维度不同，导致实践层面学习差异是一种常见现象，是教育教学改革要努力解决的问题。对此，我们应该辩证地看待这一现象，并采取有效措施促进实践层面学习差异的转化。

教育教学改革要关注不同学生对知识的应用维度，不同学生对知识的应用维度不同，其结果是造成学生在实践层面的学习差异。因此，我们要关注知识应用维度的问题，让不同的学生在知识的应用过程中获得发展。例如，对不同学生来说，对“人与

自然和谐相处”这一主题的不同认知就是一种知识应用维度。如果我们能引导学生认识到“人与自然和谐相处”这一主题所涉及的知识有哪些，就可以更好地帮助学生了解、认识和解决“人与自然和谐相处”这一主题所涉及的问题。只有这样，才能更好地帮助学生认知实践层面学习差异，才能更好地促进教育教学改革，才能使教育教学改革更具针对性和实效性。基于学科应用维度认识“人与自然和谐相处”是一个多学科内容，但其所涉及的知识应用维度主要是地理学知识。例如，地理学涉及的主要问题有：(1)全球气候变化问题；(2)人口与经济发展问题；(3)环境问题；(4)土地资源利用与保护问题；(5)可持续发展与人口资源环境相协调问题；(6)人与自然和谐相处的方式和途径等。

要想提高学生在实践层面的学习差异，必须关注和解决好两个问题：一是要重视学生对知识应用维度的认识，只有这样，才能提高学生对实践层面学习差异的认知；二是要重视解决学生在知识应用维度上存在的问题，只有这样，才能更好地提高学生在实践层面的学习差异。为此，我们在教学中应注意以下问题：教师应重视学生对知识应用维度的认识，并帮助他们更好地理解和掌握知识应用维度。

要让学生充分认识到学科应用维度的差异，尽管我们强调在学科教学中，要培养学生的学习能力，但从本质上说，学习能力主要是指学生对知识的应用能力。知识是用来解决问题的，而问题可以是多种多样的，所以我们不能要求每个学生都具备所有的知识。因为知识有不同的应用维度，在具体应用中表现出不同的特点，所以我们不能简单地要求所有学生都掌握所有的知识。例如，有的学生能够熟练地背诵数学公式和化学方程式。在教学中，我们可以要求学生理解数学公式和化学方程式的本质，并要求他们应用这些知识来解决现实生活中的问题。同样是背古诗，有的学生能够用自己的语言描述古诗所要表达的思想感情；而有的学生只能用“死记硬背”来记忆古诗所要表达的内容。在教学中，我们应该允许并鼓励每个学生有不同的学习方式和学习方法。

“实践层面学习差异”是由“学科应用维度不同”造成的。在具体教学中，我们可以将一个学科分成若干个分支学科。比如数学学科可以分为代数、几何、概率统计、微积分等分支学科。这些分支学科各有不同应用维度。比如代数主要是用来计算和描述量和量之间的关系；几何主要是用来描述图形和图形之间关系；概率统计主要是用来描述概率及其分布情况；微积分则主要用于描述变量之间关系(包括函数及其导函数)。在数学教学中，教师可以按照不同学生的兴趣和需要将数学划分成若干个分支学科，然后让每个学生根据自己对知识的应用维度选择其中一个或多个学科作为自己学习数学知识的主修学科。这样，每个学生可以选择自己感兴趣或需要学习的分支学科作为自己学习数学知识的主修学科。这样，就可以引导每个学生按照自己选择的分支学科去学习数学知识。同时，教师还可以根据学生学习数学知识所表现出不同应用维度来设计教学活动。比如，可以通过设计“求一元二次方程根”和“解一元一次方程”这两个活动来引导学生学习数学知识；可以通过设计“计算实际生活中某个物体体积需要知道其密度时”和“计算实际生活中某个物体重量时”这两个活动来引导学生学习数学知识；可以通过设计“求一个长方形周长时”和“求一个正方形周长时”这两个活动来引导学生学习数学知识；可以通过设计“求一个正方形面积时”和“求一个三角形面积时”这两个活动来引导学生学习数学知识；可以通过设计“求一个长方体体积时”和“求一个正方体体积时”这两个活动来引导学生学习数学知识；可以通过设计“计算正方形面积时”和“计算正方形周长时”这两个活动来引导学生学习数学知识；可以通过设计“计算圆周长时”和“计算圆面积时”这两个活动来引导学生学习数学知识。

在教学过程中，教师要帮助学生找准学科应用维度。教师要引导学生找准学科应用维度，帮助学生找准学科应用的重点和难点，将问题具体化，从而使学生明确所学内容在解决问题中的作用。例如，数学知识是解决社会问题的重要工具，但是数学知识并不能直接解决社会问题。因此，在教学过程中，教师要引导学生找准学科应用维度，并将学科应用维度具体化。在“人与自然和谐相处”的教学过程中，教师可以这样引导学生：“同学们，你们有没有发现人与自然的关系?”学生经过思考后说：“人与自然的关系就是指人与自然相互依存、相互影响，人们要学会与自然界和谐相处。”这时，教师可以进一步引导学生找准学科应用维度：“同学们都知道人与自然是相互依存、相互影响的关系，那么你们知道人与自然之间还有哪些关系呢?”学生经过思考后说：“还有人与动物、人与植物、人与微生物之间的关系。”教师引导学生找准学科应用维度后，可以引导学生将所学内容进行应用转化：“同学们，我们现在所学的是一门科学——数学，它在解决问题的过程中有哪些规律?”

三、典型学科的学习过程差异

语文学科的学习过程主要是理解和记忆的过程，但语言运用能力的锻炼提升也非常关键。比如，在写作上，一些学生有可能会出现因为对词语的理解不够深入，导致表达不够准确、生动或流畅。这是因为学生在学习语文时，由于缺乏对词语意义的理解，就只能靠记忆来解决问题。这样，在写作时就可能出现词不达意、表达混乱等情况。又比如，在阅读方面，由于没有掌握一定的阅读技巧和策略，学生就可能在阅读理解时遇到困难，比如对文章中作者所表达的思想感情没有体会到或体会不深，这种情况往往会影响到他们对文章主旨的理解。语文学科教学除了要注重培养学生对语言知识的记忆，还要培养学生阅读和理解语言文字的能力。这样不仅可以增强学生对于知识信息的理解，还能提高学生对于语言文字信息的处理能力。

数学学习的过程主要包括知识的获取、知识的概括、知识的应用三个阶段。在知识获取阶段，学生对新信息进行加工处理，然后对结果进行归纳整理，形成对新信息的概要认识。在知识概括阶段，学生将已有的知识进行适当的归类，建立新旧知识之间的联系。在知识应用阶段，学生将新旧信息进行整合。

从认知心理学的角度看，外语的学习过程是一种特殊的记忆与保持过程，外语学习中存在着多种记忆策略，如对语音、语法结构和词语形式进行记忆等。这些策略有利于学习者将新旧信息结合起来进行同化和整合，以及在原有认知结构中重新组合已有信息。

物理是一门以实验为基础的学科，学生在学习过程中要经历由感性认识到理性认识的过渡，具有较强的操作性和直观性。在学习过程中，学生要充分利用各种感觉器官，进行必要的形象思维，感知物理现象，通过分析、综合、比较和抽象概括，掌握物理规律，在脑海中形成基本的概念和原理。因此，在学习过程中，学生需要充分发挥自己的主体作用，进行信息的加工与重组，只有经过这样一个过程才能建立起概念、原理、规律等知识体系。

化学是一门以实验为基础的自然学科。在学习过程中，学生会接触到大量的化学事实、化学原理，还会接触到各种化学问题，这就要求学生在学习过程中将获得的信息进行选择、加工和重组。例如，学生学习“金属与酸反应”时，可以通过观察实验现象、查阅文献资料等多种途径获得关于金属与酸反应的信息。教师在教学中要充分发挥学生的主体作用，创设良好的学习情境，采用多种方式帮助学生进行信息加工和重组。

在生物学科中，学生主要是通过观察、操作和实验来学习知识的。在这个过程中，学生可以获得各种感官上的信息和大量的生物知识。不同学校或不同教师所提供的生物实验材料往往不同。例如，有的学校给学生提供植物种子或植物组织等材料，而有的学校则要求学生自己准备生物实验材料。如果教学时能充分利用这些材料，就可以使教学内容更容易为学生所理解和掌握。

地理是一门综合学科，学生在学习时需要将所学的地理知识综合起来，以形成新的知识体系。地理学科的知识是比较抽象和概括化的，学生需要具备较强的抽象思维能力，才能理解地理学科知识的内涵和外延。所以，学生在学习时必须善于归纳、概括和总结，要积极地思考，主动地去提出问题、分析问题和解决问题。教师在教学时应充分调动学生的思维能力，引导学生积极思考。

第三节　学生学习的教育支撑:学业指导

一、学业指导的意义与价值

学业指导是教师指导学生在高中阶段学习与发展的一项基本教育教学活动,是学校实施全员育人、全程育人、全方位育人的重要组成部分。学业指导工作是新时代普通高中育人方式改革的重要内容,开展好学业指导工作,不仅能够解决学生“学什么”“怎么学”等现实问题,而且对于促进学生全面发展,推动普通高中育人方式改革具有重要意义。

学业指导是在教师指导学生学习的基础上,通过对学生学习目的、学习内容、学习方法等方面进行系统引导和教育,促进学生健康成长和发展的一种活动。学业指导是高中教师和学生之间的双向交流活动,旨在帮助学生明确学习目的,引导学生学习相关学科知识和方法,激发学习兴趣,养成良好的学习习惯。学业指导包括学科学业指导和学生成长导师两个方面。其中,学科学业指导主要包括教师在教学过程中对学生学科知识和技能的指导;学生成长导师则是指在学生学习过程中给予心理辅导和情绪管理等方面的支持。

学业指导以帮助学生明确学习目的为目标,以促进学生全面发展为宗旨。因此,学业指导应该注重教育教学活动设计的针对性、全面性、系统性、层次性和有效性。其中,针对性是指教师根据不同年龄阶段、不同心理状态和不同个性特点的学生需求进行相应的学业指导;全面性和系统性是指教师应该围绕学生学习目的、学科知识和技能等方面进行全方位、成体系的指导;层次性是指学业指导要循序渐进,根据学生所处学习阶段,遵循学生认知发展规律,有层次地进行。

学业指导必须有明确而具体的目标。在制定目标时,既要从宏观层面上考虑到高中阶段所有学科知识与技能的培养目标和要求,又要从微观层面上考虑到每个学科、每个学段应该完成什么样的知识与技能目标。在实施过程中,要对不同年级、不同学段和不同性格特点的学生存在的问题进行有针对性的辅导,并根据每次辅导后反馈的情况进行相应的调整和完善。

学业指导工作是一个系统的工程,需要根据不同阶段学生发展特点和学业指导对象的需求，采取灵活多样的方式，有针对性地对学生进行教育和引导。在具体实施过程中，需要坚持“以人为本”与“系统性”两大原则。

以人为本原则。学业指导工作应充分尊重学生的主体地位，充分发挥学生的主观能动性，尊重学生的个性差异和发展需要，满足不同层次学生的需求，促进每一个学生全面健康发展。同时，要建立起完善的学业指导制度，健全工作机制，加强工作队伍建设。根据不同学段学生身心发展特点和需求，突出思想政治教育和理想信念教育，强化价值引领。

系统性原则。学业指导工作要根据学生的实际情况和需要制定相应的工作方案，坚持整体性、系统性、连贯性。要充分考虑到不同学段学生学习能力和特点之间的差异性，以及各学段发展目标与所选学科课程标准等因素。学业指导工作要与学校课程教学、课外活动等统筹安排、协同推进，构建起“目标—内容—方式—评价”一体化的学业指导工作模式。

学业指导工作是一个复杂系统的工程，需要构建起学校教育与家庭教育、社会教育相结合的教育体系，促进全员育人、全程育人和全方位育人。学业指导工作要充分发挥学校主渠道作用，同时也要注重与家庭教育相结合，加强与家长的沟通交流。学业指导工作要在教育教学改革发展中不断创新优化，根据新时代对人才培养的新要求以及社会发展需求变化情况，不断调整完善工作思路和工作方式方法。

学业指导工作要在继承以往优良传统的同时不断完善和提高自己，要以问题为导向、以创新为驱动，结合信息化社会发展趋势，运用网络等信息技术开展工作；要注重挖掘整合相关资源，形成有效合力，共同推进学业指导工作走深走实。学业指导工作要坚持以生为本，以学生发展为根本，以教师成长为保障，充分发挥教师在学业指导中的主导作用，积极调动学生参与学业指导工作的主动性和积极性；要树立正确的学业指导理念，深入研究、探索学业指导工作规律，注重策略研究，提高指导效果；要建立健全学业指导队伍建设制度，保障学业指导工作的开展和顺利进行；要创新方式方法，搭建平台载体，探索有效模式和方法。

二、开展学业指导的关键问题

学业指导是帮助学生实现学业发展的教育活动。学业指导的对象是学生，其目的是帮助学生更好地适应高中阶段学习生活。因此，学业指导应该包括三个方面的内容：一是培养学生学业发展所需要的学习、研究与发展能力；二是促进学生正确认识自我、开展自我管理与自我评价；三是帮助学生树立理想信念，形成正确的价值观。这三方面内容对应学生在高中阶段要完成的三大任务：学习能力提升、自我管理与自我评价、理想信念形成。其中，学习能力提升是指学生要掌握相关学科知识；自我管理与自我评价是指学生要具备自我规划、自我管理和自我评价能力，能够形成准确的自我认知，有效地解决学业和生活中遇到的各种问题；理想信念形成是指学生要初步形成正确的世界观、人生观和价值观。

学业指导中要充分考虑每一位学生的个性特征，针对每一位学生提出不同的学业指导内容，满足他们的实际需要，让他们在学习过程中体验到更多的成就感和幸福感。例如，对那些基础相对较差、对学科学习兴趣不大、学习习惯较差、对自己要求不高的学生，学业指导中就要着重强调学科知识的重要性和必要性，帮助他们掌握一些学习方法和技巧；对那些在某一学科上有特殊兴趣或特长的学生，学业指导中就要着重指导他们在相关学科方面进一步发展自己，为自己将来报考志愿和未来职业发展打好基础。

在新高考背景下，学业指导工作开展需要注意以下几点：一是要将学业指导纳入日常教学工作之中，通过指导课前预习、课后辅导和开展主题讲座等形式为学生提供学业指导服务；二是要将学业指导纳入教师继续教育培训内容之中；三是要将学业指导作为教师年度考核的重要指标和教师评优、职称评定的重要依据；四是要将学业指导纳入学生综合素质评价之中；五是要将学业指导作为班主任工作的一项重要内容；六是要将学业指导作为学生社团活动的一项重要内容。

学业指导要帮助学生认识自己。在新高考背景下，学生将面临多种选择，学业指导要引导学生认识自己，了解自身的兴趣、能力和特长，并指导其选择合适的选科组合。在此基础上，还要引导学生认识到，不同学科在个人成长中发挥着不同的作用，帮助学生在理性思考后选择适合自己发展的学科。理解自我是开展学业指导的前提和基础。只有当学生能够真正认识到自己是什么样的人、适合干什么以及如何干时，才能真正实现对自我的管理和评价。学会管理自己是进行学业指导的重要内容。学业指导可以帮助学生建立学习计划、规划学习时间、安排学习进度和安排课余时间，帮助学生学会自主学习、掌握高效学习方法。学业指导还可以帮助学生树立正确价值观、形成良好的心理状态等。总之，在新高考背景下进行学业指导，要帮助学生在正确认识自我和了解自我的基础上进行科学选科与选课、认识自我与管理自我、树立理想与规划未来等。

“三新”背景下，学业指导工作面临以下几个方面的挑战：第一，学业指导对象具有复杂性。由于受到传统应试教育理念的影响，我国高中阶段学生在发展过程中呈现出多样性、复杂性特征。不同学生的学习能力、学习策略和学习方法不同，不同类型学校开展学业指导的方式也不尽相同。在新高考背景下，高中学校开展学业指导工作也应当采用多样化的方式。第二，学业指导的实施过程缺乏规范性。学业指导工作的开展需要在规范的基础上进行，一方面要保证学业指导活动的合法性，另一方面也要保证学业指导活动的有效性。当前,一些学校在开展学业指导工作时缺乏规范性,学生在参与学业指导时经常感到无所适从。例如,许多学校将学业指导的职责交于学生的班主任或者心理老师,这种做法导致在学业指导工作中常常出现权责不清、职责不明的现象。第三,学业指导缺乏评价与反馈机制。学业指导不是教师单方面的输出工作,需要在教育过程中与学生、家长进行沟通交流,从而实现教育效果的评价与反馈。当前,一些学校在开展学业指导时,往往是教师单方面进行教育,很少能得到来自学生或家长的有效评价和反馈。这样的情况也导致了学生参与学业指导活动的积极性不高。第四,学业指导的专业化水平有待提高。当前,我国对学业指导的研究刚刚起步,需要在理论研究与实践探索之间寻求平衡。作为一种教育活动,学业指导具有复杂性、多元性和发展性等特点,需要从不同角度来深入认识学业指导的内涵与内容,进而才能制定出科学合理的工作方案。

三、保障学业指导的有效实施策略

第一,构建高效又实效的学业指导模式。新高考背景下,学生的学习内容、学习方式和学习过程都发生了重大变化,对学业指导工作提出了更高的要求。学业指导的目标是通过专业引导和指导,帮助学生全面而有个性地发展,更好地适应未来的职业生涯。高中阶段是学生学习能力提升、人格思想发展的关键阶段,如何适应新高考政策,帮助学生解决高中学业和未来发展中面临的各种问题,是高中学业指导工作的重要内容。学校应强化学业指导教师的专业能力培养,提高学业指导课程的专业性和有效性。信息技术对学业指导工作具有重要的辅助作用。除利用好各种教学资源(如课程教学资源、教师资源等)进行课程教学指导外,学校也要利用好各种平台进行在线沟通、在线辅导和在线评价,对学生开展有效的学业指导。在开展传统课程教学的同时,不断丰富生涯规划教育的内容与形式,提升学生的生涯规划意识与能力。

第二,将学业指导贯穿于教育教学全过程。学科教师要改变传统教学理念,把学业指导贯穿于教育教学的全过程,以课程为载体,在课程实施过程中融入学业指导。教师要引导学生通过科学的方法认识自我、探索自我,实现个性化发展。要在学科教学中加强对学生的学业指导,让学生在课堂上能够将学业问题与现实生活中的具体情境联系起来,帮助学生形成科学的学科知识体系。以主题为引领,把学科教学和学业指导有机融合在一起,教师根据不同的主题进行讲解和引导,帮助学生在学习过程中了解相关领域知识,培养学生的学科思维能力和创新能力。学校要充分利用校内外实践资源,开展丰富多彩的学科实践活动,如模拟联合国、社团活动、职业体验等,让学生在活动中感受和体验,帮助学生认识自己、了解社会、走向社会。学生要积极参与活动和实践,积极探索解决问题的途径和方法。

第三，建立全员参与的学业指导队伍。学校应建立全员参与的学业指导队伍，保障学业指导工作的有序开展，成立学校学业指导委员会，由学校领导、各职能部门负责人、优秀教师、班主任和家长代表组成，负责指导学生的发展规划，及时了解学生的心理状况和学习情况。指导团队由学业指导教师组成，对学生进行全方位、全程式的学业指导。团队成员必须具备丰富的学科专业知识和较高的教学科研水平，在专业能力上要有较强的专业能力、研究能力、工作能力和管理能力。团队成员通过多种方式开展合作交流，共同研究问题，解决问题，提升学业指导工作水平。此外，家长作为学生生活和学习的重要伙伴，对学生的学业发展有重要影响。学校应积极构建家校协同育人机制，引导家长主动参与到学生教育中来。如与家长沟通孩子在校表现情况和学习情况；向家长传授新高考选科、选课、选考等方面知识；与家长共同探讨家庭教育的有效方式方法等。同时，还要注重发挥学生自身力量，学生作为社会人，在自我认知、自我探索中会逐步形成对自身发展方向和价值取向的认识，有权根据自己的兴趣爱好和个性特长自主选择学科组合。

第四，建立健全学生发展指导制度。在新课程改革的大背景下，学校应建立健全学生发展指导制度。学校应成立学业指导工作小组，由分管校长担任组长，负责指导教师、班主任、学科教师和家长共同参与的工作机制，制定并完善学生发展指导工作相关制度和评价办法，如学生发展指导手册、学业指导课程表、学业指导教师职责、学业指导的评估和反馈机制等。学校应根据学科特点和学生身心发展规律，开发不同年级的学生发展指导课程体系，帮助学生树立正确的世界观、人生观和价值观。学校应充分利用高中新课程改革的契机，为学生提供更多的展示自我和发展自我的平台。如开设校园电视台、校园广播站等社团活动，开展班级文化建设活动，举行丰富多彩的课外实践活动等，为学生提供更多个性化成长的机会和空间。学校应积极开展具有生涯教育特点的主题班会、专题讲座、主题团队会等系列活动，通过一系列教育活动让学生对自己的职业生涯有更清晰的认识和规划，提高学生自主学习能力和自我管理能力。学校应建立完善科学、全面、合理的学业评价体系，使学业评价不仅局限于考试成绩，而是通过多种方式展开全面、客观的评价。

第五，实施多元化的学业指导方式。在高中学业指导中，教师可以以学科课程为载体，通过讲解、演示等方式，开展学习方法指导。还可以通过班会课、专题讲座、心理辅导等形式，开展学业指导。还可以利用网络平台，开展在线答疑、在线辅导、在线作业批改等活动，借助先进的信息技术，减轻学生的学习负担，提高学业指导的效率。在网络中，学生能够自主选择感兴趣的学习资源，师生可以进行实时交流；教师还能够了解学生的学习情况和心理状态，为学生提供个性化的学业指导服务。

为了在此方面下好功夫，江苏省前黄高级中学专门成立了学生发展指导中心，并建立人生(生涯)规划、心理发展、学业发展、生活发展四大指导制度。其中,学业发展指导是为满足学生自主学习的需求而提供的针对性、个别化指导,包括学困生辅导、优秀生辅导、学习方法指导、选课指导等。举例而言,在学困生辅导的层面,学校开展每课一次课堂提问、每周一次作业面批、每周一次促膝谈心以及每周一次个性化释疑的"四个一"活动。在选课指导上,则通过积极建立健全选课指导制度,形成课程说明、选课指南,帮助学生和家长了解学校课程开设情况,指导学生形成个性化的课程修习方案。与此同时,学校还构建学分管理规范,指导学生进行科学化与规范化的选课。根据国家普通高中课程方案和江苏省课改要求,细化各类学科课程的学分分配方案,并完善学分认定办法,明晰学分认定的标准、程序,不断提升学分认定可操作性和标准化水平。

第五章

普通高中评价方式的变革

第一节　学校整体性评价体系
第二节　诊断性评价
第三节　表现性评价
第四节　增值性评价

新时代普通高中教育的价值追求是立德树人，培养担当民族复兴大任的时代新人。在新的教育评价体系中，普通高中要确立面向全体、全面发展的育人理念，积极探索基于学生全面发展的考试评价方式，引导学校形成“一校一案”“一班一案”的个性化评价体系，不断提升普通高中教育教学质量。

第一节　学校整体性评价体系

一、课程建设评价

新时代普通高中课程建设评价应基于“三新”背景，以习近平总书记关于教育的重要论述为指导，坚持正确的评价导向，遵循评价规律，运用科学评价方法，构建客观、公正、科学的普通高中课程建设评价体系。为贯彻落实习近平总书记在全国教育大会上提出的“深化教育体制改革”“全面贯彻党的教育方针”“坚持把立德树人作为根本任务”要求，围绕“三新”背景下普通高中课程建设这一主题，研究普通高中课程建设评价问题。

首先，坚持正确的评价导向。习近平总书记指出：“新时代贯彻党的教育方针，要坚持马克思主义指导地位，贯彻新时代中国特色社会主义思想，坚持社会主义办学方向，落实立德树人的根本任务，坚持教育为人民服务、为中国共产党治国理政服务、为巩固和发展中国特色社会主义制度服务、为改革开放和社会主义现代化建设服务，扎根中国大地办教育，同生产劳动和社会实践相结合，加快推进教育现代化、建设教育强国、办好人民满意的教育，努力培养担当民族复兴大任的时代新人，培养德智体美劳全面发展的社会主义建设者和接班人。”这一重要论述深刻揭示了我国普通高中课程建设的根本立场和价值导向，也是我们党在新时代推进普通高中课程建设必须坚持的一项基本原则。“三新”背景下普通高中课程建设目标是落实立德树人根本任务。习近平总书记指出：“培养什么人、怎样培养人、为谁培养人是教育的根本问题。”因此，评价要以培养德智体美劳全面发展的社会主义建设者和接班人为根本目标。同时，普通高中课程建设评价指向必须以实现人才培养目标为前提和依据。坚持正确的评价导向，就要充分发挥评价工作对普通高中课程建设的导向功能。评价是教育领域改革发展的重要工作，也是促进教育发展和人才培养的重要手段。从根本上讲，评价就是要通过对教育目标、内容、过程、方法、结果等进行比较、鉴别和分析，通过对教育主体、客体、手段等方面进行反映和测量，实现对教育领域各方面改革发展的价值判断。这就要求我们要立足于“三新”背景下普通高中课程建设的现实需要，把课程建设成效作为评价导向，充分发挥评价在促进普通高中课程建设中的导向作用。

其次，遵循客观的评价规律。新时代普通高中课程建设评价要遵循教育教学规律，并注重全面发展与个性发展、过程与结果、整体与部分、共性与个性的辩证统一。从评价目的看，普通高中课程建设评价应为促进学生全面发展、教师专业发展和学校科学发展服务，为促进教育教学质量提升和学校内涵发展服务，为培养高素质人才服务。从评价内容看，课程建设评价应重点关注课程设计的科学性、课程实施的有效性、课程资源的丰富性和课程管理的规范性等方面。从评价标准看，普通高中课程建设评价应坚持全面性和科学性原则，在关注共性要求的同时兼顾个性需求；坚持发展性原则，关注学生全面发展过程中的阶段性进步，关注教师专业发展中的个人成长和学校持续发展；坚持规范性原则，按照国家规范、学校要求开展评价工作。

坚持全面性和科学性原则。全面性，是指课程建设应全面考虑国家和社会发展对人才培养的需求，不同年龄阶段学生的发展特点，以及国家、地方、学校间的发展差异，全面贯彻党的教育方针，落实立德树人根本任务，注重教育公平，体现学校办学特色，满足不同类型学校和学生的差异性需求，体现教育公平。科学性，是指课程建设应科学设计并实施课程，融入学校办学理念，结合教育教学改革实践和人才培养方案，体现育人导向，注重各学科内容之间的关联性、整合性和协调性，遵循教育教学规律。全面性和科学性原则共同体现了新时代普通高中课程建设评价的核心理念与价值追求，即促进学生的全面发展、个性发展和科学发展。

坚持发展性原则。高中阶段是一个人发展的重要时期，高中课程建设必须要把握好学生发展的阶段性特征。根据新时代中国特色社会主义教育理论和人才培养目标，普通高中课程建设评价要从以下几个方面把握：一是要从学生的终身发展出发，促进学生的全面发展。要关注学生德智体美劳全面发展的过程，促进学生德智体美劳全面发展，既能满足高中阶段教育对知识、技能、能力等方面的学习要求，又能满足学生终身发展的需要。二是要从学校的长远发展出发，促进学校内涵发展。要关注学校办学目标和办学特色，关注学校可持续发展。三是要从教师个人专业成长出发，促进教师专业成长。课程建设评价必须要坚持“以人为本”，关注教师个人成长，促进教师专业成长。此外，课程建设评价不仅要关注学生的学习结果，还要关注学生学习过程和学习状态；不仅要关注课程实施和课程管理的有效性，还要关注课程建设对学校其他方面产生的影响；不仅要关注学生在课程建设中获得的经验和感悟，还要关注学生获得的变化。

坚持规范性原则。规范性原则是指普通高中课程建设评价要遵循教育教学规律，按照国家课程方案、课程标准和学校课程实施的要求开展，以客观、科学的评价促进课程建设，避免走入误区。当前，普通高中课程建设存在一些问题：一是不能根据新形势要求进行动态调整，在学校实际开展过程中难以准确把握；二是部分学校的课程领导力不够，没有制定课程实施计划，对教学效果、学生发展等缺少有效监控；三是有些学校存在片面追求升学率的思想倾向，导致了课程目标偏离实际；四是有些学校存在重教材建设、轻课程建设的现象，导致了学校整体课程建设水平不高；五是有些学校存在过于追求升学率而忽视学生发展的现象。针对上述问题，新时代普通高中课程建设评价要坚持规范性原则，一方面要根据国家课程方案和课程标准要求对学校的课程建设进行评价；另一方面要依据《关于深化教育教学改革全面提高义务教育质量的意见》和《普通高中课程方案（2017 年版 2020 年修订）》对学校的教学质量进行评价。

再次，运用科学的评价方法。课程评价是为了全面、客观、科学地反映课程建设的现状，因此，在评价过程中应注重以质性评价为主，同时要辅以定量评价。质性评价是一种注重过程和结果、重视人的主体性的评价。它通过对被评价对象进行深入细致的观察、调查、访谈等方式收集资料，对其课程建设情况进行全面分析，以诊断课程建设存在的问题和原因，并提出改进建议。定量评价是指采用标准化或数量化方法对被评价对象的情况进行测量。在评价过程中，要根据不同的评价目的选择恰当的定量评价方法。

质性评价包括经验性质性评价和诊断性质性评价。课程建设的经验性质性评价是对被评对象过去发展水平进行综合分析，找出其存在问题及原因，并提出改进建议。诊断性质性评价是以发展性为原则，以被评对象未来发展为导向，运用相关统计技术和方法对其未来发展情况进行预测分析。经验性质性评价的方法主要有三种类型：一是日常观察，二是访谈法，三是问卷调查法。

日常观察主要是教师对课程建设的观察和记录。例如，观察教师对课程目标达成度的评价，观察学生学习情况，记录学生学习时的表现等。这些行为可以反映出教师对课程建设的认识和态度，从而为我们提供大量的、有价值的信息。在此过程中，教师既是评价者又是被评价者，因为他们都参与到课程建设过程中来，所以在一定程度上起到了主导作用。日常观察要注意以下几个方面：一是要选择适当的观察时机；二是要认真记录观察结果；三是要在获得相关资料后，根据资料的性质确定适当的分析方法。如果一个教师在课堂教学中表现出良好的行为，就可以将其作为评价课程建设效果的依据。当然，如果教师表现不佳，就要对其行为进行分析和解释。

访谈法是指通过直接对话，收集信息、分析资料、得出结论的一种方法。访谈法可用于多种评价对象，如学校管理者、教师和学生等。访谈的主要目的是获取信息，并对信息进行分析。访谈的基本形式有个人访谈、集体访谈和会议访谈等。在访谈中，要注意倾听被访者的回答，并对其进行及时记录，这样有助于收集更多有价值的信息。在使用访谈法时，要注意以下几点：第一，要保持客观、中立的态度；第二，要注意对受访者的保护和尊重；第三，要注重对访谈内容进行整理分析。例如，对于学校管理者来说，他们可以从学校管理的角度出发来认识课程建设，在此基础上进一步进行思考和总结，从而得出比较准确的结论。

问卷调查法是通过问卷调查来获取资料。问卷调查法要注意对被调查者的尊重和保护，尤其要注意收集被调查者的真实感受，并通过适当的方法予以表达。

诊断性质性评价是对课程建设的现状、存在的问题及发展趋势进行分析和预测，为改进和优化课程建设提供决策依据。诊断性质性评价包括个案诊断和群体诊断两种形式。个案诊断是指对某一特定对象或某个群体的课程建设进行的整体分析，主要是针对被评对象在某一特定方面存在的问题或不足提出改进建议。无论是个案诊断还是群体诊断，都是对课程建设过程中存在的问题及原因进行深入分析，并提出相应的改进建议。在对被评对象进行诊断性质性评价时，应遵循以下原则：一是尊重学生人格，充分尊重学生个性；二是评价的内容和标准应尽量全面、客观、真实；三是评价方法要多样化，既有定性评价，也有定量评价；四是在定性和定量相结合的基础上进行，即既要有定性依据又要有量化数据。同时还要注意对被评对象进行深入细致地观察、调查和访谈，收集第一手资料，为诊断性质性评价提供科学依据。

定性与定量相结合的方法，在课程评价中有其独特的优势，它既能有效地发现问题，又能客观地评价课程建设水平。其基本做法是：第一，选择一个适宜的评价对象和评价目的。在评价过程中，要针对不同的对象选择不同的评价内容和方法，并对每一种内容和方法进行选择。例如，对于新高考改革下的新课程实施情况的评价，可以采用问卷调查和访谈等方法。第二，要充分发挥专家在评价中的作用。专家作为课程建设领域的专业人员，具有丰富的课程建设经验和较高的理论素养。专家在分析、判断问题时一般都能从科学角度出发，提出客观公正、操作性强的建议。因此，可以利用专家丰富的经验和独特的视角对课程建设进行评价。此外，还可以根据具体情况，组织相关领域、学科或学校等专家对某一方面或某一问题进行研究或分析。这样既能保证评价结果的科学性、客观性和公正性，又能减少评价成本。第三，要运用科学的方法进行定量分析。定量分析是指以数量形式表示数据或资料等内容。定量评价是基于数据资料等内容进行客观判断和评估。它一般由一组相对独立、相互联系和相互作用、可以量化或数量化的数据资料所构成。通过这些数据资料可以获得课程建设各方面或各方面相互联系和相互作用情况，从而可以对课程建设质量进行评定。

在课程建设中应用定量评价时要注意以下几点：一是要掌握定量评价所要求的基本知识和基本技能；二是要注意量化数据资料来源的真实性、可靠性和有效性；三是要注意将定性与定量相结合；四是在具体实施时要做到目标明确、内容合理、方法科学、数据可靠；五是要根据不同对象选择不同的方法，以确保评价结果具有较强的科学性、客观性和公正性；六是在进行定量评价时要注意控制变量和控制方法；七是在进行定量评价时要注意数据分析结果的解释。

最后，构建课程建设评价体系。评价体系是对课程建设成效的价值判断，是课程建设的价值导向、思想方法和行动指南。新时代普通高中课程建设评价体系主要包括三个方面：一是“目标”，即全面贯彻党的教育方针，落实立德树人根本任务，结合“三新”背景，统筹普通高中课程改革与发展；二是“内容”，即以新时代中国特色社会主义思想为指导，围绕培养学生核心素养和关键能力开展课程建设；三是“方法”，即运用科学评价方法进行评价，通过构建普通高中课程建设评价体系，引导普通高中在教育教学改革中深化新时代教育方针和德智体美劳全面发展教育方针的贯彻落实。

二、教学质量评价

教学质量评价事关教育改革的成败，是一项重大的教育决策。长期以来，我国形成了以学生发展为本，以课程改革为主线，以教师发展为核心，以学校发展为基础，以社会评价为重要支撑的教学质量评价体系。进入新时代，我国经济社会发展面临新的形势和挑战，这对教育领域产生重大影响，对普通高中教学质量评价提出了新要求。因此，需要积极探索符合我国国情、具有时代特征和区域特点的普通高中教学质量评价体系，促进普通高中教育质量的整体提升。

（一）评价导向：“三新”理念下的教学质量评价

进入新时代，我国教育评价面临着重大变革：从过去强调教育的规模、速度、增量和增量速度，到如今更加注重教育的质量、结构和效益，以更好地满足人民群众日益增长的美好生活需要。当前，我国经济社会发展和科技进步对人才培养提出了新要求，教育也需要适应这一新形势，更加重视学生的全面发展和健康成长。为落实习近平总书记重要讲话精神，《国务院办公厅关于新时代推进普通高中育人方式改革的指导意见》明确提出“全面实施新课程新教材”。进入新时代，普通高中教学质量评价也必须顺应国家对人才培养的要求和高中教育改革发展的需要，进一步深化课程改革，促进学生全面而有个性地发展。为此，需要遵循新课程、新教材、新高考等“三新”要求，坚持立德树人根本任务，全面落实德智体美劳全面发展要求，在“三新”理念指导下，探索更加符合中国国情、适应区域特点的普通高中教学质量评价体系。

（二）评价内容：立德树人的成效

教学质量评价是在学校教育教学实践中，对教育教学的质量及其水平进行定性与定量的分析、判断和综合评价。教学质量评价是实现立德树人根本任务的重要途径，是推进教育现代化建设的重要手段，也是教育评价改革发展的重要任务。教学质量评价要贯彻落实习近平总书记关于教育工作的重要论述，坚持正确政治方向，落实立德树人根本任务，全面提高高中教育教学质量。在普通高中教学质量评价中，立德树人成效主要体现为三个方面：一是培养学生正确的价值观念，帮助学生形成正确的世界观、人生观、价值观；二是培养学生必备的品格和关键能力，如自主学习能力、问题解决能力、创新能力等；三是促进学生全面而有个性地发展。可见，立德树人成效应成为评价高中教育质量的根本标准。立德树人成效是一个相对概念。因此，对立德树人成效进行评价时，要做到定性与定量相结合。从定性评价角度看，应主要关注学生全面发展情况、学生的品德行为习惯、学生学业水平及发展潜力等方面；从定量评价角度看，应主要关注学生学习情况及学业水平、教师教学情况及专业发展情况等方面。

（三）评价主体：政府、学校、教师和学生

普通高中教学质量评价是一项复杂的系统工程，需要政府、学校、教师和学生等多元主体共同参与，但在实际操作中，由于评价主体的认识和能力有限，可能导致评价结果有失偏颇。因此，普通高中教学质量评价应以政府、学校、教师和学生为评价主体，形成多元参与的评价机制。首先，政府是教育改革的主导力量，应积极发挥对普通高中教学质量评价的宏观调控作用。一方面要从国家层面建立对普通高中教学质量评价的标准体系、指标体系和工作体系；另一方面要建立教育督导机制，制定科学规范的督导程序和监督机制。其次，学校是教学质量评价的直接实施主体。学校要充分发挥办学自主权和主动性，积极主动参与教学质量评价工作。再次，教师是教学质量的直接承担者。教师要树立科学教育质量观，关注学生发展核心素养和综合素质的提升，积极参与教学质量评价工作。

（四）评价方法：从“纸笔测试”到“大数据分析”

在传统的普通高中教学质量评价中，学生学业水平测试成绩是衡量教学质量的重要指标，也是衡量教师教学质量的重要标准。考试成绩与教师教学质量直接相关，成绩好的教师容易获得学校和家长的认可。然而，这一评价方式存在着不可回避的问题，即考试成绩与学生的学习能力、学习态度和学习方法、学生的天赋等因素无关。而这些因素决定着学生未来的发展方向，不能用考试成绩来衡量。此外，传统考试以纸笔测试为主，考试结果不能真实反映学生能力水平。随着信息技术和

人工智能技术不断发展，基于大数据的教育评价成为新趋势。在教育评价中采用大数据分析方法，可以弥补传统教学质量评价存在的不足。基于大数据分析的教学质量评价需要注意以下几点：一是要建立教师、学生、学校、教育管理部门等相关人员数据分析模型；二是要建设教育评价系统；三是要保证数据采集和使用过程的安全。

（五）评价工具：从单一的学业成绩走向全面发展的学生综合素质

以考试成绩为中心的评价方式已经不适应新时代对人才的要求，需要探索多元化的评价方式。其中，学生综合素质评价是新时代推进素质教育的重要举措。综合素质评价是以促进学生发展为核心，注重考查学生品德修养、科学精神、人文素养、创新思维、劳动意识与动手能力等多方面的发展情况，力求使学生在德、智、体、美等方面全面发展。综合素质评价能够有效反映学生在德智体美劳各方面的发展状况，是对传统单一的学业成绩评价方式的突破。建立健全综合素质评价体系，这有利于改变重知识轻能力和重分数轻素质等现象，能够全面反映学生的成长历程和综合素养。同时，在信息技术高速发展的背景下，信息技术在高中教学中广泛应用，将传统的纸笔测试转变为线上线下相结合的混合式测试，能够有效帮助学生进行自我评价、教师进行精准诊断和改进教学。

（六）评价方式：从单一的结果性评价走向发展性评价

在传统的教育评价中，评价方式主要是以结果为导向的，评价内容多局限于学生的学习成绩和学习表现，评价方式单一、僵化。普通高中教学质量评价要树立发展性的评价理念，从关注学生个体发展转向关注学生全面发展，从关注教师的专业发展转向关注教师整体素质的提升，从关注结果性评价转向注重过程性评价，促进学生全面而有个性地发展。一是要实施发展性评价，在日常教学过程中注重对学生学习态度、学习能力和学习效果进行全方位的过程性评价和结果性评价。二是要建立发展性的评价方式。要加强对教师教育教学能力的考核，引导教师从重视知识传授向注重学生综合素质提高转变；要建立学生成长档案袋，根据学生不同的学业水平、兴趣爱好、性格特点等制定个性化的成长档案袋，记录其在学习过程中取得的进步和发展；要建立促进教师专业发展、提高教学质量的机制。三是要注重定性与定量相结合。将定性与定量相结合作为一种趋势，注重对教师课堂教学效果进行诊断分析，帮助教师总结经验教训，不断改进教学。

三、学生素养评价

在“新高考”“新课程”“新教材”的背景下，如何科学评价普通高中学生的素养，以及如何合理引导学生成长,是一个亟待解决的问题。在新高考改革的背景下,高中教育不再是以高考为唯一标准的教育,而是以学生全面发展为目的。因此,普通高中学生素养评价必须充分考虑“三新”背景下的时代要求,坚持立德树人根本任务,遵循学生身心发展规律,结合新课程改革要求和学校办学实际,建立科学合理的评价体系,为新高考改革提供有力支持。

坚持立德树人,聚焦核心素养。“立德树人”是教育的根本任务,而学生素养评价也是教育的重要内容。学生素养评价应坚持立德树人的根本任务,聚焦核心素养。在新课程改革背景下,普通高中学生素养评价体系应该突出立德树人,引导学生树立正确的世界观、人生观和价值观。在“三新”背景下,普通高中学生素养评价体系应该全面落实立德树人根本任务,坚持德育为先、能力为重、全面发展的育人理念,聚焦核心素养。这就要求评价体系必须突出德育、劳动教育以及生涯规划教育等方面的内容。

德育是教育的灵魂,是提高教育质量的根本保障,也是育人的根本要求。在普通高中学生素养评价中,德育评价应充分发挥导向作用,坚持立德树人的根本任务,引导学生树立正确的世界观、人生观和价值观,养成良好的道德品质和行为习惯。德育评价要坚持多维评价,包括教师评价、同学评价、家长评价、社会参与评价等多个方面。具体来说,在教师评价中,教师要对学生日常表现进行全面了解和记录,结合学校教育教学活动以及社会实践活动等方面的表现进行综合评判;在同学评价中,同学之间在学习和生活中要相互监督和帮助;在家长评价中,家长要了解学生在家的表现和行为习惯等;在社会参与评价中,学校应该组织学生走进社会、参观博物馆、科技馆、爱国主义教育基地等场所,让学生通过亲身体验来感受祖国的发展和变化。这些多维评价的形成可以为教师和家长提供更多了解学生思想动态的机会,也可以使学生之间相互监督和帮助,引导他们养成良好的行为习惯。

劳动教育是学校教育的重要内容,也是立德树人的重要途径,而高中阶段作为培养合格公民和社会主义建设者的重要阶段,应该重视对学生进行劳动教育。在普通高中学生素养评价体系中,劳动教育评价应该遵循《中小学生守则(2015 年修订)》要求,构建符合时代要求的评价体系。在具体操作中,可以采取以下措施:一是构建“两平台、三模块”的评价体系。在普通高中学生素养评价体系中,“两平台”指的是综合素质评价平台和课程评价平台;“三模块”指的是个人成长记录模块、课程学习模块和劳动实践模块。二是制定科学合理的劳动教育评价内容。在普通高中学生素养评价体系中,应该将劳动教育纳入其中,并将其作为一项重要内容纳入到综合素质评价中。三是建立学生劳动教育评价标准。在普通高中学生素养评价体系中,应该规定劳动教育的具体要求以及评判标准,明确各学段不同阶段学生应该完成的劳动任务和需要具备的劳动能力要求等。

生涯规划教育是普通高中学生素养评价体系中的一项重要内容，旨在引导学生树立正确的世界观、人生观和价值观，促进学生全面发展。目前，国内生涯规划教育的主要形式包括讲座、公开课、咨询服务和职业体验等。但随着生涯规划教育在全国各地的普遍开展，其面临的主要问题是缺少专业的生涯规划指导教师和完善的评价机制。因此，要想促进高中学生生涯规划教育的顺利开展，就需要建立一套科学完善的评价体系，对学生在生涯规划方面所取得的成果进行评价，促进学生全面发展。要根据实际情况，采取专家评估、自评、互评等多种方式来开展评价工作。在评价过程中，要重视对学生所取得的成果进行总结和反思，将其作为今后继续发展的基础和动力。评价机制包括个人自我评价、他人评价以及社会环境影响等内容。通过这种方式来了解学生在生涯规划教育过程中所取得的成就、存在的不足以及需要改进之处，从而为下一步制定出科学有效的改进策略提供依据。

评价应当遵循学生身心发展规律，体现学生主体性。高中学生是普通高中教育的主体，学生素养评价应遵循其身心发展规律，尊重学生主体性。学生素养评价的内容和标准应该是动态的，要能够根据学生在不同阶段所呈现出的不同特点进行灵活调整，既要考虑到学生的知识、能力水平，也要考虑到学生发展的个体差异性，使评价内容与标准更加符合学生身心发展特点。因此，普通高中学生素养评价应该与新课程改革要求相适应，遵循“三新”背景下学生身心发展规律，体现学生主体性。

在构建普通高中学生素养评价体系时，要充分考虑到每一阶段学生所呈现出的特点和需要。高一阶段，因为学生刚刚接触高中学习，对知识的掌握程度还不够深入，所以在评价时不能过于重视知识技能等方面的掌握情况。高二阶段，因为学生已经基本了解了高中学习内容和方法，所以在评价时要着重关注学生对学习方法的掌握情况。同时，也要看到高中阶段不同学科之间存在一定程度的交叉和融合性，在评价时要注意学科间的平衡与互补。高三阶段，由于高考压力越来越大，所以评价时应着重关注对综合素质的考核。例如，在数学学科中，函数、三角函数、统计等知识都是高中所学的重要知识内容；而在物理学科中有大量物理定律、公式等内容。因此在构建评价体系时要充分考虑到各个学科之间存在一定程度的交叉和融合性，以全面、客观地反映高中生的综合素质。

普通高中学生素养评价的目的不仅在于全面反映高中生的综合素质，更重要的是为了促进学生全面发展，从而实现立德树人根本任务。因此，在构建普通高中学生素养评价体系时要坚持全面发展，既要关注学生的知识和技能水平，也要关注其综合素质和情感态度价值观。首先，在评价时要坚持促进学生全面发展的原则。这就要求在评价时不仅仅看学生在某一方面的知识和技能掌握情况，更要关注其综合素质和情感态度价值观。例如，在对学生进行思想道德素养评价时，既要关注其思想政治观念和政治立场是否正确、正确的政治方向是否牢固、价值观念是否正确，也要关注其有无理想信念、道德情操等方面的表现。在对学生进行德育评价时，不仅要看其是否具有良好的道德品质和思想道德观念，更重要的是看其有无良好的品德修养、社会责任感等方面。其次，尊重个体差异，实现学生个性发展。在新课程改革下，学生的个性差异越来越明显，因此，普通高中学生素养评价要从促进学生全面发展的角度出发，关注每个学生的个性特点，实现每个学生的个性化发展。在构建评价体系时，要能够关注到学生个性发展，让每个学生都能得到不同程度的发展。例如在评价中，教师可以给出一些具有共性的要求，让每个学生都能够得到相同程度的发展。但是对于某些具体领域的要求，可以让不同个性特点的学生都能够得到相应的发展。最后，学生由于受思维能力、知识储备、生活经验等方面的限制，不同个性特点的学生在学习中所呈现出的水平也存在着较大差异。因此在评价时不能一刀切，要根据不同个性特点的学生制定不同目标。教师应充分发挥评价对普通高中教育教学改革和发展的引导作用，根据不同个性特点、不同学习基础和能力水平以及不同发展目标构建适合每个学生发展需要与潜能发挥需要的评价体系。

关注学业成就，实现学生全面发展。普通高中学生的学业成就评价是对学生完成规定学习任务并达到规定水平的学习质量的评价，既包括学生完成学校规定的学业要求，也包括学生在课程学习中表现出来的对知识、技能等掌握程度的评价。普通高中学生素养评价体系构建应体现全面发展的理念，要将“三新”背景下学生素养培养要求有机融入评价体系中，关注学业成就，实现学生全面发展。

普通高中学生素养评价应着眼于对知识、技能等掌握程度的评价，尤其是对学科核心素养掌握情况的评价。在构建普通高中学生素养评价体系时，要关注对学科核心素养的了解和掌握程度，例如，在生物学学科中，对于生命观念、健康生活、保护环境等方面都有涉及，因此在评价时要注重对生物学学科核心素养的考查。在构建普通高中学生素养评价体系时，也要注重对其综合素质发展状况和成就的评价，如在构建学生综合素质评价体系时要关注对信息获取、逻辑思维、学习能力、交流合作能力等方面的考查。只有这样才能全面、客观地反映学生综合素质发展情况。

评价应结合新课程改革要求，凸显学科特点。普通高中学生素养评价体系要注重学科特点，要有针对性，能够充分反映学生在学科学习中的思维过程和发展水平，能够对学生学科素养进行合理有效的评价。同时，评价体系要与学校办学实际相结合，能够契合学校的育人理念和办学特色。以语文学科为例，在传统的评价体系中，语文素养通常被认为是语感、阅读理解能力和写作能力等方面的综合素质。语文学科素养包括语言运用能力、审美鉴赏能力、文化传承能力等方面。语文教学可以通过多读书、多积累等途径提升学生的语言运用能力，让学生积累文化知识和审美知识，提高学生的人文素养。因此，语文学科素养评价不应只关注语文知识与技能的掌握程度，还应关注学生的情感态度和价值观等方面的发展情况。

在传统评价体系中，评价主要关注语言运用和思维发展两个方面。传统评价体系中重视语感和阅读理解能力，但忽视了思维能力的发展。现代教育强调培养学生的思维能力和创新精神，这也是新课程改革对高中语文教学提出的要求。因此，在新高考改革背景下，语文学科素养评价应充分体现思维发展的要求。具体来说，语文学科素养评价应从以下三个方面展开：一是引导学生关注思维发展素养。语文学科素养主要是学生在学习中表现出来的语言运用、文化传承等方面的综合素质。高中阶段是学生思维发展、文化传承等核心素养形成的关键时期，在这个阶段对学生进行思维发展和思辨思维培养具有重要意义。二是引导学生关注学科思想方法和问题意识。语文学科素养是学生在学习过程中表现出来的思维方式和问题意识。语文学科素养不仅是对语文知识和技能的要求，也是对语文学习方法和问题意识、阅读与表达等能力的要求。高中阶段是学生逻辑思维、抽象思维、辩证思维等核心素养形成并不断发展的关键时期，在这个阶段培养学生关注学科思想方法和问题意识、阅读与表达等核心素养具有重要意义。三是引导学生关注历史文化传统。高中阶段是培养学生民族意识、家国情怀和文化自信等核心素养形成并不断发展的关键时期。在这个阶段对学生进行历史文化传统教育不仅可以丰富学生思想内涵、增强文化自信，还能促进学生传承优秀传统文化、树立正确价值观念。

因此在普通高中学生素养评价体系中，语文学科素养应包括语言运用、文化传承等方面，这与新课程改革倡导的语义学科核心素养是相契合的。语文学科核心素养要求学生具备“学会倾听”“学会写作”等核心能力以及语言表达能力、思维发展能力、审美鉴赏能力等综合素质。因此在普通高中阶段培养学生核心素养时，语文学科素养应包括语言运用、文化传承、思维发展和审美鉴赏四个方面。

评价需要以学校办学实际为基础，注重科学性。普通高中学生素养评价必须基于学校办学实际，以学校办学特色为基础，注重科学性。在实际评价中，要注意以下几点：一是要充分考虑学校的办学特色。在制定学生素养评价体系时，要充分考虑学校的办学特色，选择与学校自身实际情况相符的指标进行设计。如在“三新”背景下，很多普通高中在校园文化建设上比较突出，可以在学生素养评价体系中加入校园文化建设指标。二是要结合学校的教育教学实际。学生素养评价体系不能照搬照抄别人的指标体系，而是要结合本校的教育教学实际，根据学生发展目标和学校课程方案制定符合本校学生特点的指标体系。三是要考虑教育评价的实际效果。普通高中学生素养评价指标体系设计好后，要进行充分的实践和检验，尤其是要对指标体系进行科学检验。只有经过实践检验过的指标体系才具有指导意义，才能起到正向引导作用。实践证明，普通高中学生素养评价指标体系是有效的、科学的、符合实际的。评价体系一旦通过实践检验，就可以在普通高中长期应用。

关注学生个体全面发展，体现发展性。在“三新”背景下，普通高中学生素养评价应关注学生个体全面发展，体现发展性。以新高考为契机，普通高中学生素养评价应该注重对学生核心素养的考查，既要考查学生对知识的掌握程度，也要考查学生的学科素养、创新思维等方面。同时，评价也要关注学生的个性发展，鼓励学生根据自己的兴趣和特长选择适合自己发展的方向。此外，普通高中学生素养评价还应重视对学生自我认知和社会适应能力的评价，帮助他们客观认识自己，在不断地学习和实践中提升自我认知能力、社会适应能力、自主学习能力等。在具体操作中，可以采用自评、互评等多种方式进行。

四、教师专业评价

在国家教育现代化的进程中，高中教师专业发展是重要一环。建立健全高中教师专业发展的评价制度，对提升教师专业化水平和促进新时代教育高质量发展具有重要意义。当前我国高中教师专业发展还存在一些问题，如评价理念滞后、评价标准单一、评价主体单一等，这些都制约着高中教师专业发展水平的提升。基于此，应当从以下几个方面进行改进：

第一，重构专业评价理念，以教师专业发展为导向。改革开放以来，我国高中教育发展迅速，但随着国际交流合作的深入，高中教师也面临着国外先进教育理念、教学方法、管理经验等方面的冲击和挑战。如何在教师专业发展评价中体现以人为本、促进人的全面发展，是我国高中教育高质量发展面临的重要课题。随着“三新”背景下社会经济结构调整和人才培养方式变革，对高中教师专业发展的要求越来越高，如何构建具有中国特色、世界水平的教师专业发展评价体系，需要我们重新审视并重构专业评价理念。总体来说，需要建立以促进教师专业发展为导向的教师专业发展评价体系。在这一过程中，评价主体应由单一转向多元，由注重结果转向注重过程；评价内容应从关注显性的“教”转向关注隐性的“学”；评价目的应从追求分数转向追求学生全面而有个性的发展；评价方式应从侧重结果性评价转向更加注重过程性、发展性评价。

第二，改进评价方式方法，多维度评价教师专业发展。在教师专业发展的过程中，应重视量化与质性相结合的综合评价，注重过程评价与结果评价相结合，完善结果评价与增值评价相结合的方式方法。首先，在教师专业发展过程中应突出过程性和发展性特点。过程性是指教师专业发展的全过程，而发展性则强调教师在专业发展中的主动性和创造性。其次，要把过程性评价与结果性评价有机结合起来，既要重视结果又要重视过程。再次，在教师专业发展的过程中应发挥学生、家长和同行等多元化主体作用。最后，要发挥“数据”这一重要媒介作用。加强对教师教学行为、学生学业成就和个人成长等方面数据的收集与分析，促进高中教师不断提高专业化水平。

第三，完善评价指标体系，科学设置评价标准。教师评价的根本目的是促进教师专业发展，其核心就是促进教师的专业化。因此，评价标准要体现教师的专业素质与专业能力。在“三新”背景下，要实现高中教师专业发展评价的科学性，需不断完善评价指标体系，科学设置评价标准。首先，要建立以学生为本的评价标准。教育评价标准是以学生为本的，体现学生发展需要的。因此，在制定教师专业发展评价指标体系时，应以学生为中心设置指标，如科学设置高中课堂教学目标、内容、方式等方面的要求；设置作业量、考试次数等方面的要求；设置是否开展校本教研活动、是否参加课题研究等方面的要求。此外，在制定评价指标时还应注重学习与实践活动，注重教育教学研究。其次，要明确评价标准与目标。高中教师专业发展要从根本上推动新时代教育高质量发展，就必须以新时代教育高质量发展为目标。因此，在制定教师专业发展评价指标体系时，应明确评价标准与目标。例如，在制定高中课堂教学质量评价标准时应明确“高中课堂教学是否能使学生有效掌握知识内容、提高思维品质、增强学习能力等”。

第四，建立有效激励机制，保障教师专业发展。教师是高质量教育的关键，也是高质量教育的重要支撑。因此，为教师专业发展提供有效激励机制，是新时代教师评价改革的重要内容。一方面，要优化教师激励机制。加大对优秀教师的表彰奖励力度，鼓励优秀教师不断创新、不断进步；完善对中青年教师的培养培训制度，帮助他们快速成长为学科骨干，成为学校建设发展的中坚力量；实行“名师工作室”制度，打造一批学科带头人、骨干教师等名师群体。另一方面，要强化制度保障。制定并完善保障教师专业发展的相关政策文件和管理办法，促进评价制度与政策体系相互支撑、相互促进、相辅相成。如制定完善有关职称评聘政策；构建多层次、多元化的教师培训体系，充分发挥优质教育资源辐射作用；落实国家“双师型”教师政策等。此外，还需加强学校文化建设。首先，要丰富学校文化内涵。把师德师风作为评价教师队伍素质的第一标准，引导广大教师做“有理想信念、有道德情操、有扎实学识、有仁爱之心”的“四有”好老师；完善学校规章制度，加强校园文化建设，优化校园环境；建立健全科学有效的考核评价制度，形成优秀人才脱颖而出、能者上庸者下的良好氛围。其次，要加强校本教研。学校要建立健全校本教研制度体系，充分发挥教研组在教师专业发展中的作用；建立校本研修组织领导机制和管理机构，建立科学有效的校本研修组织管理制度；加大对校本研修资金投入力度，使之真正成为促进教师专业发展的重要举措。最后,要加强对学校文化建设的考核评价。学校要将师德师风作为评价教师队伍素质的第一标准,将学校文化建设纳入校长绩效考核和教职工绩效考核评价体系中。

第五,加强数据有效管理,为教师专业发展提供依据。加强数据管理,需要政府、学校、教师三者联动。政府应强化顶层设计,统筹规划、统一部署,构建政府主导、部门合作的大数据管理体系,明确数据管理的分工与职责,做好高中教师专业发展评价相关数据的收集、整理、分析和应用工作。学校应加强对教师专业发展数据的采集和分析,及时把握教师专业发展的现状及趋势,为教师专业发展提供有效参考。同时,要注重教师专业发展数据的有效利用,鼓励学校积极探索科学的数据采集与分析方法,建立信息资源库,运用大数据技术分析教师专业发展状况及存在的问题。学校应发挥主观能动性,充分运用评价结果对教师进行精准指导与个性化培养,切实提高教师专业化水平。

第二节　诊断性评价

新课标、新教材、新高考的改革，对高中教育教学质量提出了更高的要求，也对高中诊断性评价提出了更高的要求。诊断性评价是通过系统方法对教学效果和质量进行预测、分析和评估的一种教育评价。我国高中诊断性评价自20世纪80年代以来逐步发展，在学校管理、教师专业成长、学生全面发展等方面取得了较大进步，但随着教育改革不断深入，诊断性评价面临诸多问题，在一定程度上影响了高中教育质量提升。因此，通过诊断性评价改革助力"三新"背景下高中教育教学质量提升，是当前教育改革的重要内容。

一、作业设计注重概念测评的精准性

作业设计是诊断性评价的重要内容。诊断性评价倡导从学生学习实际出发，以问题解决为导向，作业设计则要考虑学生学习的差异性，关注学生概念测评的精准性。诊断性评价要求教师从学生实际出发，根据学生知识、能力、情感等方面的特点进行作业设计和评价，以此提高作业设计的针对性和精准性。同时，还可以设计以"综合运用"为主题的作业，通过对生活中真实情境再现和相关问题解决进行综合性学习。

设计有针对性的作业，满足不同层次学生的发展需求。针对性的作业能引导学生形成良好的学习习惯，提高学习效果。例如，在教学"人物外貌描写"一课时，教师可设计以"我是谁"为主题的作业，引导学生从多个角度思考人物外貌描写的方法和技巧。对于基础较好、学习能力强、思维活跃的学生，可以让他们围绕"细节描写的深化、语言水平的提高"等方面展开讨论。对于学习能力稍弱、思维不够活跃的学生，教师则可以布置"建立基本框架、观察与模仿"等方面的作业。这样的作业设计有利于提升不同层次学生学习效果，也能激发其参与讨论的积极性。在教学"议论文写作"一课时，教师可设计以"论说文"为主题的作业。对于学习能力较强、思维活跃的学生来说，教师可以布置"深化论证方法、提升语言表达水平、培养批判性思维"等方面的作业。对于学习能力稍弱、思维不够活跃的学生，教师可以布置"明确议论文基本结构、练习提出和阐述观点、培养论据收集能力"等方面的作业。这样的作业设计有利

于帮助学生形成良好学习习惯和思维品质，提高其写作能力。

设计符合认知特点的作业，促使学生思维方式的转变。在学习过程中，学生应该将自己的思维方式由线性思维转变为非线性思维。非线性思维是一种将问题从孤立、静止、片面的状态，向联系、运动、全面的状态转变，以达到解决问题的目的。在高中语文教学中，教师可以布置这样的作业：针对语文学科特点，你打算如何提升自己的语文素养。让学生从生活实践出发，以小组为单位设计一份“高质量”的方案。学生在设计作业的过程中，可以充分思考如何设计既符合本学科特点、又具有较高价值的作业，促使学生思维方式由线性思维向非线性思维转变。教师要注重引导学生运用已有经验、知识和技能，借助实物、模型、图片和视频等途径和方式进行观察、操作、探究，运用综合分析、逻辑推理等方法获取新知识、新信息。教师可以设计“观察与思考”类作业：利用各种途径，引导学生观察生活中的事物；利用各种工具（如放大镜、显微镜等）观察并记录生活中的现象；利用各种思维模型（如坐标系、分类归纳等）分析生活中的现象。在此基础上，鼓励学生对所观察到的事物进行交流讨论。通过引导学生关注生活现象，不仅能够帮助学生巩固所学知识，还能够提高学生发现问题、分析问题和解决问题的能力。此外，学生还能体会到观察与思考带给他们的乐趣。

设计综合运用类作业，促进学生知识结构的优化。在综合运用类作业设计中，教师要引导学生发现知识之间的内在联系，引导学生积极建立并优化知识结构。例如，在高中英语教学中，教师可以设计以“Careers and skills”为主题的作业，让学生根据已学的内容设计不同形式的课堂展示，运用所学语言、写作技巧和文化知识等来介绍自己的职业规划。教师还可以设计以“Making a career plan”为主题的作业，让学生在学习和生活中运用所学知识解决实际问题，从而提高学生的综合运用能力。

二、考试命题关注能力考查的情境性

诊断性评价需要关注能力考查的情境性，而非对知识和技能的单一检测。考试命题是诊断性评价的核心，是评价学生能力的主要方式，其水平高低决定着教学质量。

首先，突出学科核心素养的考查。高中学科核心素养是学生通过学习而逐步形成的正确价值观、必备品格和关键能力。在高中课程改革背景下，学科核心素养的提出能够引导教师在教学中更加重视培养学生的核心素养，明确学生学习应达到的要求。例如，语文学科核心素养包括“语言建构与运用”“思维发展与提升”“审美鉴赏与创造”“文化传承与理解”四个方面。因此，在试题设计时应注重考查学生对所学知识进行重组、整合以及应用等能力，并以此为基础发展学生的语言能力、思维品质和审美情趣。在具体命题过程中，可以通过情境设计来实现对学生关键能力和学科思维水平的考查，如通过“语言建构与运用”这一情境对学生进行语言建构和运用能力考查。语言是思维的外壳，是思维的载体，语言的建构与运用是学生学科核心素养的重要组成部分。在语言运用中，学生能够正确地理解和使用祖国语言文字，感受中华文化魅力，增强文化自信，传承弘扬中华优秀传统文化；能够有效地沟通现实生活与文本世界，能运用所学知识解决实际问题；能够在具体情境中运用语言文字进行交流沟通、合作表达、理性思辨和审美鉴赏。“语言建构与运用”这一情境强调对学生语言运用能力的考查，如 2021 年浙江省高考语文全国卷和北京市高考语文都选取了诗歌作为试题材料。该情境下主要考查学生的阅读能力、理解能力、表达能力、思维能力以及创新精神等学科核心素养。

增加基于真实情境的试题数量，诊断性评价要在真实的情境中进行，只有这样才能培养学生解决问题的能力。因此，诊断性评价试题必须具有一定难度，呈现方式必须是真实的。为此，需要加强对真实情境的设计，在命题中应遵循以下原则：一是以学科核心素养为导向。基于学科核心素养的试题要突出能力考查，注重对学生进行多维考查，考查形式多样且灵活。二是以真实情境为载体。试题素材源于生活实际和社会实践，能够反映学生的认知水平和真实水平，具有较强的时代气息和时代性。三是以能力立意为核心。试题要聚焦学生发展需求和学科核心素养，在设计情境时要充分考虑学生思维水平和能力发展水平，为学生提供可探究的问题空间。

第一，基于真实情境设计试题，让学生在情境中发现问题、解决问题、迁移创新。第二，在试题中体现学科思维能力要求。诊断性评价应聚焦学生对知识的理解、应用和创新能力培养，从真实的问题情境入手设计试题。第三，试题情境应具有一定的开放性和生成性。诊断性评价的日的是为了发现问题并解决问题，因此试题不应只呈现所学内容或解题方法与技巧。诊断性评价是一种发展性评价。要实现这种评价方式的改革与发展，就必须明确其性质定位、价值取向及目标要求。诊断性评价不同于甄别和选拔功能，而是指向学生的综合素质与学科素养发展水平，帮助学生认识自我、了解自我、发现自我、超越自我，从而实现发展自我、完善自我的目的。

合理设计学业质量水平要求。诊断性评价的价值追求在于考查学生解决实际问题的能力，而不是单纯地将考试分数作为学生学习水平的唯一指标。因此，学业质量水平要求设计必须考虑学科特点、学校特色和学生实际，既要满足诊断性评价的基本要求，又要与国家课程标准相衔接。只有这样，才能做到既符合教育教学规律又体现高考改革方向。要关注学业质量水平要求与学科内容之间的联系，使之成为学生学习的指向性依据。如在生物学科中，要注意在生物与生活、生态、环境之间建立联系；在地理学科中，要注意与社会生活、区域经济发展等建立联系。同时，要将学业质量水平要求的水平层级设计得具体明确，为评价和诊断提供依据。

其次，强调知识能力考查的综合。诊断性评价需要关注知识能力考查的综合，并不是简单的“1+1”，而是要注重知识与能力的有机融合。所谓“综合”，指的是在一个问题或情境中，学生必须运用所学的知识、技能和方法解决问题，而不能就题论题，只关注所学知识而不能运用所学知识。当然，综合也不是随意的综合，而是在不同情境中表现出来的综合。如在生物学科中，考查学生对物质结构与物质变化原理的掌握情况时，需要运用有关化学原理、基本实验方法等解决问题。通过考查学生运用化学原理、基本实验方法等解决问题时所表现出的能力，既可以考查学生对知识的掌握程度，又可以考查学生运用知识解决问题的能力。再如在数学学科中，通过对一个实际问题进行求解时，既需要分析其数量关系、空间结构等，也需要运用数形结合、空间想象等方法进行计算、推理和判断。通过数学与其他学科知识的有机结合可以考查学生综合运用知识解决问题的能力。总之，诊断性评价需要综合不同学科知识和能力来解决问题，这是高中诊断性评价与普通高考的根本不同之处。

诊断性评价是以学生为主体、以教师为主导来实施的。教师在教学过程中要通过诊断性评价来发现学生存在的问题及薄弱环节，帮助学生改进学习方式。同时，教师还要及时总结教学中出现的问题及学生学习中存在问题，以便改进教学。此外，教师要及时调整自己的教学策略与方法以适应诊断性评价要求。因此，教师在诊断性评价过程中不仅要有教育意识和理念，还要有教学智慧和能力。只有这样才能让诊断性评价更好地发挥其教育功能与价值。

再次，关注学生思维水平和能力的考查。诊断性评价不是选拔，而是对学生学习的诊断。考试命题不仅要关注知识、能力考查，更应关注学生思维水平的考查。在知识、能力考查的基础上，思维水平的考查才能更好地引导学生学习，激发学生学习的兴趣。例如，在“中国特色社会主义”内容考查中，试题不是考查学生对具体国家和政党的认知与理解，而是考查学生对中国共产党领导中国特色社会主义事业发展的认识和理解。再如，在“党领导人民进行革命、建设、改革”内容考查中，试题不是考查学生对马克思主义基本原理的理解与掌握程度，而是考查学生对马克思主义理论与中国实际相结合的认识与理解程度。又如，在“政治认同”内容考查中，试题不是考查学生对中国共产党领导人民进行革命、建设和改革的历史必然性与合理性认识程度，而是考查学生对中国共产党在建立新中国、开展社会主义建设和改革开放方面取得巨大成就的认识与理解程度。

最后，改进评分标准。诊断性评价与传统高考最大的不同是评价主体不同，评分标准也有所不同。传统高考的评分标准是统一的，而诊断性评价的评分标准是多主体参与。学生作为评价主体，其成绩应由其所在班级教师、同学、家长等共同决定；教师作为评价主体，其成绩由学生成绩和教师评语构成；学校作为评价主体，其成绩由学校领导决定。因此，传统高考更多地关注学生的知识掌握情况和能力水平。诊断性评价既关注学生知识与能力的掌握情况，也关注学生解决问题的过程与方法。传统高考考试评价标准主要根据试卷难易度和试题难易程度来进行评分。传统高考是对试卷进行批阅、评分和统计汇总三个环节后得出的结论。批阅试卷主要依据教师对试卷中某一道题的批阅情况进行打分和统计汇总。然而，传统高考考试评价标准过于单一，只注重对学生知识掌握情况的评估和判断，而忽略了学生解决问题过程与方法的考查。

三、学业质量分析注重素养达成水平级与覆盖面

学业质量分析是指对学生学业水平的一种综合性评估，通过分析学生的学习结果，了解学生在学科素养达成方面的具体表现。目前，我国主要采用国家考试和学校测验两种方式进行学业质量分析。国家考试是通过统一的命题和统一的评分标准对学生进行评价。学校测验主要采用标准化试题，通过标准答案或评分细则对学生进行评价。

学业质量分析不能简单地将成绩或分数进行纵向比较，而是要在横向上对比同学段、同类型、同层次之间的成绩差异。不同学段或类型之间的成绩差异一般体现在分数上，而不同层次之间的成绩差异则反映了学科素养的水平级及覆盖面。因此，我们应充分利用学业质量分析结果，了解不同层次学生素养水平及达成情况，进而有针对性地进行教学与指导。通过学业质量分析可以发现问题、总结经验、改进教学，从而有效提升教学质量和育人效果。教师可以从以下几个方面进行改进：第一，教师可以根据学生的优势学科来制定教学目标，帮助学生弥补自身的不足。例如，语文教师可以对学生进行阅读教学，引导学生多读经典、名著等，帮助学生积累知识、提升思维能力。第二，教师可以引导学生制定合理的学习计划，让学生根据自身实际制定学习目标和学习计划。例如，数学教师可以引导学生将自己的学习目标细化到每天的任务中去，并对完成任务所需的时间进行限制；语文教师也可以引导学生将自己每周所要学习的内容进行梳理和归纳，在具体的任务中学习知识、掌握技能。第三，教师可以通过制定个性化教学计划来提高教学效果。例如，英语教师可以针对不同层次的学生制定不同的教学计划，让不同层次的学生都能在自己感兴趣的领域有所收获。第四，教师可以通过鼓励学生参加校内活动来提高其综合素养。例如，数学教师可以鼓励学生积极参加学校组织的各种校内活动，让学生在活动中增长见识、锻炼能力。

除了关注学生知识与技能掌握情况外，学业质量分析报告还应该关注其学科素养发展情况。在“高考新方案”下，普通高中课程方案中提出了“3＋3”或“3＋1＋2”的选科组合模式。目前我国普通高中实行“3＋1＋2”选科组合模式的学校越来越多，这就要

求教师在日常教学中不仅要关注学生某一学科知识与技能是否达到了相应层次的要求，还要关注该学科是否为国家和社会发展培养了合格人才。《普通高中课程方案(2017 年版 2020 年修订)》首次明确了学科核心素养的内涵，即学生学习该学科课程后应达成的正确价值观、必备品格和关键能力。例如，在学生发展核心素养中，语文学科是一个基础性学科，语文学科核心素养包括“语言建构与运用”“思维发展与提升”“审美鉴赏与创造”“文化传承与理解”四个方面。从语文学科核心素养的内涵可以看出，语文学科素养是一个递进式的。因此，在进行学业质量分析时应关注学生学业质量的水平级和覆盖面。例如，某考生语文成绩为 A 等级，其语文素养达到了“语言运用”维度中语言理解与运用这一水平级；而另一考生语文成绩为 B 等级，其语文素养达到了“思维能力”维度中逻辑思维这一水平级；两个考生都达到了“审美鉴赏”维度中鉴赏评价这一水平级。在对这两位考生的学业质量进行分析时发现，两位考生都有较好的语文素养。因此，我们可以认定该考生符合“语言运用”维度中语言理解与运用这一水平级。由于语文学科素养需要达到“思维能力”维度中的逻辑思维水平才能体现出价值，因此该考生符合“思维能力”维度中逻辑思维这一水平级。

我国高中学校数量多，各地情况各异，发展水平也不平衡。为此，诊断性评价要充分考虑高中学校的实际情况，以促进高中学校特色发展为目标。在同一区域内，不同学校的学科素养水平、办学条件、特色发展方向等均存在差异。因此，我们在利用国家和地方学业质量分析结果进行诊断的同时，还要关注不同高中学校的发展情况。对于普通高中学校来说，应鼓励其根据自身实际，形成特色化发展方向；对于特色鲜明的高中学校来说，要在整体上有所侧重，突出自身优势学科。诊断性评价对高中学校发展有重要的促进作用。例如，普通高中学业质量分析结果表明：各学科学生学业水平存在差异，不同类型、不同层次的学生在学科素养方面存在差异。因此，教师要充分发挥诊断性评价的指导作用，根据学生在学科素养方面的表现情况进行有针对性的教学，以便提升教学效果。对普通高中学校来说，要努力构建多样化的课程体系，满足不同学生对学科素养的需求；要探索分层分类选课走班模式，为不同层次学生提供选择课程和班级的机会；要鼓励普通高中学校深入开展基于课程标准的教学与评价改革等。总之，诊断性评价是促进高中教育教学改革和办学特色发展的重要手段。在今后一段时期内，我国各普通高中应进一步完善诊断性评价工作机制，加强对学生学业质量、学科素养以及办学特色等方面的监测与分析评价，为推进教育高质量发展和实现“双减”目标提供科学依据。

诊断性评价不是为诊断而评价，而是为改进而评价。传统诊断性评价以考试为载体，通过考试的形式来对学生进行评价，评价的过程中更多的是关注学生学业成绩，这种单一的评价方式忽视了学生在学习过程中的主体地位，导致学生缺乏对自我学习行为和结果的反思与总结。在“三新”背景下，需要诊断性评价打破传统单一考试评价方式，将学生学习过程作为重点关注对象，通过诊断性评价帮助学生了解自身在学习中存在的问题和不足，进而不断改进自己的学习行为。同时，通过持续性基于学习诊断技术进行评价驱动，能够提升高中学校诊断性评价工作水平和教育教学质量。

第三节　表现性评价

在传统的教育评价体系中，学生的学业成就主要体现在考试成绩上，学生的学习过程难以得到充分关注。新时代背景下，为解决传统评价体系中存在的问题，深化普通高中教育教学改革，建立科学合理的评价体系已成为当前普通高中教育改革的重要内容之一。

表现性评价是在真实情境中，以学生在完成任务时所表现出的能力、技能、态度和价值观为指标进行评价，以体现学生在完成任务过程中所体现出的核心素养。表现性评价作为一种新兴的教育评价方式，具有重要的教育价值。一方面，有助于促进学生全面发展。表现性评价不以单纯的考试成绩作为评判学生学习成果的唯一标准，而是通过一系列评价标准来体现学生对知识、技能、态度、情感等方面的表现，强调在真实情境中培养和发展学生全面而有个性的能力。另一方面，有助于实现教育公平。新时代背景下，普通高中教育要解决"大班额"和"择校热"等问题，必须推动教育公平。传统教学方式是基于考试成绩进行排名选拔学生，而表现性评价可以有效避免这一问题。通过对学生进行表现性评价，有助于缩小班额和促进教育公平。

新时代背景下，普通高中教育改革发展也面临着新的挑战。在我国高中阶段，要培养德智体美劳全面发展的社会主义建设者和接班人，就必须打破以考试成绩为中心的评价方式，建立多元化、综合性的评价体系。表现性评价作为一种新兴的教育评价方式，对深化普通高中教育教学改革、促进学生全面而有个性发展具有重要意义。但目前我国高中教育中应用表现性评价存在着一些问题，主要表现为缺乏科学合理的表现性评价体系、缺乏有效的管理和监督机制等。

一、学习状态的课堂观察

在"三新"背景下，学生学习状态的表现形式更加多元。传统的评价方式往往采用考试或测试的方式，但考试或测试的内容与学习过程中学生的表现存在一定程度的分离。以高中生物必修二"遗传与进化"为例，教学目标是让学生掌握遗传与进化这两个专题，教学内容是从原核生物到真核生物的进化。传统的课堂评价更多关注教师教得怎么样，对学生学习状态没有过多关注。尽管有少量教学评价指标涉及学生学习状态，但在具体操作中不能很好地将二者联系起来。因此，要建立与之相适应的评价体系。以“三新”背景下高中生物教学为例，一方面，教师可将学生学习状态的观察指标融入课程教学目标中；另一方面，学生表现性评价可以从课堂学习效果出发，将评价指标分解为不同的学习任务(如：探究型学习、问题解决型学习、社会情感型学习等)。

例如，“遗传与进化”是生物科学的核心内容，主要研究生命现象和生命本质的规律。本节课的教学目标为：(1)知道在生物进化过程中，基因突变和染色体变异的概念；(2)能解释突变和染色体变异在生物进化过程中的作用；(3)了解基因突变和染色体变异发生的条件，能解释其发生的原因。“遗传与进化”是本章第一节，也是学习后面生物进化内容的基础。本节课可以通过问题探究、调查访谈等方式，引导学生观察身边的生物，思考不同生物之间有何联系？这些联系体现了什么原理？为什么会有这样的联系？在此基础上，学生可以归纳出生物进化过程中基因突变、染色体变异、基因重组和基因突变与染色体变异之间的关系。遗传与进化是一对核心概念，在学生认知过程中起着承上启下的作用。本节课可通过图片、动画等形式，帮助学生理解相关概念，如：遗传与变异、基因与染色体、基因型与表型等；通过小组讨论交流，帮助学生学会分析实验数据，比较不同性状之间的差异；通过设计小实验，帮助学生巩固相关知识。

本节课还可通过思维导图等形式帮助学生梳理知识体系，使其能够对遗传和进化概念有更深入的理解。思维导图可以将概念之间的联系更加清晰地呈现出来。思维导图不仅是一种学习工具，更是一种学习状态。在具体操作中，可以利用思维导图帮助学生梳理知识体系，对学习状态进行观察与记录。在实际操作中，学生的表现性评价可以从课程教学目标出发，将评价指标分解为不同的学习任务，再将任务分解到课堂中的每一个环节。

二、学生行为的持续监测

在传统的高中教育评价体系中，评价指标仅关注学生的学业成绩，并未关注学生行为习惯等非智力因素的培养，这难以适应新时代普通高中教育培养全面发展的人、德智体美劳全面发展的人这一培养目标。为促进学生的全面发展，国家教育部门提出了“五育并举”的培养目标。新时代背景下，高中教育评价必须融入“五育并举”，并关注学生行为习惯等非智力因素的培养，以促进学生全面发展。

表现性评价是一种以学生表现为中心的评价方式。它将学生在真实情境中完成任务的过程与结果作为评价的主要内容，对学生在某一方面或多方面的表现进行观察、记录，并通过分析、归纳和总结，对学生在道德品质、体质健康、艺术素养、劳动实践等方面达成预定目标的情况进行判断和评价。表现性评价以学生在真实情境中解决问题的过程与结果为主要内容，体现了新时代普通高中教育培养全面发展的人这一培养目标。

与传统评价方式相比，表现性评价注重对学生行为习惯等非智力因素的观察和记录，通过分析、归纳和总结，对学生在某一方面或多方面达成预定目标的情况进行判断和评价。表现性评价在本质上是一种过程性评价，是一种强调结果、忽视过程和习惯培养的评价方式。它通过对学生在某一方面或多方面达成预定目标的情况进行观察、记录和分析，来判断和评估学生行为习惯等非智力因素在学习过程中所起到的作用。

表现性评价的实施策略是在学习、生活和工作中进行表现性评价，并通过学生在真实情境中的表现来评价学生的学业成就，而不是对学生的学习过程进行评价。由于表现性评价关注学生行为习惯等非智力因素，因此，实施表现性评价应以培养学生良好的行为习惯为导向，从“三维目标”出发，设计具体可行的表现任务，让学生在真实情境中完成任务并记录真实的表现。此外，评价者还应对表现性任务进行合理设计与规划，以帮助学生更好地理解、表达和解决问题。

例如，在一项关于“垃圾分类”的活动中，某高中采用了以下实施策略：第一步，组织学生学习垃圾分类的相关知识；第二步，在主题班会上对学生进行垃圾分类知识讲解；第三步，组织学生完成“我是环保小卫士”手抄报作品；第四步，组织学生对手抄报作品进行评比并颁发证书。整个过程中，评价者可以采用多种评价方式和方法来激励学生参与到活动中来。

在实际操作中，表现性评价实施过程并不是一成不变的。当设计的表现性任务与学生自身的现实生活相契合时，表现性评价便会在此基础上进行调整和修改；当遇到新问题时，表现性评价也会有新的调整和改进。总之，表现性评价应与学生的实际情况相结合进行调整。“表现性评价”不仅要观察学生在某一方面或多方面的表现，而且还要持续监测学生在不同时间段内的综合表现。这不仅有利于学校对学生进行全方位的管理，也有助于学校及时了解和掌握学生在不同时间段内的综合表现情况。

新时代背景下，高中学校应该建立起学生综合表现的记录机制。例如，可以把学生日常行为习惯等非智力因素纳入学生综合评价体系，并作为评价的重要内容。学校可以根据不同时间段内的表现情况，为每一位学生建立“表现档案”，并将其纳入个人成长档案袋之中，以备在之后的升学和就业过程中进行查阅。学校通过对不同时间段内的综合表现进行持续监测，可以及时了解学生在不同时间段内的学习、生活状况，并据此调整和优化学校管理制度和策略。同时，通过对不同时间段内的表现情况进行分析和比较，可以及时发现学生在日常学习、生活中存在的问题和不足，并及时采取相应措施予以解决。通过对学生综合表现信息进行持续监测和分析，可以帮助学校更好地进行管理和服务。

三、任务完成的量规测评

任务完成的量规测评，是指将任务分解成一系列可测量的指标，并根据这些指标设计具体的表现标准。它是学生在学习过程中对自己学习能力、学习效果进行自我诊断、自我评价、自我改进的方法。量规测评的核心是“量规”，即用来测量学生完成任务所需要的能力、态度和价值观。量规测评能够体现学生在任务中所表现出来的能力和态度，可以作为评价学生是否达到课程标准要求的依据，也可以作为学生自评和教师评价的依据。

在实施过程中，量规测评应注意以下几个方面：一是注重对学生的日常学习表现进行跟踪记录。通过记录，教师能够及时了解学生对所学知识的掌握情况，对教学目标是否达成有较好的判断，并及时调整教学策略。二是注重与其他评价方式结合使用。量规测评可以通过任务完成过程中所表现出来的能力和态度进行评价，也可以通过自评和他评对学生学习过程进行评价。三是注重与其他教学活动有机融合。量规测评应与学生日常学习、教师教学等活动相结合，注重与其他评价方式相互补充、相互促进。四是注重评价结果反馈及应用。通过量规测评，教师能够了解到学生在任务完成过程中的真实表现和存在的问题，针对具体问题可以采取有针对性的改进措施，从而促进学生更好地完成学习任务。

总之，在“三新”背景下普通高中教育改革中，学习目标由原来的“学会知识”转化为“学会学习”。为此，教学目标应由学科知识拓展到学科核心素养，并将其具体化为学生完成任务所需要的能力和态度。教师在教学中应重视对学生学习过程及效果进行评价，及时反馈和指导学生解决学习过程中遇到的问题，使学生有效掌握所学知识、提高学习能力和素养。

四、个体差异的关注指引

我国传统的评价以学生为中心，关注的是学生个体之间的差异，注重对学生个体学业成就的评价。但是，随着教育发展与社会变革，传统评价存在的弊端日益凸显，难以适应新时代对人才的需求。因此，普通高中教育要适应时代发展，必须关注个体差异，建立以个体发展为本的评价体系。具体而言，教师应根据学生在日常生活和学习中的具体表现与问题解决能力进行观察与记录，引导学生对自己的表现做出客观公正、合理有效的评价；学校可以组织教师进行表现性评价培训，使教师掌握科学、有效、符合学生发展特点的评价方法与策略，进一步推动学校教育教学改革。例如，某学校通过评价量表的使用，让教师观察学生在日常生活和学习中的具体表现，从而引导学生对自己的表现做出客观公正、合理有效的评价；通过对学生作业完成情况进行评价，使教师掌握科学、有效、符合学生发展特点的评价方法与策略；通过对学生自我评价、相互评价及教师评价的整合，使教师掌握科学评价方法与策略。

总之，表现性评价不仅能改变传统评价以终结性评价为主要形式的弊端，而且能促进学生自我反思和自我调整，引导学生在评价中认识自己的优势和不足，发现自己的潜能与特长，从而激发学生学习动机，使其成为自我发展和自我超越的主人。

第四节　增值性评价

当前,我国正处于深化教育领域综合改革的攻坚时期。随着我国新一轮基础教育综合改革的推进,推进评价改革是必然趋势。从国外实践来看,从上世纪60年代至今,美国、德国、英国、加拿大、日本等国家在教育评价方面都进行了深入研究和实践。美国提出“增值评价”(Value-Added Evaluation),德国提出“增值指数”(Value-Added Index),英国提出“学生发展指数”(Students Development Index)等,都在不同程度上反映了教育评价的价值取向和功能。而这些评价工具也为我国新一轮基础教育改革提供了有益的借鉴。在新时代教育评价改革背景下,我们需要在高中学校建立基于增值的评价体系。通过对高中学校不同类型学生进行比较,可以有效反映出学生的学业成就、发展潜力和优势劣势。高中学校基于增值评价体系,可以帮助教师客观了解不同学生的学业发展情况,通过制定差异化教学策略、实施针对性教学、关注学生的个性发展等,提高教学质量。

一、动态追踪学生的学业成就,注重发展性

根据学校实际情况,学校可以对学生的学业成就进行年度追踪,在年度追踪的基础上,根据学生在各年级阶段的表现,分别计算出每一个年级学生在每个学段的增值值,然后根据学生每个学段的增值值和学生的平均增值值,计算出各年级学生在每个学段的增值值。通过比较各年级学生在整个学年中的变化情况,可以动态追踪学生学业成就的增长情况。基于增值评价体系,高中学校可以对不同类型学生进行针对性教学,关注每个不同类型学生的个性化发展。此外,教师还可以根据增值评价体系中不同阶段学生增值值和各学段平均增值值来判断教师教学效果。基于增值性评价体系,高中学校可以了解教师对不同类型学生因材施教、因人而异、因材施策的情况。

第一,促进学生学习方式的转变。学业成就评价不仅是一种测量学生学业水平的工具,更是一种促进学生学习方式转变的手段。通过学习过程中的表现,教师可以了解不同学段学生之间的学业水平差异,帮助学生发现自己的优势学科、弱势学科,更好地扬长避短、因材施教。通过学习过程中的表现,学生可以了解自己在各个学段

中学习的优势学科、弱势学科，从而更有针对性地调整自己的学习计划，弥补自己在学习过程中的短板，进一步提高学习效率。基于增值性评价体系，高中学校可以根据不同学段学生在每个年级中的表现和成绩来判断学生的学业水平状况，进而及时调整教学计划和教学策略。

第二，明确各学段学生的学习重点。增值评价体系明确了学生在各个学段中的学习重点，将各学段学生的学习重点放在不同的学段和学科上，这样就可以针对不同学段学生的特点因材施教，提升学生在每个学习阶段中的学习效率。例如，高一新生刚刚步入高中校园，对高中生活还不熟悉，学习的难度也相对较小，在这个阶段教师应该引导学生进行通识教育。因此，高一新生可以多了解大学学科知识、多阅读专业相关书籍、多参加相关活动。在此基础上，高二、高三学生应该多阅读专业性较强的书籍和参加专业性较强的活动，从而进一步提高自己的专业素养。通过对不同学段学生进行分层教学，可以使每个层次的学生都有所提升。

第三，引导学生建立正确的学习方式。传统的学业成就评价更多是关注学生的考试成绩，关注学生的学习过程，忽视了学生在学习过程中所表现出的个性和差异。通过学业成就评价，高中学校可以引导学生认识到自己的优势学科和弱势学科，了解到自己在不同学段中所处的学习阶段，进而帮助学生建立起正确的学习方式。在高中学校开展教学时，教师可以引导学生认识到不同学科之间是存在差异的，对某个学科感兴趣并不代表对其他学科也感兴趣；对于学生在学习过程中出现的问题，教师也不能一味地指责、批评，而是要充分了解学生在学习过程中出现问题的原因，并帮助其寻找解决问题的办法。

第四，助力教师改进教学方式。在传统的评价中，教师主要关注学生的成绩，这种评价方式忽略了学生发展过程中的很多重要因素。因此，教师很难全面、准确地了解学生的成长情况。而增值评价体系将学生各学段的学业成就作为重要因素之一，为教师全面、准确地了解学生提供了重要参考。教师可以通过增值评价体系了解学生在不同学段中的发展情况，从而更加清晰地把握学生的学业成就变化情况，指导自己制定合适的教学计划，为改进自己的教学方法提供参考。

以江苏省前黄高级中学为例，该学校从高中三个年级中随机抽取了 200 名学生进行增值性评价。首先，学校在学生入学后进行了三次学业水平测试，时间分别为高一、高二、高三，然后根据学业水平测试成绩和期末考试成绩计算出学生在每一个学年中的增值值。然后学校通过统计教师在每一学年中对不同年级学生进行针对性教学后，分析每个年级不同学段学生增值值和平均增值值的变化情况。最后学校根据各年级不同学段学生增值值和平均增值值计算出各年级在整个学年中的增值值。通过比较各个年级在各个学段中的增值值和各学段平均增值值可以看出教师是否对不同类型学生进行了因材施教、因材施策，从而帮助教师改进教学方式。此外，通过比较学生在各学段中的平均增值值和不同阶段学生的平均增值值可以看出教师是否注重因材施教。通过比较各个学段中不同类型学生平均增值值和各个阶段学生的平均增值值可以看出教师是否根据每个不同类型学生制定了适宜他们发展的教学方案。

第五，为学生提供个性化发展路径。学生的发展是一个动态过程，对于同一类型的学生而言，在不同学段、不同学科上都有可能呈现出不同的发展状态。增值性评价体系作为一种教育质量监测工具，可以为学生提供个性化发展路径，帮助学生进行自我诊断与规划，并引导学生明确适合自己的学习路径。以生物学科为例，生物学科在高考中往往要求具有一定的数学、物理和化学知识，需要学生有较强的逻辑思维能力，并且在计算、推导和分析等方面具有较高的能力。这类学科一般都是对于逻辑思维能力、分析能力以及空间想象能力要求较高的学科。因此，在学习这类学科时，高中学校可以采取分层教学模式，根据不同类型学生的特点制定个性化教学方案。一方面，教师要让不同类型学生都能充分掌握课程内容；另一方面，教师要为不同类型学生提供针对性指导与辅导。

增值性评价体系可以为高中学校提供科学有效的教学方案。在教学方案制定中，教师可以根据不同类型学生的特点设计针对性学习任务和学习路径，让不同类型学生都能获得符合自身特点的发展路径。如果各阶段学生增值值和各学段平均增值值较高，说明教师在教学过程中关注到了不同类型学生的发展需求；如果各阶段学生增值值和各学段平均增值值较低，则说明教师在教学过程中没有满足不同类型学生的需求。

第六，推动学校特色发展。学校在建立增值性评价体系的过程中，需要在一定程度上形成自身特色。首先，要结合学校的发展情况和学生的发展特点，确立适合学校发展的增值评价指标体系。其次，要结合学校实际情况，采用适合学校特点的评价方法。最后，要立足于本校实际情况，建设科学合理的评价指标体系。一所学校要想实现特色发展，就必须根据自身特点，制定符合本校实际的增值评价指标体系。教师要根据本校学生的学业成就来制定适合本校学生特点的增值评价指标体系。同时，为了避免增值评价指标体系过于复杂，高中学校可以根据自身实际情况简化增值评价指标体系。

高中学校在建立增值性评价体系的过程中需要注意两个方面。一方面是要注重对教师教学效果的追踪和分析。教师要根据学生的发展情况来调整自己的教学方式，以达到更好地促进学生发展的目的。另一方面是要注重对学生发展情况的追踪和分析。高中学校在建立增值性评价体系时要充分考虑学生发展情况和教师教学效果。只有这样,才能真正发挥增值性评价体系对于高中教育教学和学校特色发展的促进作用。

二、显性表达学生的学习成果,注重多元化

在新时代教育评价改革背景下,教育评价不仅要关注学生学业成就,还要关注学生的综合素质与能力。过去,学生学习成果通常以分数的形式呈现,比如学校给学生建立成长档案,记录学生的学习过程和成绩情况。而这种方式忽略了学生学习成果的表现形式。在传统的教育评价体系中,通常以成绩为标准对学生进行评价,对学生的评价结果也以分数呈现,没有将学生学习成果显性化表达。所以,基于增值评价体系可以将学生在某一段时间内完成某项任务的结果用数据进行表达。比如,某高中学校在高一第一学期期末考试后,将高一各班共600名同学的学习成绩、活动成绩、学业成果、兴趣爱好等进行汇总并录入数据系统。在此基础上,我们可以根据不同班级、不同年级的实际情况对数据进行分析。比如,对于班级和年级之间差距较大的班级或年级,教师可以根据学校实际情况制定相应的改进策略,促进班级或年级间的均衡发展。

另外,我们也可以采用电子档案袋技术(Electronic Portal Technology)对数据进行分析和处理。通过对数据进行挖掘和分析,可以获取更多有价值的信息。比如,在高中学校进行基于增值评价体系的应用时,我们可以根据学生不同类型的学习成果采用不同的评价方式。

对学生学业成就进行评价,比如,对于学生在某一阶段所取得的成绩,我们可以将学生在该阶段的成绩按照一定的标准进行换算。比如,对于学生在某一学期所取得的成绩,我们可以将其换算成每科平均分等。如果学生在某一阶段内取得了一定的进步,我们也可以将其换算成进步率等。对学生学业成就的评价不仅要以发展的眼光看待学生的学业成就,还要注重其多样化。对学生学业成就进行评价时,不仅要注重对学生学业成果的评价,还应注重对学生学习过程、学习态度和学习方法等方面的评价,关注学生的学习过程和学习态度、方法等,关注学生在不同阶段、不同学科、不同知识领域内的学业成就表现。比如,对于在某一阶段内取得了一定的进步的学生,我们不仅要关注其在这一阶段内所取得的进步,还应关注其在该阶段内所获得的知识,关注其在该阶段内所学到的技能等。总之,对学生学业成就进行评价时,我们不仅要关注学生在某一阶段内所取得的成绩,还应关注学生在该阶段内所取得的进步。只有这样,才能更好地促进学生积极学习、主动学习,使学生的学习更具成效。对学业成就的评价不仅要重视静态性的结果,还应注重发展性。因为,学生在某一阶段内所取得的学习成果与其未来发展息息相关。因此,我们应该将发展性作为对学

生进行学业成就评价时的重点。基于此，我们在对学生进行学业成就评价时应该注重将发展性作为评价重点，这样才能保证评价结果的准确性，同时也能够为未来学生发展提供参考依据。

以往，对学生的综合素质评价主要以学生的考试成绩为主要依据，这种评价方式忽视了对学生的其他方面进行评价。在新时代教育评价改革背景下，我们可以通过增值评价体系对学生进行综合素质评价，它不仅包括学生的考试成绩，还包括学生的课外活动、社会实践等。比如，某高中学校在高一第一学期期末考试后，通过对学生的考试成绩、兴趣爱好、社会实践等方面进行数据分析后，可以获得对学生综合素质的评价结果。首先，对不同班级或年级进行比较，发现班级或年级间存在差异；其次，对不同班级或年级间的差异进行比较，发现学校各个年级之间存在差异；最后，对不同班级或年级之间的差异进行比较，发现学校各班级之间存在差异。在此基础上我们可以制定相应的改进策略以促进学生全面发展。为此，该学校提出了“一班一策”改进策略，促进了高一各班之间的均衡发展。

在对学生进行增值评价时，我们可以通过建立学生发展趋势预测模型，对学生的未来发展进行预测，以帮助教师和家长更好地了解学生的发展情况，有针对性地进行指导和帮助。比如，某高中学校利用学生学业增值评价体系对高一第一学期期末考试后的数据进行分析，发现学生在学习上的优势是理科方面，但是劣势是文科方面；而优势和劣势都与数学密切相关。那么，该高中学校可以根据这一结果指导教师有针对性地进行学科教学和调整。在对学生未来发展趋势进行预测时，我们还可以采用机器学习(Machine Learning)的方法对数据进行分析。于是学校指导教师可以针对该男生的优势科目进行重点辅导。这样不仅可以帮助教师了解学生的未来发展情况，还能让学生更好地发展。

三、合理优化学生的学习过程，注重驱动性

在增值评价体系中，学习过程是被关注的重点，也是教育评价改革的核心要素。在传统教育中，学生学习的主要方式是模仿教师的讲解和传授。而增值评价体系更强调学生对学习内容的理解，更重视学生在学习过程中的自我驱动力。教师要不断激发学生的学习兴趣和潜能，引导学生主动参与到课程中去，让学生在学习过程中发现问题、提出问题、分析问题、解决问题，让学生真正成为学习的主人，在积极参与中主动发展。在教学过程中，教师应改变传统的“灌输式”教学模式，创新课堂教学方式，引导学生积极主动参与到课堂学习中来。如，在高中英语课堂上，教师可以利用小组合作学习的方式，让学生分组讨论问题、解决问题、分享收获，在团队合作中提升综合素养。

在“双减”政策实施后，教师要积极转变观念，从学生的“知识学习”走向“能力发展”。教师要引导学生主动参与到课堂学习中来，将课堂还给学生。如，在高中物理教学中，教师可以通过开展探究实验、学生分组实验、课前演示实验、动手操作等活动方式引导学生自主学习新知识、掌握新技能。教师还要将课堂还给学生，让学生在合作探究中创新知识、提升技能，形成自己的独立思考和判断能力，为未来学习打下坚实的基础。例如，在学习《遗传与进化》时，教师可以利用实验课，让学生通过自主观察、自主记录、自主设计、自主探究等方式探究生物进化的规律。通过这样的活动，学生不仅可以在教师的引导下不断了解生物进化的规律，而且能够培养学生的观察能力、动手能力和创新思维。此外，在“双减”政策背景下，教师还可以利用信息化手段，通过网络直播课堂的方式让学生参与到教学活动中来，从而有效解决学生“缺课”现象。

第六章

普通高中教育技术的支撑

第一节　典型适切的教育技术

第二节　技术融合的精准教学

第三节　服务教学的智慧管理

随着科技的迅猛发展，教育领域正经历着前所未有的变革。典型适切的教育技术不仅丰富了教学手段，也为学生提供了更多元化、个性化的学习体验。如何有效利用技术工具，实现教学内容的精准传达和个性化教学，是教育工作者需要面对的重要课题。教学管理是保障教学质量、提高教育效率的重要环节。智慧管理系统的应用，使得教学管理更加科学化、智能化，能够更好地服务于教学工作。

第一节 典型适切的教育技术

“三新”背景下，普通高中教育应致力于培养具备“知识、能力和素质”的全面发展的人才，教育技术要能支持学生的个性化学习，体现教育适切性。在教学实践中，我们要充分利用数字化技术，对教学进行全方位的变革；在日常管理中，要注重利用信息化手段，为学生提供更加便捷的服务。通过对高中教育技术应用进行变革、创新、发展的实践探索，促进学生个性化学习和全面发展。

近年来，随着新一轮科技革命和产业变革的加速演进，教育信息化发展迅速。党的十八大以来，我国教育信息化进入全面深化、转型发展的新阶段，教育信息化整体水平取得了较大发展，有效支撑了各级各类教育教学和管理服务活动，促进了学生全面而有个性的发展。高中教育是国民教育体系中承上启下的重要阶段。在高考选拔机制下，高中阶段的学习是整个人生中最关键的时期，其所培养出来的人才是国家未来发展所需要的高素质人才。在高中阶段学习好科学文化知识、掌握必要的科学文化基础知识和基本技能，以及具有良好思想品德、心理素质和正确价值取向等，不仅关系到学生个人发展，而且关系到国家民族未来。

适切是一个汉语词汇，意思是适当而切当、适当而恰当。笔者认为这里的适切更多地强调了教育技术对学生个性化学习所起到的重要作用。高中教育应根据学生不同类型、不同层次学习需求特点和需求层次，通过教育技术手段和教学模式进行优化设计，做到因材施教、因需施教。通过对学生进行全面素质教育和个性化学习支持服务，为其健康成长和全面发展提供支持与服务。

适切也是一个心理学概念。适切是指当你不喜欢做某件事时你会感觉不舒服的程度，如果这种不舒服的程度超过了你所能承受的范围则会让人产生不适感，而如果这种不适感超过了一定范围则会让人产生恐惧感或厌恶感。适切作为一种心理现象在心理学中有多种不同解释，如基于神经质理论、社会建构理论、人格理论等观点。适切作为一种心理现象与人们日常生活中的行为习惯和思维习惯有密切联系，它主要强调教育技术支持下学生的个性化学习与发展问题。适切也是一种实践活动，是教育技术与课堂教学深度融合在现实生活应用过程中产生的一种良性循环和实践发展过程。从适切作为一种心理现象入手分析高中教育技术应用现状及其特点、问题和原因，对高中教育技术应用进行变革、创新和发展具有重要意义。

一、智能学习空间的沉浸式技术

沉浸式技术是指在体验或游戏中，人们进入虚拟世界、现实世界或其他地方所使用的技术。沉浸式技术有助于在体验或游戏中学习，能够为学生提供一种全新的学习方式。智能学习空间的沉浸式技术具有以下特点：第一，沉浸式技术能将学习内容和教学过程“虚拟化”，从而形成真实与虚拟相融合的学习环境，实现知识的可视化和可视化教学。第二，沉浸式技术能提供一个独特的学习情境，使学习者对学习过程有一个深入的体验，从而有助于促进学习者进行深度思考和探究。第三，沉浸式技术能够通过增强学生学习体验，提高学生自主学习能力和创新能力。第四，它是一种以学习者为中心、以活动为中心的体验式学习方式。第五，沉浸式技术有助于培养学生对新事物、新知识的好奇心和求知欲，激发学生主动探索和发现问题的兴趣，并促使学生自主创新。沉浸式技术包括但不限于 VR（虚拟现实）、AR（增强现实）、MR（混合现实）等技术。

（一）AR（增强现实）技术

增强现实技术是一种基于现实世界信息，利用计算机生成一种与真实世界对应的虚拟影像，并将其应用于真实世界，从而实现虚拟与现实相融合的技术。增强现实技术将计算机生成的虚拟信息添加到真实环境中，从而使虚拟信息与真实世界同步。增强现实技术不依赖于特定的硬件设备，是一种使用计算机生成的模拟和仿真环境来模拟和增强人类感官体验的技术。增强现实技术将计算机生成的数字图像信息叠加到真实场景中，实现了“所见即所得”，大大提高了用户的沉浸感。增强现实技术与人工智能、3D（三维）打印等技术结合，可以应用于数字展示、工业设计、医疗辅助、旅游导览、产品演示等多个领域。

AR 教育是通过 AR 技术将知识和信息转化为生动有趣、可视化的 3D 模型或虚拟事件，从而使学习者获得更生动真实的体验。AR 教育作为一种教育科技，有以下几个特点：第一，AR 教育是一种“教与学”的协同学习模式。通过“教与学”之间的协同，促进学生主动学习。第二，AR 教育具有沉浸感和交互性。学习者可以通过交互操作和观察动画来发现问题。第三，AR 教育能够促进学习过程的个性化。学生可以根据自己的兴趣和需要定制自己的学习方案。第四，AR 教育具有较强的创新性和趣味性。它可以突破传统教育模式中对知识和信息进行单向灌输、简单呈现等局限，能够激发学生学习兴趣和学习主动性，使学生成为主动学习者和探究者。

增强现实技术应用于教育领域主要包括两种途径：一是基于增强现实技术的场景式教学；二是基于增强现实技术的体验式教学。利用增强现实技术进行场景式教学主要体现在两个方面：一是通过增强现实技术进行模拟实验教学；二是利用增强现实技术进行数字展示教学。在“三新”背景下，增强现实教育以其沉浸性、交互性、创造性等特点成为学习方式变革的重要方向之一。我们要深入研究基于 AR 的沉浸式技术与学习活动相融合的有效路径和方法，加强对虚拟学习资源开发与利用。通过开发相关资源和课程，为学生提供沉浸式学习活动；通过营造沉浸式学习环境，为学生提供沉浸式学习体验；通过丰富 AR 学习资源和内容，为学生提供沉浸式学习资源；通过加强应用开发与应用实践，为学生提供沉浸式学习活动。

（二）VR（虚拟现实）技术

VR 是一种创建和体验虚拟世界的计算机仿真系统。它使用计算机生成一种模拟环境，使用户沉浸到该环境中。利用计算机图形学、数字处理和传感器等技术，让用户进入一个逼真的三维虚拟世界。该技术已广泛应用于游戏、娱乐、教育等领域。VR 技术的主要特点有：第一，逼真的三维立体视觉体验。VR 可以为学生带来三维立体视觉的新奇感受，从而激发学生学习兴趣。第二，沉浸感强。VR 技术可以让用户融入到虚拟场景中，用户能够感受到身临其境的感觉，如在 VR 眼镜中观看 3D 电影或玩 3D 游戏，从而增强学生学习的沉浸感。第三，内容丰富且具有互动性。VR 技术可以提供多种交互方式，如输入、手势、触摸和动作等，从而使用户能够与虚拟场景进行交互，使学习内容更加生动、形象。

（三）MR（混合现实）技术

混合现实是指将虚拟世界与现实世界相融合，将虚拟世界的元素与现实世界的元素有机地结合在一起，呈现出“虚实交融”的沉浸式虚拟环境。混合现实是一种多维交互式技术，它将三维虚拟环境与真实场景相结合，实现了真实场景与虚拟场景的融合。在混合现实环境中，人们可以通过头戴式显示器或便携式显示器显示现实环境中的各种物体。混合现实技术已经在工业生产、建筑施工、医疗保健、科学研究等领域得到了广泛应用，特别是在工业生产领域，它极大地提高了生产效率，降低了生产成本。在智能学习空间中，混合现实技术也得到了广泛应用。例如：在智能学习空间中使用 MR 技术可以提供 3D 模型的操作教学；使用混合现实技术可以进行 VR 虚拟交互、AR 增强交互等教学；利用混合现实技术还可以进行工程实训、医疗培训等教学活动。

MR 技术主要应用于以下四个领域：第一，工程实训，可以将计算机中的三维模型、动画等数据导入MR头戴式显示器中，学生可以通过鼠标、键盘等进行操作，从而实现虚拟空间与真实场景的融合；第二，科学研究，MR技术可以将教学内容与科学实验相结合，通过MR设备可以实现虚拟实验环境的构建，进而进行实验操作；第三，医疗培训，在MR头戴式显示器中可嵌入医疗模型、患者的三维模型等，从而使受训者更加直观地了解疾病；第四，艺术展示，在MR头戴式显示器中可以嵌入艺术作品、绘画作品等进行展示。在未来的发展中，混合现实技术将会应用于更多领域，为教育教学带来新的发展机遇。

MR技术适切于学科教学。在高中课程中，一些重要的物理、化学实验，如气体爆炸、液体爆炸等实验都需要学生亲自动手操作，但传统实验教学存在操作不方便、危险性大、容易失败等问题，而混合现实技术恰好可以解决这些问题。例如：在高中化学教学中，由于缺乏大量的实验材料和安全意识，许多学生在进行化学实验时会因为各种原因而造成危险。在教学中利用混合现实技术可以进行实验室安全教育，使学生意识到在实验室中的各种危险。在高中物理教学中，由于很多物理规律难以理解和记忆，许多学生在学习物理时感到十分困难。通过混合现实技术可以创建一个三维模型，并通过混合现实技术呈现出来，从而使学生更加直观地理解物理规律。同时，通过混合现实技术还可以增强学生对物理规律的记忆效果。

（四）智能移动终端

智能移动终端是沉浸式技术的载体，其具备可穿戴、便携、移动性和智能化等特点，可以随时随地帮助学生开展学习活动。智能移动终端一般包括移动应用程序、移动互联网设备和其他类型的可穿戴设备。在智能移动终端中，学生可以将智能手机等可穿戴设备与智能学习空间相结合，借助移动应用程序和智能手机实现随时随地开展学习活动。例如，在新课标背景下的物理教学中，教师可以借助智能移动终端开展“电学”的学习活动。首先，教师借助智能手机或平板电脑等移动应用程序下载“电学”教学资源，然后将资源发送给学生。其次，学生利用智能手机或平板电脑等移动应用程序学习“电学”相关内容，并在网络平台上进行交流和讨论。

（五）移动应用程序是沉浸式技术在智能移动终端上的载体

移动应用程序具有资源丰富、功能强大和交互性强等特点，可以帮助学生随时随地开展学习活动，并具有较好的应用效果。移动应用程序通常具有较强的交互性和个性化学习功能。在教学过程中，教师可以利用移动应用程序指导学生开展小组讨论、知识讲解、合作探究和自主学习等学习活动，并通过移动应用程序向学生推送知识点相关的学习资源，引导学生开展个性化的学习活动。同时，教师可以利用移动应用程序向学生推送实时性强的学习任务，帮助学生了解学科知识内容的发展脉络，帮助学生掌握学科知识在发展过程中所表现出来的特征和规律，为学生开展个性化学习活动提供指导。

（六）可穿戴设备

可穿戴设备是指佩戴在人体上，可以测量和显示人体生理数据的装置或设备。可穿戴设备包括智能手表、智能手环、智能眼镜、智能衣服等。可穿戴设备在设计时要考虑到其易用性，并要满足学生的个性化需求。在设计时，可穿戴设备应该具有方便的数据记录和分析功能，以实现对学生身体机能的全面监测。可穿戴设备能够对学生进行实时跟踪，及时向学生发送反馈信息。可穿戴设备还可以在一定程度上促进学生的合作学习和探究学习。在合作学习中，学生可以通过可穿戴设备记录自己的学习过程，并通过与其他同学分享自己的学习情况来促进交流和合作。在探究学习中，学生可以利用可穿戴设备实时记录自己的实验操作过程和结果。

（七）虚拟机器人

虚拟机器人是指通过计算机图形学和虚拟现实技术，创造一个具有各种功能的机器人，并通过人机交互来实现人类所能实现的各种功能。目前，虚拟机器人已经在医疗、工业制造、教育等领域得到了广泛的应用。虚拟机器人不仅可以提供现实中机器人的功能，而且可以提供一些在现实中不能实现的功能，从而更好地满足用户需求。虚拟机器人对促进教育教学改革和创新具有重要意义，能够使学生在玩中学习、在实践中学习，提高学生的创新意识和能力。比如，在教学过程中，教师可以让学生通过虚拟机器人来进行实验操作；在实验教学过程中，教师可以通过虚拟机器人来对学生进行指导；在实习操作过程中，教师可以通过虚拟机器人来观察学生的操作情况；在实验报告分析过程中，教师可以通过虚拟机器人来对学生的实验报告进行分析等。

（八）智慧教室

智慧教室是指具有智能化感知、计算、分析和决策等功能，并且在网络支持下能够提供智能化、个性化学习服务的教室。智慧教室具有以下特点：第一，智能化感知。智慧教室能够感知教师、学生和教室的环境变化，从而实现对教室环境的实时监测，以及对教学资源的智能采集，为教师提供相应的教学资源与服务。第二，计算与分析。智慧教室能够利用先进的计算技术对教学数据进行分析，并将分析结果反馈给教师和学生，从而实现对教学过程和教学结果的动态监控和精准分析。第三，个性化学习。智慧教室能够通过多种方式为学生提供个性化学习支持服务，使学生在课堂上能够获得更好的学习体验。第四，开放与协作。智慧教室能够充分利用各种教学资源，促进教师之间、教师与学生之间、学生与学生之间的交流与合作。此外，智慧教室还能为其他学习者提供分享学习资源和经验的平台。

智慧教室的主要功能有：一是感知与采集。智慧教室能够实时监测教室内的环境，并通过智能终端设备对环境中的温湿度、光线强度等参数进行实时监测，以便为教师提供教学所需的环境参数。二是分析与服务。智慧教室能够对教学数据进行智能采集，并将分析结果反馈给教师和学生，以便教师和学生能够更好地进行自我分析和改进，从而提升课堂教学质量。三是交互与协作。四是研究与发现。

智慧教室的建设需要利用先进的计算技术、物联网技术、大数据技术等，实现教室内各种设备和设施的智能化管理与服务。为了实现智慧教室的建设，需要以下几方面的技术需求：一是支持智能感知。为了实现对教室环境和教学资源的实时监测与智能采集，需要利用传感器、摄像头、温湿度传感器等设备来实时采集教学环境和教学资源，并通过物联网技术将这些信息传输到后台，供数据中心进行分析与处理。二是支持数据传输。为了实现对教师、学生和教学资源等多个维度的智能感知，需要将传感器、摄像头等设备与后台进行连接，并将这些设备采集到的数据传输到数据中心进行处理。三是支持信息共享。为了实现对教室内各种设备和设施的智能管理与服务，需要利用物联网技术将教室内各种设备和设施的运行状态实时传输到数据中心进行处理，并通过无线网络将这些设备和设施中存储的信息共享给教师和学生。四是支持应用服务。为了实现对各种教学资源和教学服务的智能感知与分析，需要利用云技术提供相应的应用服务。

（九）智慧学习空间

智慧学习空间是指为适应未来社会发展，并利用智能技术支持的、能够支持个性化学习、混合式学习和跨学科学习的一种新型学习环境。第一，智慧学习空间能够实现从“以教为中心”到“以学为中心”的转变，通过智能化的技术手段实现对学生的个性化、精准化、定制化的学习指导。第二，智慧学习空间能够实现从“单一”到“综合”的转变，通过融合多种技术手段，将学科知识、生活经验、科学实验、艺术创作等多个要素整合起来，形成具有高度关联性的知识体系和智慧网络，从而促进学生综合能力的发展。第三，智慧学习空间能够实现从“单中心”到“多中心”的转变，通过多种技术手段将不同学科、不同地域的优秀教育资源整合起来，形成一个相互补充、相互促进、开放共享的智慧教育平台。

通过多种技术手段将学习资源与教学活动有机结合起来，实现对学生进行个性化指导和定制化服务。通过多种技术手段将教师与学生、学生与资源以及资源与资源之间相互连接起来，从而促进师生之间互动和交流。

二、持续跟踪反馈的诊断式技术

诊断式技术是指教育技术应能及时、准确、连续地对学生的学习情况进行诊断和监测，并能根据诊断结果为学生提供针对性的学习指导。教学诊断可以有效提高教学质量，提高学生学习兴趣，提升课堂教学效率。在日常教学中，可以通过“数据分析”和“统计报表”等方式，及时、准确地对学生的学习情况进行诊断。通过对学生的考试成绩、作业完成情况等数据的统计分析，可以发现学生在学习中存在的问题和不足，从而及时对教学进行调整和优化。

“数据分析”技术主要包括以下几个方面：一是利用数据分析技术对学生学习情况进行跟踪监测；二是利用数据分析技术对教学方案进行优化；三是利用数据分析技术对学生学习效果进行监测。

（一）在线测试诊断系统

在线测试诊断系统主要是指基于现代教育技术，由系统平台、试题库、师生互动系统和管理平台四部分组成，通过测试和诊断对学生的学习情况进行分析，从而为教师的教学提供帮助。在线测试诊断系统主要包括两个模块：一是试题库模块，即基于互联网技术，将各类考试试题按照考试标准进行分类、整合和设计；二是师生互动模块，即通过数据采集、信息分析和自动生成试卷等功能，实现对学生学习情况的数据采集、数据分析和试卷生成等功能。通过对学生学习情况的数据采集和分析，教师可以了解到学生的学习状况、薄弱环节以及存在的问题。同时，教师也可以根据教学过程中收集到的数据对学生进行针对性指导。比如，通过对学生错题的整理和分析，教师可以了解到学生的薄弱知识点和问题所在；通过对试卷答案的解析，教师可以了解到学生是否存在知识盲点；通过对学生答题情况的分析，教师可以了解到学生知识体系构建是否完整。

此外，在线测试诊断系统还应支持学生作业完成情况监测、试题质量监测等功能。在日常教学过程中，教师可以利用该系统监测学生作业完成情况和试题质量。在此基础上，教师还可以根据测试结果为学生提供针对性的学习指导和个性化辅导。

（二）移动终端学习环境

移动终端学习环境是指具有智能终端的学习环境，其目的是为学生提供更好的学习条件。它主要包括以下几个方面：一是为学生提供充足的学习资源，如教材、网络课程等，方便学生自主学习；二是提供适合学生使用的个性化学习平台，如在线测试、作业提交、考试等功能；三是为学生提供良好的沟通环境，如师生互动、生生互动等。目前，智能终端设备和移动互联网已成为信息时代的重要标志，在教育领域应用越来越广泛。移动终端设备以其独特的优势成为课堂教学中学生最主要的信息来源，为教师提供了更加丰富的教学资源。

利用智能终端设备开展教学，可以突破时间和空间的限制，满足学生随时随地自主学习的需求，为学生提供更加灵活、方便的学习环境。在“三新”背景下，普通高中应该充分利用移动终端设备开展教学活动，在提高教育教学质量上下功夫。普通高中可以通过移动终端设备，为学生提供优质学习资源；通过移动终端设备为学生提供个性化学习支持服务；通过移动终端设备为学生提供丰富多彩的教学活动。总之，利用智能终端设备开展教育活动需要教师进行精心设计和实施。

三、学习推送整合的定制式技术

以学校为平台，将不同学科、不同学习活动的内容、进度以及学生的学习效果等进行整合，根据不同学科的特点和教学任务，构建以学生为中心的个性化推送服务系统。在此基础上，将国家课程和地方课程资源、校本课程资源等内容进行整合，形成内容丰富、形式多样的学习资源库。学生通过在线选择自己感兴趣的学习资源，进行自主学习。通过自动记录和跟踪学生学习进度，开展数据分析，为教师进行教学设计提供依据。同时，根据学生的学习表现、学习能力和学习兴趣，对学生进行个性化的精准推送，帮助学生进行有效的学习，并持续跟踪其学习效果。

利用在线教育平台为学生提供更丰富的选择，帮助他们找到适合自己的课程、资源和教学模式，并能够通过自主选择、合作探究等多种方式进行有效学习，培养学生自主学习能力、合作交流能力、实践创新能力以及探究创新意识等。

例如，在教学中，通过建立“基于数字孪生的智慧校园平台”，实现对学校环境、设备资源、资产资源的实时监测和分析，掌握师生的工作生活状态，及时发现和解决问题，保障安全，促进教学。利用学校综合管理平台，实现对各部门工作的跟踪和管理，及时发现问题，避免出现不必要的麻烦和损失。建立教育管理平台，实现对师生的精准化管理，促进教学工作的开展；利用“智慧教室”平台，实现对教学设备、教学资源、教师学生考勤、学生行为习惯等情况的实时监测，促进师生教学效果的提升；建立“智能教室”平台，实现对教室内学生状态的实时监测和分析，促进教师教学方式方法的改进；建立“智能宿舍”平台，实现对宿舍内学生睡眠、起床、洗漱等情况的实时监测和分析，促进宿舍管理水平的提高。通过这些技术手段提高教育教学质量和管理水平。教育技术的应用，让普通高中学校教学变得更轻松，教师可以摆脱繁重的教学任务，全身心地投入到教学研究中，提高专业水平；学校管理变得更智慧，为教育教学提供更加科学、精细、智能的服务。

为了应对“三新”背景下普通高中教育发展的新挑战，实现普通高中教育优质均衡发展，在国家和地方政府的领导下，由相关机构、专家和学者组成项目团队，遵循“知识、能力、素质”三维目标要求，以研究为基础，以实践为导向，以问题为驱动，以技术为支撑，开展普通高中教育领域技术应用的变革与创新。

案例

信息技术背景下高三地理复习课新姿态

江苏省横林高级中学

摘　要：信息技术可以分为常规信息技术和地理信息技术。这些技术可以在课程资源多样化、教学难点可视化、教学评价多样化三方面助力高三地理复习工作开展。

1. 背景

在地理教学中可以依托的信息技术有常规信息技术和地理信息技术。常规信息技术包括数据处理软件平台（如问卷星）、在线互动软件平台（如腾讯会议）、视频拍摄剪辑软件平台（如剪映）等，使用面广。地理信息技术相比常规信息技术而言地理特色更加鲜明，如 ArcGIS（地理信息软作）、Earth NullSchool（全球天气可视化模拟网）、百度地图图层功能等。无论常规信息技术还是地理信息技术，都能促进高三地理复习。经过两年高三地理任教实践发现，信息技术主要从课程资源多样化、教学难点可视化、教学评价多样化三方面助力高三地理复习开展。

2. 课程资源多样化

无论是常规信息技术还是地理信息技术，都能够在高三地理复习中发挥作用，现以常规信息技术中的地理公众号与地理课程资源库建设加以说明。

案例　省横中地理组公众号与地理课程资源库建设

基于微信平台，在教研组长朱海洲老师带领下，省横中地理组开发了“省横中地理组”微信公众号（图 6-1）以及“中学地理资源库”（图 6-2），将其作为传统的 QQ 群文件资源库的有益补充。

图 6-1

图 6-2

省横中地理组微信公众号有转载他人的文章，更多的是地理教师自主整理相关地理课程资源，如《世界地理之最》等，目前已经有 60 篇原创内容。相比传统的地理课程资源，微信公众号能够更好地将课程资源服务于学生，学生能够通过阅读微信公众号文章直接学习。公众号资源库建设还能发挥学生力量锻炼学生能力：高三寒暑假的时间请部分高三同学根据已有的地理知识储备创作相关内容，并发表在微信公众号上。不同于 QQ 群的部分文件只能以临时文件的形式保存，基于微信平台的公众号与地理资源库存放的课程资源都有一个特点：时效性长，且无论师生都获取简单。地理资源库不但能够存放文档资料，更能够在线播放上传的地理教学相关视频。在助力高三地理复习中，起到了很大的作用。

3. 教学难点可视化

无论是人文地理还是自然地理的难点，都可以通过地理信息技术可视化的手段，突破相关难点。地理信息技术在可视化自然地理难点中作用更加突出。

案例　ArcGIS 软件重绘等高线

等高线相关内容是自然地理教学的重难点知识，很多同学空间想象能力较差，无法很好地理解相关试题，因此可以使用 ArcGIS 软件基于地理信息技术将试题原平面的等高线图（图 6-3）重新绘制为立体的等高线地形图（图 6-4）。

除了等高线地形图重绘外，ArcGIS 多样化的图层叠加功能在可视化其他自然地理难点知识时，同样可以发挥作用。

4. 教学评价多样化

信息技术在地理教学评价中的运用，既有基于问卷星、万能达、极课大数据等平

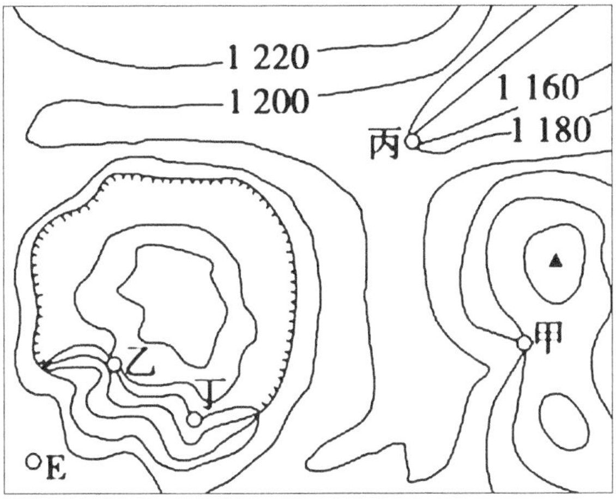

图 6-3

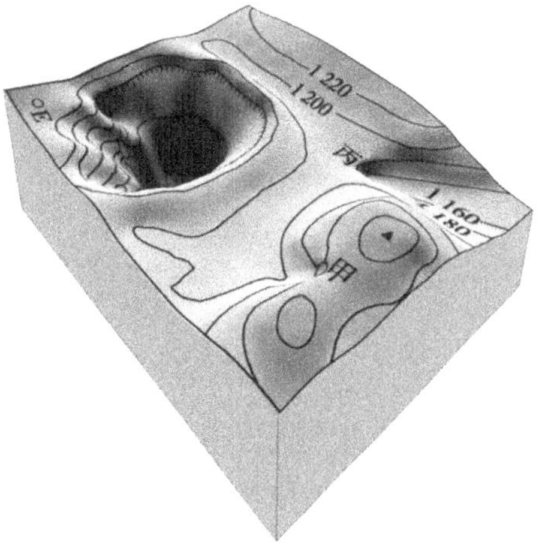

图 6-4

台和软件对学生的成绩进行收集和处理的常规信息技术，这些手段在其他学科同样适用，又可以基于信息技术组织具有地理特色的活动并进行评价。

案例　新冠疫情居家期间地理微考察活动

疫情居家学习期间，组织同学进行“窗外的风景——地理短视频大赛”：请高三学生运用短视频软件，在不违背防疫政策的前提下拍摄家庭住址附件的风景，并运用地理视角配以分析说明，同时通过腾迅会议进行在线交流与分享。不同于传统的有标准答案的打分作业，该项地理个性化作业没有固定答案，由学生之间进行评价，可以充分发挥学生们学习的自主性。拍摄地理短视频活动得到学生们的积极响应，既锻炼了学生分析实际生活中地理问题的能力，更在新冠疫情期间舒缓了学生学习的紧张情绪，部分优秀视频作品更是被学校微信公众号选用。

5. 成效与讨论

通过信息技术与高三地理复习的融合，在课程资源多样化、教学难点可视化、教学评价多样化三方面取得显著成效。但也有一些问题值得思考：

第一，在高三地理复习课中，往往是使用单个信息技术，如何实现多种信息技术在高三地理复习课中的有机融合？

第二，在传统的新授课教学中，信息技术往往使用的情境比较多，但是高三地理复习课，信息技术往往很少亮相。如何在高三地理复习课中开发更多可以使用信息技术的情境，让信息技术更好地助力我们的教学？这些问题值得在未来的教学中进一步实践与思考。

第二节　技术融合的精准教学

党的十九大报告指出:“中国特色社会主义进入新时代,我国社会主要矛盾已经转化为人民日益增长的美好生活需要和不平衡不充分的发展之间的矛盾。”面对时代需求,教育作为社会发展的重要组成部分,应积极适应时代变化,对人才培养模式、教学方式等进行创新与变革。随着“三新”背景下技术融合的高中精准教学研究的不断深入,如何推进高中教育实现创新发展已经成为教育信息化研究与实践面临的重要问题。

“三新”背景下,传统教学模式已无法满足社会需求,需要在教育实践中积极探索符合时代发展、满足学生需求的教学模式。因此,“三新”背景下技术融合的高中精准教学是以培养学生核心素养为目标,以现代信息技术为支撑,以促进学生全面发展为核心理念,运用科学、有效的教学策略与方法,对教育教学活动进行全过程、全要素、全方位的精准设计和调控,从而促进学生核心素养发展的一种教学模式。

“三新”背景下技术融合的高中精准教学具有以下特征:精准识别学生个性特点和学习需求;精准设置教学目标;精准选择教学内容;精准提供学习资源;精准开展个性化指导。传统教学模式下,学生的学习需求和学习特点是不明确的,教师通常是根据学生的学习成绩、学习能力等进行简单的评价,没有针对学生的个性特点、需求等进行精准评价,这导致教师很难对学生的学习情况进行全面了解,无法进行个性化教学。而在“三新”背景下,技术融合的高中精准教学可以通过大数据分析技术对学生进行全面地、深层次地分析,包括对学生基础知识、基本技能、基本方法和基本活动经验等多方面的测评。在此基础上,通过大数据分析技术对学生个性特点和学习需求进行精准识别,能够精准分析出不同学生的学习需求和特点。这有利于教师对学生的学习情况进行精准评价,有利于教师根据不同学生的学习需求制定出有针对性的教学策略和教学方案,从而为开展个性化教学奠定基础。同时,通过个性化评价和有针对性的教学策略与方案的实施,能有效提高高中课堂教学效率。

在“三新”背景下,学习的内容和形式发生了变化,同时学生的个体差异也越来越明显,这就要求教师必须有针对性地设置个性化的教学目标。以往的教学目标往往是笼统的、概括性的,不能将教学内容与学生的学习情况紧密联系在一起。以化学教学为例,传统教学目标往往只是一个宏观的、抽象的框架性目标,教师很难精准把握学生对化学知识和技能的掌握情况。例如,在化学学习过程中,教师通常会采用“你知道吗?”“你能不能用一个方程式来表示一个化学物质及其变化”等形式来引导学生认识化学知识。然而,这种方式不能精准把握学生对知识的掌握情况,同时也无法精准把握学生学习能力水平。因此,在“三新”背景下技术融合的高中精准教学中,教师应该根据学生不同年龄阶段、不同知识水平以及不同能力层次对学生进行分层教学,并根据学生学习能力水平设置个性化学习目标。在此基础上,教师还应该将教学目标转化为具体的学习任务和活动,并将其融入到教学过程中。例如,在化学教学过程中,教师可以根据不同层次学生所面临的问题和任务设置相应的学习任务和活动。通过这些具体任务和活动,可以在课堂上加强学生对知识的理解与掌握。此外,教师还可以根据学生情况设置不同难度水平的学习任务和活动,例如对于学习能力较弱或基础较差的学生设置难度较低、挑战性较低或容易完成的学习任务和活动。通过精准设置教学目标及任务、活动和情境等方式来实现个性化教学。

在“三新”背景下技术融合的高中精准教学中,教学内容选择应以促进学生全面发展为目标,既要满足学生现实发展需要,又要注重学生长远发展。在高中教育阶段,教学内容的选择应以国家课程为基准,面向全体学生,使学生真正成为学习的主体。同时,教学内容的选择还要结合学校、学科和学生实际情况进行。“三新”背景下技术融合的高中精准教学首先应在把握国家课程标准、了解学科内容的基础上,从培养学生核心素养角度出发,从有利于激发学生学习兴趣、有利于促进学生全面发展出发,对教学内容进行优化组合。其次,教师在教学中要关注不同层次学生的发展需求,根据不同层次学生的不同特点及差异化需求,精选教学内容,并通过先进的信息技术手段将课程内容精准呈现出来,使不同层次、不同需求的学生都能够找到适合自己的学习资源。

一、建立精准的学生发展档案

当前,教育信息化的快速发展,已经使得教育管理部门、学校、教师、学生及家长对学生的发展有了更加全面的认识。为了实现教育精准,需要在当前基础上进一步深化信息技术与教育教学融合应用,建立完善的学生发展档案。

首先,需要充分利用现有的数据采集和分析技术,如大数据、人工智能、云计算等,建立完善的学生发展档案。其次,将学生发展档案与课程教学资源相结合,使其成为支撑学校开展精准教学的重要依据。最后,以学生发展档案为依据,结合新高考改革要求和课程标准等内容,制订相应的教学策略,构建多层次、全方位的教学评价体系。通过信息技术手段对学生进行动态管理和持续追踪评价,为学校开展精准教学提供依据。

学生发展档案的内容是对学生学习经历、成长历程和社会实践等多方面内容的记录和分析，是一种典型的个人成长史记录。其中，学生发展档案包括个人基本信息、学业成就、综合素质等三个部分。学生基本信息包括姓名、性别、民族、出生日期等；学业成就包括在全国高中数学联赛中获奖情况，以及在高中学业水平考试中成绩；综合素质包括学生参加社会实践活动情况，在志愿者服务活动中获得的荣誉或奖励情况，以及参加高中学生干部选举的情况等。教师可以将上述信息通过网络平台以文字形式输入到学生发展档案中。学生发展档案内容还包括教师在日常教学活动中收集的大量有关学生学习和生活的材料，以及利用各种网络资源和平台等记录的其他相关信息。这些材料包括有价值的照片、视频、音频资料、书籍、报纸等。通过对这些材料进行有效分析，能够得出学生的学习风格特点和成长历程，进而帮助教师科学地开展教学工作，有效地促进学生的个性化发展。除此之外，教师还可以将这些材料与其他学生发展档案进行比较，分析其异同。

在对学生进行教育评价时，需要通过一定的方法和手段获取学生的基本信息，通过对学生学习过程中表现出来的相关数据进行收集，建立起完善的学生发展档案。具体而言，可以利用大数据、云计算、人工智能等信息技术手段获取学生的基本信息，对学生在不同学习阶段中表现出来的学习能力和成绩进行分析。同时，还可以利用数据挖掘技术，将不同学科知识与其他学科知识相结合，实现知识与能力之间的转化。为了获取学生的学习信息和数据信息，需要制订相应的方案。在具体实施过程中，需要对信息技术进行深入研究和学习。目前，在技术融合过程中，可以利用多种方式来获取数据。一方面，可以通过学校自主开发、引进以及合作开发等方式获取数据。另一方面，可以利用社交网络平台来获取数据。例如利用微信、微博等社交平台获取数据等。通过多种技术手段获取学生的基本信息和数据信息后，需要对其进行统一处理和分析。

学生发展档案数据库是一个以学生为中心的学生信息数据库，其内容主要包括以下几个方面：一是基本信息：包括学生姓名、性别、出生日期、民族、户籍所在地等，以及学生的家庭情况（包括父母姓名、职业、联系方式等）；二是个人信息：包括学生的兴趣爱好、性格特征、特长爱好等，以及学生参加过的社团活动和社会实践活动等；三是综合评价：包括日常表现、学业成绩、家庭背景和成长经历等。其中，日常表现主要是指学生在校期间的出勤情况，具体包括：出勤率是否达到要求；课堂上是否认真听讲，有无睡觉、玩手机等行为；课后是否主动参与集体活动；课间休息是否文明有序；是否积极参加体育锻炼等。学业成绩主要是指学生在某一阶段的成绩，包括：期末考试成绩和平时测试成绩等。家庭背景主要是指家长的职业、文化程度及与学生的关系等。

二、利用大数据进行学情分析

学情分析是开展精准教学的前提和基础。学情分析的对象是学生，即通过对学生学习的过程进行分析，掌握其在学习过程中的知识掌握情况、思维能力发展情况等，从而为学生的个性化学习提供依据。学情分析是因材施教、精准教学的前提和基础，如果学生不了解自己在知识体系中所处的位置、学习能力及思维习惯等，就无法实现精准教学。然而传统的学情分析方式存在以下问题：一是缺乏对学生个体差异的考虑，缺乏个性化的学情分析方式；二是缺乏对学生学习行为和学习效果进行分析，难以精准把握教学过程中学生学习情况变化趋势；三是无法动态跟踪教学效果，难以及时调整教学策略。

随着互联网、云计算等技术的发展和智能终端设备在教育领域中的广泛应用，大数据技术已被广泛应用于教育领域。通过对大数据进行处理和挖掘，能够有效地对学生学习过程中所产生的数据进行分析。

一方面能够及时了解学生学习情况，有助于教师因材施教；另一方面也能帮助教师及时调整教学策略，提升教学效果。同时大数据还能够为教师提供实时反馈与教学诊断功能，通过对数据信息进行综合分析，能有效帮助教师了解学生在学习过程中遇到的问题和困难，及时调整教学策略和教学方法。利用大数据技术对学生进行学情分析能够实现三方面效益：一是提供更加精准有效的学情信息；二是提升教师精准教学能力；三是优化学生学习效果。

利用大数据技术对学生学习过程中产生的数据进行采集、存储和挖掘分析，提供更加精准有效的学情信息。目前，数据采集、存储和挖掘技术已被广泛应用于教育领域。在数据采集方面，可以通过扫描二维码、网络爬虫、移动终端等方式收集学生作业、试卷、测验等学习过程中产生的相关数据。在数据存储方面，可以将这些数据存储于云服务器或者网盘中。在数据挖掘方面，可以使用数据挖掘工具对学生数据进行挖掘分析，得到有关学生学习行为和思维习惯等方面的信息。目前在教育领域中应用最多的是通过问卷调查等方式收集数据。通过对学生学习过程中所产生的各类数据进行分析和处理可以获得学生在各个知识点上所掌握情况、思维方式等方面的信息。

在对学生进行学习情况的分析时，主要分为两个方面，一是分析学生在学习过程中掌握的知识点数量；二是分析学生学习知识的深度和广度。在传统的学情分析中，主要通过对学生学习过程中所产生的作业、试卷、测验等进行统计来获取相关信息。这种方式主要存在以下不足：一是数据量大，获取的数据量过大，会造成分析结果过大；二是无法精准地了解学生在各个知识点上所掌握的情况；三是无法及时了解学生在不同知识点上所掌握程度，不能对学生进行有效地个性化教学。在大数据技术应用于学情分析后，可以通过对学生学习过程中所产生的各类数据进行采集、存储和挖掘来获取学生在各个知识点上所掌握情况，从而为开展精准教学提供依据。

在传统学情分析中，其数据采集的方式主要是通过教师或学生在教学过程中所产生的各类数据，如教师在教学过程中所产生的作业、试卷、测验等，并通过这些数据对学生学习情况进行分析。在大数据技术的支持下，可以通过对各类数据的收集来获取学生在学习过程中所掌握的情况，如通过对学生作业、测验等数据的收集，可以准确地了解学生学习过程中的知识点数量和学习深度，从而为开展精准教学提供依据。同时，通过对学生各类数据的收集还可以了解到学生在各个知识点上所掌握情况。

在对学生的学习情况进行分析时，所收集到的各类数据需要存储到特定的平台中。为了确保数据的安全性，需要使用专门的数据存储工具对数据进行收集、整理、保存、加工。例如，在对学生的学习情况进行分析时，需要对学生的每一次作业、考试等相关信息进行收集，并将其存储到数据库中。在建立数据库时，可以使用专门的存储工具来进行信息的收集和整理工作，例如 Hadoop（分布式系统基础架构）系统中就具有多种数据存储工具。此外，还可以使用专门的软件来将收集到的各类数据进行处理和加工。例如，可以使用 Storm（分布式实时大数据处理架构）系统中的 Hadoop 框架来对学生在学习过程中所产生的各类数据进行处理和加工，从而获取学生在各个知识点上所掌握情况。在上述案例中，通过对学生学习过程中产生的各类数据进行收集、存储和挖掘分析，可以了解到学生在数学和物理等科目上所掌握情况，同时也可以了解到学生在语文、英语等科目上所掌握情况，进而得到学生思维方式的相关信息。通过对这些信息进行综合分析，能够为教师开展精准教学提供科学的依据。利用大数据技术对学生学习过程中所产生的各类数据进行挖掘和分析，能够获得有关学生思维方式的信息，进而对学生进行个性化指导，帮助学生实现精准学习。

当前，由于大数据技术的迅速发展和广泛应用，为教师的精准教学提供了有利条件。教师可以通过分析学生数据，掌握学生在学习过程中的问题和困难，为教师精准教学提供依据。如通过分析学生试卷中出现的错题，可以发现学生在解题思路上存在问题；通过分析学生的作业，可以了解学生在掌握知识点上存在的问题；通过分析学生考试成绩，可以发现学生在某一学科知识点上的掌握情况，从而为教师提供针对性的教学建议。利用大数据技术对学情进行分析和处理可以为教师提供更加精准有效的学情信息，从而帮助教师及时调整教学策略和教学方法。首先，通过对学生数据进行分析可以得到不同类型题的正确率、失分率以及错误原因等相关数据信息。然后，利用大数据技术对这些数据信息进行分析和处理能够得到不同类型题的答题规律以及失分原因等相关数据信息。最后，通过这些数据信息能够帮助教师准确把握教学重难点以及学生学习情况，从而为教师提供个性化教学建议。例如在语文教学中，语文老师可以通过对学生考试成绩和错题情况进行分析来掌握不同类型题的答题规律以及失分原因等相关数据信息。又如在物理教学中，物理老师可以通过对学生试卷中出现的错题情况进行分析来掌握学生在物理知识点上所存在的问题和困难。

三、运用云计算优化教学流程

在云计算环境下，教师可以将各种教学资源和学生学习信息存储到云服务器中，并将教学资源进行实时更新。教师根据学生学习情况，分析学生学习需求，优化教学流程，促进教学资源与学生需求匹配。具体而言，教师可以通过云计算平台共享云服务，将不同学生的学习资料、学习笔记、课堂笔记、课后作业等文件上传到云服务器中，实现资源共享。教师可以根据学生学习需求和课程进度，选择合适的教学资源并进行筛选和分类。教师在教学过程中可根据教学实际情况进行个性化推荐。

云计算环境下的课程资源的共享打破了传统意义上“一对一”的学习模式，为教师与学生提供了更加便捷的学习方式。例如，教师可以利用云平台实现知识点的复习巩固；教师可以根据学生的学习进度和阶段需求选择相应的教材、教学资源；教师可以根据学生的不同需求选择相应的教学方式和策略等。利用云计算环境，学生在家中即可获得与课堂教学相似的学习体验，从而提高了学习效率。此外，云计算环境下师生之间、生生之间交流互动更加频繁、便捷，有利于培养学生间的合作意识和创新思维。

“三新”背景下，云平台推动了学习方式的变革，使学生能够在家里与教师进行交流，而不需要亲自到学校进行学习。例如，在新冠疫情防控期间，上海市教育委员会联合钉钉等互联网企业搭建了“空中课堂”“空中校园”等系列教育平台，并与学校实现联动，通过云平台支持学生在家开展学习。学生可以通过在线课堂与教师进行互动，完成学习任务，并向教师提出问题，教师在课堂上针对问题进行解答。云平台还支持在线测试、在线作业、在线答疑等多种功能，学生可以通过云盘同步课程资料、教材、学习笔记等资源，并通过语音识别功能进行作业提交。云平台支持教师通过后台管理系统对学生的学习情况进行监管。同时，教师可以通过平台记录学生学习过程中的问题与不足，并为其提供个性化辅导。上海市教委还组织了线上教学资源包的开发工作。云平台通过云端的形式对师生进行服务支持。

云计算技术不仅能为教师提供教学资源，还能为学生提供个性化的学习服务，使学生在不同的学习阶段、不同的学习内容和不同的学习需求下获得相应的教学资源。

例如，教师可以根据学生的个性差异为学生提供相应的课程资源，为学生量身定制教学方案。在高中数学教学中，教师可以利用云计算技术设计并构建数学模型，帮助学生解决在数学学习过程中遇到的困难。教师可以基于云计算技术为学生搭建数学建模课程资源平台，帮助学生构建数学模型并对其进行评价；也可以将学生在课堂上完成的课后作业上传到云服务器中，并对作业进行评价。此外，教师还可以根据学生的需求为其推荐相应的学习资源。在课堂教学中，教师可以利用云平台为学生提供个性化的教学服务。例如，教师可以将知识点按照不同难度层次、不同类型等进行划分，然后在云平台上根据学生提交的作业情况和学习情况为其推荐相应知识点和教学资源；教师也可以将不同知识点、不同类型资源等进行整合，以供学生选择。

云计算技术可实现学生学习数据的实时存储和处理，教师可以通过云计算平台实现师生间的教学互动。师生之间可以通过云端平台实现双向沟通，教师可以了解学生的学习情况，及时调整教学策略。同时，教师也可以通过云计算平台向学生发布作业和通知，便于学生及时完成学习任务。利用云计算环境，师生之间、生生之间的互动交流更加频繁便捷，有效缓解了传统教学环境下师生、生生间交流互动不便的问题。例如，在某一知识点的讲解中，教师可将该知识点的教学资源上传到云平台，学生可以通过平台进行线上学习、交流、答疑解惑。利用云计算技术，教师能够实现课前备课、课中授课、课后辅导等教学环节的设计与安排。利用云计算环境，教师可利用云平台开展在线教研活动，打破了传统教学环境下教师与学生交流互动时间和空间上的限制。

综上所述，云计算环境为教师开展精准教学提供了技术保障和支撑。教师可根据学生学习需求选择合适的教学资源，优化教学流程；利用云计算环境开展在线教学活动和线上教研活动；利用云计算环境开展个性化推荐与推送；利用云计算环境进行线上线下课堂互动。利用云计算环境实现精准教学是新时代教育技术发展的必然趋势。

四、凝练智能化的精准教学模式

精准教学是一种全新的教学模式。它基于大数据分析技术，为每个学生量身定制个性化教学方案，通过对每个学生的学习行为数据、学习能力数据以及学习风格数据进行分析和挖掘，帮助教师了解学生的学习情况和不足之处，从而因材施教、对症下药。在这种新型的教学模式下，教师不再是课堂上的“主角”，而是“幕后英雄”，课堂变成了师生共同探究问题、解决问题和提升素养的平台。

传统的教学是“教什么”的问题，而精准教学是“教到什么程度”的问题。在传统的教学模式下，教师按照自己的想法去教学，很少考虑学生的学习情况，导致学生“吃不饱”“吃不了”。在精准教学中，大数据分析技术可以有效解决这个问题。它可以智能分析学生的学习行为数据、学习能力数据以及学习风格数据，帮助教师了解每个学生的学习情况和不足之处。例如，教师通过对学生平时作业、测验等各种测试结果进行智能分析，可以了解学生对知识点的掌握情况以及掌握程度。通过对这些数据进行智能分析后，教师能够了解到学生存在哪些知识短板，以及知识短板产生的原因。教师还可以通过智能分析发现学生存在哪些学习习惯方面的问题，并且为他们制定个性化的教学策略。这种分析过程需要教师和技术人员通力合作，因此要求技术人员必须掌握相关知识和技术。

传统的教育评价主要是通过对学生学业成绩的评价来判断学生学习成果的优劣，这就容易造成对学生“一刀切”的现象，不利于因材施教。而精准教学以数据为支撑，将教学评价由传统的结果性评价转变为过程性评价，以提高学生的学习积极性。传统的教育评价主要通过纸笔测试、学业水平测试等方式进行，具有主观性强、测试内容相对单一等缺点。而人工智能技术则可以对学生的学习情况进行实时监测，并在学习过程中进行多维度分析。例如，学生在学习过程中产生的数据会被记录下来，并通过深度学习算法对其进行分析和处理，为教师提供更为丰富的教学决策依据。同时，教师也可以根据数据分析结果采取相应的措施对学生进行个性化指导。例如，在生物学教学中，教师可以利用人工智能技术对学生生物实验数据进行分析，了解学生在实验过程中的操作是否正确、实验结果是否理想等情况。针对实验结果不理想的情况，教师可以进一步指导学生观察实验现象、总结规律、提出改进方案等，帮助学生更好地理解实验原理、掌握实验操作技能。

在传统的教学过程中，教师主要扮演着“知识传授者”的角色，而学生则是被动接受知识的对象，这种教学模式显然无法适应现代社会对人才培养的要求。因此，学生的自主性学习显得尤为重要。在精准教学中，教师通过对学生学习数据的采集和分析，了解到学生的知识掌握情况以及学习风格特征，然后依据这些数据来为每个学生量身定制个性化教学方案。这种教学模式打破了传统教学中“教”与“学”分离的状态，使得学生在学习过程中能够自主地开展学习活动，从而提高了学习效率。例如，在“精准教学”中，教师可以通过数据分析系统来了解每一位学生对某个知识点的掌握情况、掌握程度以及学习风格特征。随后，教师可以为这些数据较好的学生定制个性化方案。比如，对于某一知识点 A，教师可以根据学生对该知识点的掌握情况为其定制个性化方案。针对那些掌握程度较好、学习风格也比较适合 A 知识点的学生，教师可以为其定制 B 方案；而对于那些学习能力较差、学习风格也比较不适合 A 知识点的学生，教师可以为其定制 C 方案。通过这种定制化的教学方案，教师能够对每个学生进行精准教学。这种教学模式不仅能够帮助教师了解每个学生对该知识点的掌握情况以及学习风格特征，而且还能有效地提高学生的自主学习能力。

精准练习是精准教学的核心环节，也是实现精准教学的关键一步。传统的练习往往以单一题型为主，容易让学生产生厌烦情绪。而基于大数据分析技术的精准练习可以针对学生的薄弱环节，自动推送针对性的练习题，并通过数据统计功能分析出每道题所对应的学生情况，从而让教师和学生明确需要突破的知识点。同时，练习题还会自动生成相应的错题本，帮助教师更好地了解学生在学习中存在的问题，并及时对学生进行指导和帮助。此外，精准练习还可以实现不同学科之间知识的迁移应用，使不同学科之间互相促进、共同发展。在传统教学中，由于缺乏数据支持，教师往往只能根据自己对教材内容和习题难度等方面的了解来设计习题，无法准确把握不同学科之间的关联关系和知识体系。而基于大数据分析技术的精准练习则可以帮助教师实现跨学科知识整合应用。

随着网络和信息技术的发展，微课视频也被引入到了教学过程中，成为了一种新兴的教学形式。微课视频是指教师在课堂上用较短时间完成的一个知识点或重难点的教学过程，通常时长在5分钟左右。微课视频具有极强的针对性和实效性，可以在最短时间内帮助学生解决学习中遇到的难点和问题。由于其教学目标明确、教学过程简单，微课视频深受教师和学生欢迎。通过对微课视频进行设计制作，可以实现知识的可视化、可测性、可讲性、可操性和可传播性。以"高中物理"课程为例，微课视频一般分为三个部分:课前预习、课堂学习和课后复习。课前预习是学生进行自主学习的环节，学生通过微课视频对即将要学习的内容有一个初步了解;课堂学习是学生在教师引导下自主完成学习任务的过程，教师通过微课视频帮助学生进行重点知识的回顾和难点问题的讲解;课后复习是巩固提升的环节。

课后复习是对所学知识进行巩固的重要环节，对培养学生自主学习能力和知识迁移能力具有重要作用。精准教学模式下，教师可以为每个学生布置个性化的课后作业，并对作业进行智能化批改。作业批改后，系统会自动生成对应的学情报告，教师可以通过学情报告了解每个学生在课堂上学习的具体情况，并针对具体情况进行针对性的辅导和干预。除了传统的纸质作业之外，教师还可以通过在线平台布置个性化作业，将传统的线下学习延伸到线上。例如，教师在线上布置了课后作业后，学生可以通过平台提交答案。教师可以根据学生提交的答案进行分析、批改、反馈和记录。当学生提交后，系统会自动生成学情报告。教师可以通过学情报告了解每个学生在课堂上学习的具体情况以及存在的问题和不足，并结合学生平时学习情况，制定个性化的辅导方案。同时，教师还可以根据学生提交的作业情况，调整教学策略。通过这种智能化方式，教师可以针对不同学习风格的学生进行有针对性、个性化的教学，从而提高教学效率和教学质量。

案例

依托视频课程和在线练习系统，实现学生的自主学习和教师的精准教学

常州市金坛第四中学

摘要：为了进一步实现新课程改革要求中提出的一切“以人为本，以学生为中心，以培养学生终身学习能力为目标”的改革思想，尝试打破以往“以机房为主阵地，以教师为核心”的传统教学模式，让学生能够充分安排利用课后的自由时间，通过学习视频课程并完成在线测试来完成知识点的预学习。教师在测试系统的后台查看学生成绩并分析出每道试题的正确率以此评估学生对于知识点的掌握情况，精准掌握每位学生的学情，在接下来的课堂教学环节教师就可以做到有的放矢，专门针对测试暴露出来的问题进行精准讲解，极大提升了课堂效率。

本次新课程改革的核心理念是为了每一位学生的发展。从根本上讲，课程改革的动机是我们所面临的社会环境发生了变化：在知识经济和信息社会时代，知识以难以想象的速度增长和更新。如果我们不想被淘汰，我们必须不断学习和终身学习。也就是说，拥有学习的欲望、兴趣和方法比记住一些知识更重要。学生成为了学习活动的主角，教学的任务就在于不断激发学生持续学习的兴趣、培养学生自主学习的能力。

为了实现新课程改革中提出的“学生为学习主体，教师为学习引导者”这一转变要求，对日常的教学活动尝试进行了一系列的改变。

首先，把课程内容按照教材的章节为单元事先录制成视频课。视频课中，在讲解知识要点时会尽可能避免采用单调的照本宣科式的读稿，而是会尽可能采取例如图像、动画，甚至是网络上已有的视频资料来将原本符号化、抽象化的知识点变得形象生动且浅显易懂。这为学生通过观看视频自主学习扫清障碍，也能激发起学生的学习兴趣。教师会把制作好的视频课程通过钉钉、微信、网站等多种形式提前一周向学生发布。学生可以依据自身的具体情况，利用课余或者周末时间，在手机等移动设备或者电脑上自主学习。这样的学习方式带给学生最大程度的便利和自由。学生甚至可以利用碎片化的时间（例如每晚放学回家后的 10 分钟）来完成课程的学习。而且，因为视频课程里大多采用多媒体形式呈现知识要点，学生学习起来不会感觉枯燥乏味，反而会是在一种轻松愉悦的氛围里不知不觉地就把课程学习完了。这样的学习方式还有一个好处就是，学生是通过形象化方式来学习知识的，相比阅读文字材料来说，这更加有效地刺激学生的记忆系统。让这些知识在学生脑子里更加形象，也存储地更加持久。

我们信息技术组专门针对信息技术学科的特点，自主开发了一套“在线测试与评价系统”。教师会在向学生发布完每一个视频课程之后，在该系统里设置一套针对当前视频课程的专题测试试卷，学生在学习完视频课程之后就需要使用自己的个人账号在线登录该测评系统完成对应试卷的测试。每套试卷都依据试题的数量设置了对应的完成时间。学生必须要在规定的时间内完成试卷。当学生完成试卷之后，系统会自动显示出学生每题的答案正确与否以及正确答案是什么。有些难度较大的试题下面还会显示题解注释。一般教师在发布该套试题时会设置成不允许学生进行错题重做和试卷重做。学生后续可以随时登录系统进行成绩和答案的查询。这样设置的目的在于学生可以把这套系统当成自己的错题集。学生在后续进行复习时可以通过该系统回顾当初自己的错误。

在上课前，教师会登录该测评系统检查学生们的完成情况。首先，教师会查询并导出学生的练习成绩。这个预习成绩是学生过程评价中非常重要的组成部分，可以依次来判断学生自主学习的参与和有效程度。然后，教师会对该套试卷进行分析。系统会自动计算出每道试题的正确率。该正确率计算时是以所有参与完成该套试卷的学生总人数为参考的。所以，这个数据可以比较客观地反映出学生对于该知识点的掌握程度。教师会把整套试卷的分析做一个截图，并在截图上把正确率低于70％的题目用红色标注出来。正确率低于70％意味着这道试题背后的知识点学生在自学时掌握得还不够，后续上课时教师会把它作为一个重点进行讲解。当整套试卷的分析全部完成之后，哪些要重点讲、哪些可以略讲、哪些可以不讲，这些在教师的脑海里已经有了清晰的脉络。教师再依据分析结果对即将上的课进行重新构造和组织。如此一来在上课时，教师就能做到心中有数，重难点突出，精准施教。课堂效率相比以往的全面撒网要高出许多。学生也会觉得在课堂上教师所讲没有废话，及时解惑了他们自己学习时的困难和疑惑。学生的学习兴趣和学习专注力也能较长时间得以保持。

为了检验课堂教学的效果，教师会在课后再设置一套检测试题，该套试题是专门针对前期系统分析时发现的问题而设置的，学生可以通过该套试题的练习来进一步巩固和强化自己所学。

以上便是教师针对传统课堂教学所做出的尝试性改变。这种转变不是简单的使用软件来考试或者使用视频来代替上课。最主要的是一种学习模式的转变，这是思维方式的转变。

对于学生来说，学生不再是被动的知识接收者。以往传统课堂上，学生的身体被禁锢在教室座位上，学生的头脑里只能接收教师在课堂上讲述的知识。学习，对于学生来说是一件被迫去做也只能去做的“违心”的事。而在这一切都改变之后呢，学习对于学生来说可以是一件“只要我愿意，我随时可以去做的事”。而且，通过视频中的多媒体形式来学习相比阅读枯燥晦涩的文字来得更加生动形象。学习也将变得更加轻松有趣。甚至有可能学生将学习变成一种“升级打怪”的游戏。学生若长期接受这样的学习之后，他们就会对“我适合什么样的学习方式?”有自己的想法和认识，这对于帮助学生构建终身学习思想和模式有很大的作用。

对于教师来说，教师不再是课堂的主宰，教师心中所想的不再是如何把课讲好。教师变成了学生学习活动的辅助者和引导者。教师制作视频课程等各种形式的学习资料来给学生的学习提供帮助。教师通过设置课后练习来让学生自我检测自学的不足。教师针对学生练习中暴露出来的问题进行课堂精准教学。这其实对于教师也提出了更高的要求。刚开始时为了准备好一节课，教师所要花费的时间和精力其实相比传统课堂要多。但随着视频课程准备的越来越充分，教师可以把更多的注意力放在帮助学生发现问题和解决问题上。

简单来说，整个过程是由学生自我学习、学生自我检测、教师精准解惑、学生进一步巩固强化这一系列的环节构成的。整个过程是符合教学的基本规律和学生学习认知的一般过程的。这就意味着将改变学生以往的学习方式，进而朝向“自我学习，终身学习”这一目标迈进。

第三节　服务教学的智慧管理

在“三新”背景下，高中教学面临着新的挑战与要求。随着高考改革的持续推进，如何提升学生综合素质、培养学生个性特长，成为学校教育教学管理面临的一个重要问题。高中教学管理的改革需要聚焦学生发展，针对教学管理过程中存在的问题，运用智慧教育手段提升学校教学管理效能。智慧教育是一种全新的教育形态，在实践中不断进行探索、创新，目前已成为一种重要的发展趋势。基于此，应从智慧教育视角出发，从“三新”背景下高中教学管理存在的问题入手，分析如何通过智慧教育手段提升高中教学管理效能。

一、建立交互式管理平台，实现“互联网＋”的管理形式

“互联网＋”就是“互联网＋各个传统行业”，但这并不是简单的两者相加，而是利用信息技术以及互联网平台，让互联网与传统行业深度融合，创造新的发展生态。在高中教学管理中，通过“互联网＋”实现教学管理平台的构建，是一种有效的智慧教学管理形式。在“互联网＋”时代背景下，以智慧教育理念为指导，构建以学生为中心的教学管理平台是必要的。基于此，学校构建了“互联网＋”模式下的交互式管理平台，实现了线上线下相结合的教学管理形式。一方面，借助互联网技术，优化教学管理流程。利用信息技术构建交互式教学平台，有效打破了时间与空间限制，可为师生提供良好的学习环境和教学环境。教师可以在线发布任务、布置作业、批改作业等，并对学生进行实时评价。同时，学生可以在线进行自主学习、自主探究、自主测评等。通过这种交互式管理模式的应用，可以促进师生之间的互动交流，不仅能满足教师多样化的教学需求与学生个性化学习需求，还能实现教学资源共享与优质教育资源共享。另一方面，借助信息技术打造交互式学习环境。在“互联网＋”时代背景下，利用信息技术打造交互式学习环境成为智慧教育发展的必然趋势。在构建交互式学习环境中应充分发挥信息技术优势，实现学生个性化学习需求与教师个性化教学需求间的有效衔接。教师可通过平台发布课程资源、组织自主探究、开展主题探究等活动，实现师生之间的互动交流。

在传统的教育教学过程中，学生处于被动接受知识的地位。随着新课改的深入

实施，学生的学习方式逐渐从被动接受知识转变为主动探索知识、主动分析问题。在“互联网+”时代背景下，高中学校应加强学生自主学习能力的培养，积极探索将学生的自主性、积极性、创造性发挥到最大程度，激发学生学习兴趣，从而提高学生的学习质量和效率。首先，开展线上教学活动。学校可以充分利用信息技术优势，创建网络直播授课平台或在线学习平台。在直播授课平台中可开展知识讲解、在线答疑、教学互动等活动。利用在线学习平台开展线上教学活动应注意以下两点：一是教师要做好备课工作，确保在课堂教学过程中可以与学生进行有效互动交流；二是要对学生在课堂上的表现进行及时评价，从而为下一步教学活动的开展做好准备工作。其次，教师可利用线上线下混合式学习模式开展教学活动，例如“网络直播授课”“在线作业批改”等。教师可以组织学生通过网络直播授课、在线答疑、在线作业批改等形式进行自主学习。线上线下混合式学习模式的应用可以有效解决传统课堂教学中存在的问题和不足之处：一是有利于激发学生自主学习兴趣；二是有利于提高教师教学效率；三是有利于促进师生之间的互动交流；四是有利于培养学生自主学习能力。最后，加强对学生自主学习过程的评价。教师应在充分考虑学生个性发展需求和知识掌握水平的基础上开展教学活动。在具体的教学过程中，教师应针对不同类型的学生设计不同的教学内容与教学形式。例如针对后进生和中等生采用传统讲授方式；针对优等生采用自主探究学习方式。在组织开展教学活动时应充分考虑学生个性差异与知识掌握水平，并依据学生学习情况科学设计教学环节、确定教学内容与教学形式，从而使之满足不同类型学生的个性化需求。

在“互联网+”时代背景下，线上线下相结合的教学模式符合现代教育发展趋势。利用线上线下相结合的教学模式可以有效解决传统课堂教学中存在的问题与不足之处，能够实现教师与学生之间的互动交流，有效促进学生自主学习能力与创新能力的提升。线上线下相结合的教学模式在高中学校教育教学管理中的应用，主要是指将在线学习和传统课堂教学相结合，充分发挥信息技术优势，以实现高中教育教学管理模式的创新。首先，在线上线下相结合的教学模式中，教师可借助多种手段和方法进行在线授课。例如教师可通过直播授课、视频点播、在线答疑等多种方式实现线上线下相结合教学模式的构建。其次，在线上线下相结合的教学模式中，教师可将课程内容制作成微课视频、试题题库等形式提供给学生。通过这种方式可以实现学生自主学习、自主探究与自主测评。此外，还可以在线组织学生进行在线学习、在线讨论等活动。最后，在线上线下相结合的教学模式中，教师可利用网络平台开展在线测试、在线作业批改、在线答疑等活动。同时还可以通过平台开展课程资源共享、优质教育资源共享等活动。通过这种形式可以实现线上线下相结合的教学模式在高中学校教育教学管理中的应用。

随着信息技术的飞速发展,个性化教育理念应运而生。所谓个性化教育就是以学生为中心,根据学生不同的兴趣爱好、学习基础、学习能力、学习风格等,为其提供适合的教育。“互联网+”时代背景下,教学管理平台的构建必须充分发挥信息技术优势,以学生为中心开展教学管理,实现个性化教育。在高中教学中应用智慧教育理念,有效提升学生自主学习能力、创新思维能力与合作交流能力是大势所趋。在高中教学中应用“互联网+”技术打造以学生为中心的教学管理平台,能有效满足学生个性化学习需求。教师可通过平台发布任务、在线答疑、作业批改等功能模块,实现学生个性化学习需求与教师个性化教学需求的有效衔接。在“互联网+”时代背景下,学校可以通过搭建信息化管理平台,为教师提供个性化教学资源与学习资源,帮助教师开展教学活动。在“互联网+”时代背景下构建交互式管理平台需要注意以下几点:一是借助信息技术实现数字化管理。数字化管理就是借助信息化技术实现教育教学的智能化管理。二是实现数字化管理的分层设计。在“互联网+”时代背景下实现数字化管理应充分考虑不同层次学生的个性化学习需求。在构建交互式管理平台时应根据学生基础、学习能力等方面的差异性设计不同层次的教育教学活动。综上所述,在高中教育教学中构建交互式管理平台是实现个性化教育的必要途径与手段。

二、构建联通型学习机制,开展“个性化”的学习管理

随着教育信息化的发展,教师与学生在网络教学平台上有了更多的互动交流空间。教师通过智慧教育平台开展教学工作时,可以充分利用平台提供的优质教学资源,积极开展互动交流,促进学生知识与技能的掌握。教师通过网络教学平台开展教学工作时,学生可以自主进行学习与讨论,让学生在互联网环境下实现自我提升。

教师应充分发挥网络平台优势,加强与学生的互动交流,构建联通型学习机制。联通型学习机制是指师生通过网络进行充分互动交流。通过构建联通型学习机制,学校可以促进教师、学生之间的交流与沟通。教师在网络平台上对学生学习进行指导,引导学生利用网络平台进行自主学习。在教学过程中,教师应充分利用网络平台开展教学工作,帮助学生解决问题。利用网络平台开展互动交流是实现教学管理精细化的重要手段。学生通过网络平台进行自主学习时,教师应充分发挥指导作用,引导学生进行交流互动。通过构建联通型学习机制,教师可以对学生进行个性化指导与管理。利用网络平台开展“个性化”的学习管理工作是目前智慧教育发展的主要方向之一。

第一,制定个性化的教学方案。教师在进行网络教学平台的搭建时,应充分考虑学生的个性化需求,制定适合学生发展的教学方案。教师在对学生进行个性化指导时,应充分发挥网络教学平台优势,及时解决学生存在的问题。教师在制定个性化教

学方案时，可以结合学生的学习情况、知识掌握情况、学习进度等内容制定相应的教学方案。在制定教学方案时，教师应充分考虑不同层次学生的学习需求，结合不同层次学生的具体情况，帮助学生解决学习问题。教师在对学生进行个性化指导时，应结合不同层次学生的具体情况，采取科学合理的指导方法。在开展“个性化”教学方案制定时，教师应根据不同层次学生具体情况制定相应的指导方法。例如：对于学习基础较好、接受能力较强的高层次学生，教师可以通过网络教学平台实现自主学习；对于学习基础一般、接受能力较弱的中等层次学生，教师应通过网络教学平台为他们提供帮助；对于学习基础较差层次学生，教师可以通过网络教学平台对他们进行指导。

第二，建立学习小组。教师在开展网络教学工作时，可以通过组建学习小组，促进学生之间的合作交流。教师可以利用网络平台组织学生进行自主学习，让学生进行互助合作。学生可以根据自己的实际情况建立学习小组，并将自己的学习小组命名为“组内互助小组”。在开展小组建设时，教师要充分发挥引导作用。教师可以为小组提供相关资源，如教学视频、相关资料等。在教学过程中，教师应引导学生相互分享资源，促进学生之间的合作与交流。在实践教学中，教师可以通过组建学习小组的方式进行教学管理。具体做法为：第一，教师要充分发挥学生主体作用，引导学生利用网络平台开展自主学习；第二，教师要引导学生建立学习小组；第三，教师要引导学生进行合作探究；第四，教师要为学生提供交流空间和互动平台；第五，教师要为学生提供学习指导。通过创建学习小组的方式进行教学管理可促进学生之间的合作交流，培养学生的团队精神。在高中课堂教学过程中，建立学习小组是开展“个性化”学习管理的主要方式之一。通过建立学习小组可以让不同层次的同学都参与到网络教学工作中来。在开展网络教学工作时，教师可以将不同层次的同学分到不同的小组中进行分组合作。在分组合作过程中，教师可以鼓励学生互相帮助、互相激励。通过组建学习小组开展“个性化”管理可以实现学校教育与社区教育的融合发展。

第三，开展在线测试。在线测试是目前互联网时代开展教学的重要手段。开展在线测试可以帮助教师及时了解学生的学习情况，根据学生的学习情况及时调整教学策略。教师通过在线测试可以了解学生对所学知识的掌握程度，了解学生对知识的理解与应用情况。教师可以根据学生在测试中反映出的问题及时调整教学策略，使学生能够更好地掌握知识。在网络环境下开展在线测试，教师可以通过智慧教育平台对测试进行管理。教师可根据教学目标设置在线测试任务，并制定测试计划。在开展在线测试过程中，教师应及时查看学生对知识的掌握情况，并对学生学习情况进行分析与评估，对学生出现的问题进行针对性指导。教师还可将测试结果反馈给学生，帮助学生解决在学习过程中出现的问题。例如，在开展必修二“信息技术与课程整合”教学时，教师应制定详细的教学计划，并引导学生利用网络平台开展自主学习与讨论。在测试过程中,教师可根据测试结果了解学生对知识的掌握程度以及存在的问题。教师通过智慧教育平台发布相关问题并给出相应的解答方法与建议,引导学生进行讨论与交流。此外,教师还可将测试结果反馈给学生。教师通过智慧教育平台反馈给学生的学习情况可以帮助学生更好地掌握知识与技能。通过智慧教育平台开展在线测试可以实现师生之间、生生之间的交流与互动,帮助学生解决学习中遇到的问题,使学生能够更好地掌握知识与技能。

第四,建立学习档案。在网络教学平台中,教师可以利用平台上的数据统计功能,将学生的学习情况进行统计与分析,为学生建立学习档案。在建立学习档案时,教师可以根据学生的实际情况,选择不同的方式。教师可以根据学生的性格特点、学习态度、学习能力等建立不同类型的学习档案,也可以根据学生的学习成绩建立不同类型的学习档案。教师应积极引导学生利用网络教学平台建立个性化的学习档案。通过建立个性化的学习档案,教师可以实现对学生整体情况的掌握与了解,为后续教学提供支持。另外,在建立学习档案时,教师应积极引导学生利用网络平台开展自主学习与合作交流。在建立个性化学习档案时,教师应根据学生个人特点进行个性化指导。

第五,利用大数据分析学生学习情况。在了解学生学习情况的过程中,教师应充分发挥智慧教育平台作用,及时掌握学生的学习情况。在教学过程中,教师应利用平台提供的学习数据对学生进行学习指导。智慧教育平台可以为学生提供个性化、智能化的教学服务。利用智慧教育平台开展教学工作时,教师可以了解学生的知识掌握情况、思维能力以及兴趣爱好等,并通过对这些数据的分析对学生进行个性化指导。

随着教育信息化的发展,智慧教育平台提供了丰富的教学资源。教师在教学过程中可以利用智慧教育平台获得学生学习情况,并为学生提供个性化教学服务。教师通过智慧教育平台可以实现对学生的个性化指导,并帮助学生解决学习中遇到的问题。在使用智慧教育平台时,教师应充分发挥智慧教育平台优势,提高教学管理水平。“三新”背景下高中智慧教学管理应以促进师生发展为主要目标。通过构建联通型学习机制和利用大数据分析对学生进行个性化指导与管理,教师可以为学生提供优质教学资源,促进学生个性化发展。教师在开展教学工作时应充分发挥智慧教育平台优势,为学生提供个性化指导与管理服务。在“三新”背景下,教师应充分发挥自身作用,为高中学校提供优质教学服务。智慧教育环境下,学生可以通过网络学习平台进行自主学习。在开展网络学习过程中,学生难免会遇到各种问题,需要教师及时解决。在开展教学工作时,教师应积极利用网络平台开展互动交流,及时解答学生提出的问题。同时,教师应引导学生进行自我管理,实现自我提升。在网络环境下,教师应充分发挥主导作用，为学生提供指导与帮助。教师应根据学生实际情况开展个性化教学工作，帮助学生解决各种问题。

首先，建立家长与教师的沟通平台，促进家校共育。在新高考背景下，学校应充分利用网络平台与家长进行沟通，共同促进学生学习。首先，教师应及时了解学生家庭情况，并通过微信、短信等形式及时向家长发布信息，以便于家长对学生的学习情况进行了解。其次，教师应及时与家长沟通，向家长介绍新高考政策和学科内容。教师可通过网络平台与家长进行互动交流，及时解答家长提出的问题。在网络环境下，教师应积极与家长开展沟通合作，以促进家校共育。例如：教师可通过网络平台发布教学进度和学习任务；教师可以通过网络平台与学生进行互动交流；教师可以通过网络平台与家长进行家校共育等。

然后，建立学习困难学生档案，为不同学生提供针对性指导。由于学生学习水平和家庭经济状况等方面存在差异，教师应根据不同学生的实际情况建立学习困难学生档案，并对不同学生的学习需求进行有效分析。同时，教师应为学习困难学生提供针对性指导，并开展有针对性的教学。例如，针对部分学习困难学生，教师可以根据其学习情况为其推荐相关资源，帮助其更好地进行网络学习。同时，教师应督促学生认真完成学习任务，避免出现拖延或抄袭等不良行为。此外，教师还应及时了解学生的学习状况和问题，并将相关信息反馈给家长。教师应积极与家长沟通交流，共同关注学生的发展状况。通过家校联动的方式为学生提供更优质的教育资源和服务。

最后，建立教学评估与反馈机制。学校应建立完善的教学评估与反馈机制，对教学质量进行监控。学校应开展定期与不定期的评估，对教学质量进行及时反馈，帮助教师解决教学过程中出现的问题。学校应利用网络平台对教学情况进行实时监控，及时发现问题并解决。智慧教育平台为教师开展教学工作提供了技术支持，教师可以通过网络平台向学生传授知识。在智慧教育平台上，学生可以看到教师的操作过程与教学内容，从而实现高效学习。在智慧教育平台上，学生可以查看教师的每一次教学过程以及自己每一次的作业情况。学生在网络环境下进行学习时，能够及时了解教师的教学情况，并针对自己存在的问题提出合理建议。通过建立完善的评估与反馈机制，可以促进教师与学生之间的沟通与交流，让教师了解学生在学习过程中存在的问题，为教师开展针对性的教学工作提供依据。

三、生成大数据资源网络，共享“多样化”的教学资源

在数据层面上，搭建教育教学资源数据库，形成覆盖全区的教学资源网络。建设“教育教学资源数据库”，对数据库中的教学资源进行分类、加工、管理和整合，形成覆盖全区的教学资源网络，有效支撑了教育教学质量评价，促进了教学资源共建共享。

数据库分为基础资源层、主题资源层和应用服务层。基础资源层包括教材、教辅材料、课程标准、考试大纲等；主题资源层包括课堂教学案例、课后练习、课程评价报告等；应用服务层包括教师备课用书、学生作业与测试用书、学科资源包等。数据库中的资源可以根据学科特点和实际应用需求进行组合，形成相应的“主题资源包”和“应用服务包”，这为基于大数据的教育资源共享机制提供了最基本的保障。

在机制层面上，构建了基于大数据的优质教学资源共建共享机制。构建“资源共建、资源共享、资源应用”的优质教学资源共建共享机制，依托大数据技术，通过建设“教育教学资源数据库”，将区内的教育教学资源进行有效整合、管理与应用，实现对区域内教育教学资源的动态监测、评估与预警，使区域内的优质教学资源共建共享更加公平、公正。基于大数据的优质教学资源共建共享机制具有开放性、动态性与及时性，通过采集、整合、处理数据，基于数据驱动的方式实现对学校教学内容及模式的管理和分析，充分挖掘教育资源潜力，让更多的教师和学生能够共享到丰富多样的优质教育资源，提高教师教育教学水平和学生学习效果，促进区域内基础教育均衡发展。

在技术层面上，提出基于大数据的教育资源共享技术架构。从总体上来说，教学资源共享平台系统采用了 B/S(浏览器/服务器)和 C/S(客户端/服务端)混合的架构模式，使得教学资源共享平台系统能够满足用户的不同需求。通过网络浏览器访问，教师和学生可以随时随地进行学习、交流和互动。同时，采用 B/S 架构的教学资源共享平台系统实现了对数据的高效采集、存储和分析，并利用数据分析结果为教学活动提供个性化的支持。在数据处理过程中，通过对大量数据进行加工处理，挖掘出潜在的教学资源信息，实现了教育资源的共享和增值利用。因此，基于大数据的教学资源共享平台系统采用 B/S 模式，其技术架构分为客户端、服务器端和应用服务端三部分。其中客户端用于收集信息、数据处理；服务器端用于对数据进行存储和管理；应用服务端用于提供用户交互平台、资源下载服务等。整个系统采用统一的技术框架进行设计，使平台系统具有很强的可扩展性。

在应用层面上，提出“多样学习、个性定制、互动分享”的应用模式。基于大数据的优质教学资源共享机制，我们探索出了“多样学习、个性定制、互动分享”的应用模式，并形成了一整套基于大数据的优质教学资源共享机制。在“多样学习”方面，主要体现在基于大数据的智能测评，智能学情分析与个性化推荐，个性化学习路径规划等三个方面。在“互动分享”方面，主要体现在通过数据分析和信息技术手段进行知识推送，实现教学资源共建共享。这一模式能够充分发挥教育资源的共享优势，克服信息技术应用于教学过程中存在的教师专业化水平低、缺乏经验、资源建设无序、管理能力弱等问题。通过构建基于大数据的优质教学资源共享机制，实现区域内教师从“教”向“学”的转变，实现优质教学资源共建共享。基于大数据的优质教学资源共享机制，不仅是一个教学资源共建共享平台，更是一个资源共建共享的机制，可以更好地服务于教师、学生和家长。“数据驱动”可以帮助教师对学生、教师、学校、家长等进行分层管理和分类指导。同时，也为政府部门制定政策提供了依据，为企业提供了大数据服务，为学校提供了个性化教学解决方案。

在建设层面上，以数据为基础，形成资源共建共享的技术架构。大数据时代，教育信息化的核心是教育资源共享。如何建设高效的教学资源共享平台，让优质教学资源通过平台能够方便快捷地传播、分享和共享，是教学资源共享机制建设的核心问题。研究团队针对教育资源的多样性，从资源分类、存储、管理、应用等方面进行了研究，并提出了以数据为基础的教学资源共享机制。

案例

依托数智技术管理 赋能学习空间建设

江苏省前黄高级中学

摘　要：随着科技的不断进步，教育界也可以充分利用设备技术来创造全新的学习场景。通过合理管理和应用各种设备技术，教师可以为学生提供更具交互性和参与性的学习环境。在数字化时代，教育领域积累了大量的教学数据资源。通过合理整合和管理这些数据资源，教师可以打造丰富多样的课程资源。传统的教学模式通常以教师为中心，但通过存储调用变革管理，可以探索全新的教学路径。

上世纪 90 年代初，学校就开展多媒体课件技术研究，在全国高中率先开展网络教学尝试。2015 年学校又建设了苹果未来教室，开展智慧课堂教学研究，率先进行了新技术支持下的个性化学习探索。2019 年学校成立智慧“教—学—评—致性”研究课题组，开始了信息技术支持下的学科范式转型研究。学校的教育信息化工作，始终坚持寻求教学改革的“突破口”与“至高点”。

1. 依托设备技术应用管理，建成学习新场景

在正式空间建设上，学校改造了普通智慧教室，建设三个课堂分析实验室，加入武进区域在线互动式智慧云课堂，与区内兄弟学校进行实时教育教学互动。每个学科都建有学科智慧教室。数学、地理等学科配备 30 台学生 PC 电脑。思想政治教室仿照联合国会场进行设置。历史教室建设成为延陵春秋历史博物馆。物理、化学、生物学各建设一个智慧云实验室。

在非正式空间建设上，学校提升了信息化装备条件，在多处公共区域配置展示

屏,提供学生作品展示与校园宣传空间。满足个体学习、群体交流和公共活动的需求,学生进行一卡通等信息查询。在学生宿舍区建设农耕苑,利用活动中心楼顶建设药园,实时监测多种气象和环境参数,支持学生科学探究和环境监控。建成学生发展指导中心,建设了心理健康和生涯规划等专业管理系统。智慧乐跑系统,可全天采集每一位学生在跑道上的跑步数据。

在网络空间建设上,学校统一了网络授课平台,在线管理与测验功能强大,课堂师生交流方便,保障了疫情期间教学活动的开展。优选国家智慧教育云平台、省空中名师课堂、省网络名师工作室等优质免费平台的优质课程和学习资源推荐给学生课后学习。

基于特定学习空间,以人为中心,以需求为导向,以信息化设备为载体,以事件为表现形式,所形成的行为序列总和称为学习场景。学校形成了八大学习场景:(1)课堂互动场景;(2)智慧教学场景;(3)基地研学场景;(4)课堂分析场景;(5)网络学习场景;(6)作业分析场景;(7)远程示范场景;(8)综合实践场景。通过场景建设,空间成了充满人、事、活动的生命活动空间。

2. 依托数据资源整合管理,构建课程新资源

学校以课程规划和教学改革行动路径为依据,开展三大类校本资源建设,实现课程资源的校本化和网络化,更好地促进课程教学的可持续发展。

建设“三新”资源库。以课程图谱和知识图谱为目录,建设“三新”教学资源库,囊括教学设计、学历案、课件、练习、试卷、录像、微课等各类教学资源,同步上传到国家和省市教育云资源平台。学科类文件存放在“三新”资料库中,按课程—单元—节的方式进行文件存储,文件名以“时间+名称(类型,贡献人)”的方式进行命名。课程教学处结合教学管理的要求,对资源建设情况进行检查,信息服务处汇总上传数据,为学科发展中心的考核提供数据依据。

建设校本题库。把课程图谱和知识图谱与作业练习进行关联,建设校本题库,实现全文检索、智能化分析、个性化推题等服务,达成减负增效、精准教学的效果。选择相关学科,基于作业管理系统,开展精准化的作业管理,在校本题库、知识点标注、精确化分析和个性化推题方面进行新尝试。加强试题训练的精确度,减少不必要的重复训练,通过为试题进行知识点标注,建设知识图谱与训练试题之间的关联,为学生提供个性化的学习分析。

课堂分析生成资源。学校引入课堂录播、智慧课堂、课堂分析三大系统,建成两个课堂分析实验室。三年来,共录制了 200 多节高质量的公开课、示范课。对于这些课堂资源进行分类整理、案例分析与研究,学校形成课堂分析案例库,对提升教师课后反思能力,开展青年教师校本培训,也可供学生进行网络学习使用。此外,学校还

积极引进外部资源，购买了学科网、高考资源网、基础教育全文数据库、知网研学平台、指课网等资源，扩充和丰富学校的课程资源建设，实现了优质学术资源的学科全覆盖。

3. 依托存储调用变革管理，探求教学新路径

开展课程图谱和知识图谱的分析。通过课程图谱分析技术，把素养目标与学习领域（学科课程）进行矩阵分析，采用四级标准，判断学习领域和各学科支撑和实现某一素养的程度。对课程进行编码化管理，每个领域、每门学科都有一个领域字母代号和学科字母代号，实现学校 232 门课程的统一管理。开展知识图谱建设，每门课程都制定课程纲要，课程内容都包括单元、节、知识点，形成“课程-单元-节-知识点”四级目录的知识图谱，把学科的大概念转化成学生头脑中的大观念，实现国家课程的校本转化与落地行动。

运用模版化思维，制定课堂教学改革的六大模版（课程纲要模版、教学设计模版、学习指导模版、作业检测模版、考试评价模版、资源建设模版），形成教学改革的具体策略，通过数字化平台，提出存放目录、命名规范、管理权责、数字标签、时间、版本等要求，形成统一规范的数字课程资源。同时，提供多样化的课堂互动方式、数字可视化技术、精准化的反馈数据、极简主义的工具，为课堂改革提供支持与服务，促进学科教学范式的改革创新。

信息技术支持学科范式转型。以学科学习范式转型为目标，利用信息技术提供的平台支撑、资源支撑、管理支撑，从学科课程、学科教与学、学业评价三个方面，形成具有特色的各学科典型学习范式。如数学学科开展基于工具软件的深度学习范式研究。利用数学学科教室，开展基于专业软件 GGB 的数学建模、数学探究，利用 VR/AR 辅助数学空间思维培养。物理、化学、生物学等学科，积极开展 DIS（数字信息系统）数字实验研究，利用 DIS 数字实验设备和智慧云实验室，开展人工智能技术辅助实验评价研究，建成了 SPOC（小规模限制性在线课程）自主学习课程。信息技术学科，通过人工智能实验室建设，开设人工智能校本课程，利用校外资源开展人工智能算法、物联网、5G（第五代移动通信技术）实验等项目，开设人工智能项目设计，参加各级各类比赛获得好成绩。地理学科，开设地理信息技术校本课程和单元微项目活动，研究各类空间可视化产品。体育学科要研究可穿戴技术、身体感知和测量产品，落地智慧乐跑项目，构建“健体”育人新特色。

第七章

普通高中组织协同的保障

第一节　制度保障

第二节　资源保障

第三节　督管保障

在教育改革浪潮中，普通高中组织协同成为提升教育质量的关键。本章聚焦“普通高中组织协同的保障”，从制度、资源和督管三方面构建稳固支撑。制度保障奠定基石，明确权责，规范流程；资源保障提供动力，优化资源配置，确保协同顺畅；督管保障则强化监督，通过评估与反馈，促进持续改进。三者相辅相成，共同推动普通高中内部各要素紧密合作，实现教育目标的最优化，为培养新时代人才奠定坚实基础。

第一节　制度保障

普通高中组织协同是指学校在“三新”背景下，以培养适应未来社会发展的高素质人才为目标，由学校、家庭和社会等多方力量共同参与的一种新型教育合作关系。普通高中组织协同具有重要的理论意义和现实意义，但当前普通高中组织协同中存在一些制度障碍，因此应建立健全项目研发管理、教师协同教研、学生指导反馈、学科发展中心等制度，使其真正成为学校开展组织协同活动的有力支撑，促进“三新”背景下普通高中组织协同目标的实现。

一、建立项目研发管理制度

项目研发管理制度是指以项目为载体，通过确定项目主题、制定项目计划、开展项目实施、监控项目实施情况等一系列管理活动，最终实现发展目标的一种管理制度。在学校组织协同中，项目研发管理制度是以学校发展目标为导向，根据学校实际情况，对“三新”背景下组织协同活动进行策划、组织和管理的一种教育管理制度。项目研发管理制度是提升普通高中组织协同水平的有效途径之一。

在确定项目主题时，要遵循以下原则：一要体现“三新”背景下普通高中组织协同的时代特征；二要有利于促进普通高中学校的内涵发展；三要有利于学生的全面发展；四要有利于增强普通高中学校办学的自主性。

在制定项目计划时，要做到以下要求：一是学校领导要高度重视项目研发管理工作，校长是学校组织协同工作的第一责任人，分管领导要具体负责，各职能部门负责人要参与其中；二是应以学校发展目标为导向，明确各个职能部门以及教师的具体责任和权限；三是应充分考虑教师的职业特点和能力需求，同时也要与其他相关制度相衔接；四是应根据实际情况不断优化和完善。如对于短期任务型项目应适当缩短实施周期、对于中长期任务型项目应适当延长实施周期、对于有重大影响或难以开展的项目应予以取消。对于目标导向型项目则需进一步细化实施方案，同时加大监督力度，确保每一个参与其中的教师都能按计划完成任务。

建立健全项目立项、申报、实施、验收等全过程的管理机制，一是要成立专门的项目研发管理小组，由校长任组长，分管副校长任副组长，各职能部门负责人为成员，负责项目的立项、申报、实施和验收等全过程的管理工作；二是要制定项目研发管理办法，明确项目研发的流程与要求；三是要建立科学合理的项目研发立项机制，如根据学校实际情况，对研究内容、研究进度、研究经费等进行合理规划；四是要建立科学合理的项目申报机制，成立学校立项领导小组，根据学校发展目标和“三新”背景下教育改革需求进行项目申报；五是要建立规范高效的项目实施机制，各职能部门及教师要依据项目研发管理办法和流程，落实具体任务和责任人；六是要建立科学高效的项目验收机制，按年度对课题研究进行总结和评估，并根据学校实际情况对已有研究成果进行优化和完善；七是要建立项目信息公开制度，在学校网站、微信公众号、教工群等媒介上定期公开发布学校组织协同的研究成果；八是要建立科研成果奖励机制，将课题研究成果纳入教师考核评价体系中。

建立健全项目评价体系，构建科学的评价指标体系。项目评价体系是指对学校项目的开展情况、项目完成情况以及项目实施效果的综合评价。项目评价体系包括项目主题的创新性、项目计划的完备性、项目实施的规范性和项目实施结果的全面性四个维度。对于项目评价体系，需要做到以下几点：一是要依据学校发展目标制定评价体系，根据学校发展目标，从“三新”背景下普通高中教育教学改革的需要出发，对项目进行全面系统分析，从而确定评价指标体系，并据此对学校的所有教师进行培训，使每个教师都能正确认识到自己在组织协同中所承担的角色和责任；二是要充分考虑到每个教师在组织协同中所承担的角色，不同角色意味着不同能力和责任，只有将每个人都纳入到评价体系中，才能真正实现组织协同；三是要运用科学合理的评价方法，如综合评价法、目标管理法等，并对各项指标进行量化打分。

建立健全项目管理培训制度，提升学校管理者的领导力。项目管理培训制度是指以学校管理者为对象，为其提供专业化、系统化的培训机会，使其掌握项目管理的基本知识、基本技能，从而提高学校管理者的领导力。就学校管理者而言，必须具备以下几种基本能力：一是制定项目计划的能力；二是组织项目研发活动的能力；三是对项目进行监控和管理的能力。同时，学校应加强对学校管理者领导力的培养，提升其组织和管理能力。首先，学校应定期为校长进行项目研发培训。校长应定期邀请专家学者、特级教师等到学校开展专题讲座或与教师开展团队交流活动。其次，学校要为教师进行培训。除了传统的业务学习之外，还应针对“三新”背景下教师在专业发展、课程改革、教学方式、学生管理等方面遇到的实际问题进行针对性培训。最后，学校要通过理论与实践加强对管理者领导力的培养。

二、建立教师协同教研制度

教师是学校教育活动的组织者，是组织协同的核心要素，在普通高中组织协同中发挥着重要作用。普通高中组织协同需要建立健全教师协同教研制度,增强教师参与的主动性和积极性,充分发挥教师在学校组织协同中的主体作用。普通高中可以通过以下措施促进教师协同教研制度的建设。一是建立健全激励机制。在组织管理上,普通高中可根据学校实际情况建立激励机制,通过奖励优秀教师、表彰先进集体等措施,调动教师参与教研活动的积极性;在组织建设上,普通高中可通过制定教研活动相关制度,如完善集体备课制度、公开课制度、教学视导制度等来保障教研活动的顺利开展;在组织形式上,普通高中可通过制定相关的激励措施来促进教师协同教研活动的开展。二是完善评价机制。普通高中可以根据学校实际情况建立教学质量评价体系,从不同维度对教师协同教研活动进行评价。三是丰富教研活动形式。普通高中应积极为教师开展教研活动创造条件,如定期举行专题讲座、观摩课等,为教师开展协同教研活动提供便利,使其能够更好地发挥组织协同的作用。

加强集体备课制度建设。集体备课是教师协同教研的重要形式,可以提高教学效率和教学质量。目前,部分高中已经开始探索实施集体备课制度,并取得了一定成效。为了促进集体备课制度的有效实施,普通高中可从以下几方面加强集体备课制度建设:一是强化备课意识。普通高中要充分认识到集体备课对于提高教育教学质量的重要作用,并将其作为校本教研的重要内容来落实。二是完善备课流程。普通高中应明确集体备课流程,主要包括确定活动主题、制定活动方案、分配时间及任务、资源共享、集体讨论、撰写教案及教案修改等环节。普通高中要建立健全评价机制,对集体备课的时间、地点、内容等进行规范管理,对参与集体备课的教师进行考核并进行相应奖励,以此来调动教师参与集体备课的积极性和主动性。

完善教学视导制度。普通高中组织协同需要通过教学视导来促进教师协同教研活动的开展。教学视导是指普通高中教师在专业指导下,对教学实施情况进行检查、分析、评估和指导的过程。教学视导通过诊断、反馈、整改的方式,促进教师之间的交流与合作,提高教学质量。当前,普通高中需要完善教学视导制度,保障其有效发挥作用。一是制定符合实际情况的教学视导制度。普通高中可以根据自身实际情况,制定符合实际情况的教学视导制度,如教研活动开展情况、教师协同教研活动开展情况等。二是加强教学视导工作人员培训。普通高中要重视对视导工作人员的培训工作,通过举办专题培训、组织集体研讨、专家引领等方式加强对视导工作人员的培训。三是创新视导工作方式方法。普通高中可以根据教学视导的实际情况,创新视导体验方式方法,如开展集体教研活动、指导青年教师开展教研活动等。

制定教学质量评价体系。一是从教学质量标准入手,对教师开展协同教研活动的标准进行界定,明确其所应达到的质量水平。二是从不同维度对教师开展协同教研活动的情况进行评价,如对教师的教学设计、课堂教学效果等方面进行评价。三是从教学目标出发，对教师开展协同教研活动是否符合学生发展需求等进行评价。四是从学生评价出发，对学生在协同教研活动中的表现进行评价。通过建立健全教学质量评价体系，普通高中可以及时发现教师协同教研中存在的问题并加以解决。同时，通过完善教学质量评价体系，可以让教师在参与教研活动时做到有的放矢、有章可循、有据可依，从而更好地发挥协同教研活动的作用。

丰富教研活动形式。普通高中的教研活动形式相对单一，主要是集体备课、听课评课等。集体备课是普通高中教师进行协同教研活动的重要形式之一，但是由于缺少具体的实施方案和评价标准，集体备课的效果并不理想。在"三新"背景下，普通高中可通过多种途径丰富教研活动形式，增强教师参与协同教研活动的积极性。一是组织专题讲座。普通高中可以邀请教育专家、教师发展专家等开展专题讲座，通过专家的指导来帮助教师拓宽教学思路、提升教学能力。二是组织观摩课。普通高中可以组织骨干教师进行观摩课，通过观摩课来促进教师之间的交流与合作，不断提升教师的教学能力。三是组织专题研讨活动。普通高中可定期举行专题研讨活动，如"新高考背景下新课程方案与高考命题改革"专题研讨活动等，通过专题研讨活动来提升教师的教学能力。普通高中可根据学校实际情况定期举行主题活动，如"新课标下普通高中生涯规划与选课走班教学"主题活动等，通过主题活动来促进教师之间的交流与合作。

定期开展专题讲座。专题讲座是一种灵活、便捷、高效的教研形式，也是普通高中教师协同教研的重要形式之一。专题讲座的内容一般包括"三新"背景下普通高中教师所面临的教学问题和解决对策、普通高中教师在教学实践中的具体案例以及教师专业成长和发展的建议等。专题讲座的开展可以为教师提供一个交流和学习的平台，为普通高中组织协同提供丰富、有益的资源，从而增强普通高中教师协同教研活动的有效性。专题讲座既可以是传统的集体备课、听课评课活动，也可以是新时期基于"三新"背景下开展的新课题研究活动，还可以是基于教师发展需要开展的个性化指导。专题讲座的目的在于促进普通高中教师专业发展和教学水平提高，其内容应具有一定的针对性、实用性和可操作性，让普通高中教师听得懂、学得会、用得上。专题讲座应该在相关教育行政部门及教研机构的指导下组织开展。专题讲座应根据学校实际情况，以普通高中教师为主体，以教学实践中遇到的问题为导向，以促进教师专业发展为目的。专题讲座具有以下几个方面特点：一是主题明确，针对性强；二是内容丰富，实用性强；三是形式多样，灵活机动；四是效果显著，可持续发展。专题讲座要以学校发展、学生发展和教师发展为出发点和落脚点，让教师听得懂、学得会、用得上，同时也要为教师专业成长和发展提供一个良好平台，从而促进普通高中教师在协同教研活动中实现专业发展。

建立教师协同教研制度是一项系统工程，需要学校多方共同努力。在普通高中组织协同中，学校管理者应坚持以教师为中心的管理理念，尊重教师在教学活动中的主体地位和价值追求。教师应主动参与学校组织协同活动，发挥自身在组织协同中的主观能动性。学校应为教师开展协同教研提供便利条件和良好环境，为教师开展协同教研活动提供必要的制度保障。在“三新”背景下，普通高中要以“三新”理念为指导，加强组织协同建设，充分发挥组织协同对普通高中组织发展的重要作用，推动普通高中教育高质量发展。

三、健全学生指导反馈制度

在学生发展过程中，学校、家庭和社会应建立学生指导反馈制度，以促进学生健康成长。首先，学校应建立学生指导反馈机制，充分利用学校资源优势，聘请专家、教师等人士组成学生指导委员会，指导学生进行自我规划和学业发展。其次，学校应建立家长委员会制度，使家长委员会成员深入了解学生学习和成长过程中所面临的问题，共同探讨解决方案。最后，学校应建立社会力量参与机制。

学校可以与当地政府、社区等进行合作，争取他们的支持和帮助；学校可以与相关部门建立联系，将其纳入学生综合素质评价体系中；学校可以通过举办家长会、邀请家长参与学校管理等方式与家长沟通交流。总之，学校应与各方面力量密切合作，共同为学生成长成才提供支持和帮助。从现实情况看，我国普通高中组织协同工作还存在一些问题，如学校内部各部门之间协调不畅、沟通渠道不畅等，这些问题严重制约着普通高中组织协同工作的开展。因此，建立完善的组织协同制度是学校组织协同工作开展的重要保障。一是要建立学校内部各部门之间协调机制，形成学校内部各部门之间沟通合作、资源共享、优势互补的工作局面。二是要建立学校与家庭、社区之间的沟通协调机制，通过各种途径让家长、社区等相关人员了解学校在教育教学管理方面的情况，了解学生在学习和成长过程中面临的问题，从而对学生进行个性化指导。

当前，“三新”背景下普通高中组织协同工作面临新的挑战，学校应加快建立健全组织协同制度，以保障组织协同工作的顺利开展，促进学生全面而有个性的发展，推动学校教育教学改革创新，提高学校教育质量。

四、创新学科发展中心制度

普通高中学科发展中心制度是指在学校学科教学方面，以学校为主导，以学生和教师为主体，通过整合学校教师和学生的力量，共同开展学科教学活动，促进学生发展的一种管理制度。学科发展中心制度对于推进普通高中组织协同具有重要意义。

首先,学科发展中心制度有利于实现学科课程建设的专业化。当前普通高中教育质量下滑的一个重要原因是部分教师课程意识薄弱,学科专业知识匮乏,而学科发展中心制度则为学校提供了一个平台,对教师进行专业引导。

其次,学科发展中心制度有利于教师教学能力和教学水平的提升。普通高中学校的学科教师大多是新入职教师,缺乏高中学科教学经验,也缺乏相应的专业素养,学科发展中心制度为他们提供了一个相互交流和学习的平台,通过这种形式帮助教师提高教学能力和教学水平。

最后,学科发展中心制度有利于学生全面发展的实现。普通高中教育的根本目标是为学生提供适合其个性特点和全面发展的教育,学科发展中心制度以学生和教师为主体,通过开展各种学科教学活动,引导学生全面发展,提高其综合素质,帮助学生形成正确的世界观、人生观和价值观。

综上所述,高中学科发展中心是以学科教师为单位、以教育科研为内容的研修实践共同体,其对于学校的课程建设、教师发展与学生成长等均具有重要意义。江苏省前黄高级中学通过高水平学科发展中心的建设,在学科发展中心制度创新方面进行了探索,并凝炼出发展规划的纵深化与特色化并存、课程建设的统整化与一体化并重、管理协同的适切化与结构化并行的基本建设策略。

第一,进行纵深化与特色化并存的规划定位。长期以来,高中学科受自身知识内容的相对稳定、学生专业选择的方向未明等因素影响,并未像高等教育的学科建设般如火如荼,而是以学科教研组的形式进行着教科研工作。为了突破这一窘境,江苏省前黄高级中学在长期的实践中生成并植根了学科发展中心这一概念,并借由高水平学科发展中心的建设促进学校育人模式的改革。所谓学科发展中心,是一群具有共同学科背景、发展愿景的教师,围绕课程教学、学科教研与自身发展等内容进行理论研习与实践研究共同体。学科发展中心的建设旨在为高品质中学创建而服务。高水平的学科发展中心必然是立足于各学科前期丰厚的历史经验与自身特质,在课程建设、教学改革、名师培养与学科影响力等方面进行纵深化与特色化的规划,才可能取得精准定位,进而为成为区域内知名的学科发展中心而铺垫。所谓纵深化与特色化并存,是指在学科发展中心的建设规划中应当既基于原有的学科优势,又呼应学科育人价值深化的基本要求、世界课程改革的基本趋势,以及未来社会的人才培养需求,明确学科在近几年内应达成的学生成长目标。与此同时,以此学生成长目标为基本内核,设置课程体系完善、教学模式改进、师资专业成长、资源管理建设等分目标。此外,为充分扩大原有学科优势,形成区域内有广泛影响力的学科发展中心,应确立未来学科教研的高端项目,并进行一以贯之的理论与实践研究,以真正实现发展规划的纵深化与特色化并存。

具体而言，首先，让各学科发展中心运用SWOT分析法（态势分析法），回顾各自的历史经验，分析当下发展面临的优势（S）、劣势（W）、机会（O）、威胁（T）。鉴于上述分析得出的结果，让在全体学科发展中心成员直面该结果，于研讨、审辩与商榷中逐步凝聚价值共识，绘制发展愿景。该发展愿景应当结合学校办学理念和育人目标，凸显学科信念与作风，是通过三年的努力应在区域或全国应达到的地位。其次，突出学科文化和品牌建设，将学科育人价值与理想信念浓缩于一句话，提出令人耳目一新的学科宣言，引领学科发展中心建设的课程开发、课堂改革、校本教研与教师成长等方面。此外，还应当创作清晰形象的学科标志，物化在学科活动标识、学科作业本等处。最后，深化学科研究的广度与深度，引入外部专家智力，与高校和科研机构开展联动合作，创建一批学科高端研究项目。这就要求在保留学科历史优势的同时，坚持国际化新视野，找准学科教学的前沿方向。立足于本土的扎实实践，能结合学科建设开展深入研究，并创新思维模式，进行整体的系统化设计。例如：语文学科发展中心结合语文学科核心素养，以及当下课改强调突出经验的实践性、完整性与审美性，进行的语文教学“一个经验”教学研究项目；物理学科发展中心基于长期实践进行的物理实验育人转型探索，进而确立了教学成果奖培育的“启智行道：物理实验教学探索育人三十年”项目。历史学科发展中心借助地域文化资源，展开了“延陵春秋博物馆课程基地建设”项目等。

第二，进行统整化与一体化并重的课程建设。当学科发展中心具备了精准定位的发展规划后，仍需要向下沉潜进行实践深耕方能真正建设成为高水平的学科发展中心。学科发展中心的最终指向依旧是学生生命的整全与成长，此时课程作为学习经验的直接载体，适切、丰富且完整地传递给学生则体现得尤为重要。由此可见，学科发展中心应当理论研习与实践研究的过程中，在完成课程建设的统整化与一体化。此处的课程建设的统整化是使分割、分立、分散的学习内容，按照概念、主题、任务等线索进行统筹与整合。这既包含了学习经验的纵向进阶，也囊括了主题概念的横向贯穿。具体而言，从纵向上看，依据国家新课程新教材和学科核心素养，确定本学科学习的共同基础，建设必修系列课程。为满足学生的志向选择和升学需求，提供志向提升的选择性必修课程，包括为拔尖创新人才提供课程。为满足部分学生的兴趣爱好和素养拓展需求，更好地适应未来生活和职业需求，开设丰富多彩的选修课程。从横向上来讲，面向未来复合型人才培养需求，根据“学科内整合、领域内融合、跨领域综合”的总体建设思路，基于学科核心素养、学科大概念（大观念、主题意义）和学科知识体系，整合形成学科内课程。基于领域大观念和学科共通的思想史、方法论、交叉主题、实验方法等，融合设立领域内课程。为满足人际交往、社会生活、未来职业生活等需求，实施跨领域综合课程。

而一体化则与统整化不同，其是课程目标、课程内容、课程实施与课程评价间的一体化，落地至实践，则主要是教学、学习与评价间的一体化，让这三个方面均围绕学生的应获取的课程经验为目标。一方面，在课堂教学发生的全过程应实现“教—学—评”的一体化。在教学实施前应运用设计思维，开展单元—课时教学设计、学生学习设计和评价设计等三类设计；在教学过程中，教师应聚焦情境任务、探究建构与互动展评等课堂关键环节，充分发挥学生主体性，积极打造生动课堂；课堂教学结束时应持续关注课后的精准化诊断、成长性反思，关注学生在已有基础上的“增值”。另一方面，加强评价研究，提升学科学业质量。建立评价连续统一思想，将课堂评价、自主学习评价、作业评价、单元检测、重大考试评价、学业水平测试和高考等视为连续统一的过程。与此同时，各学科发展中心均实施“学分＋绩点”的学业质量评价体系，开展课堂表现性评价、纸笔作业评价、重大考试评价等三类评价研究。除此之外，在课程建设达成统整化与一体化并重的同时，应进一步激发课堂活力，凝练具有各自学科特点的教学范式，呼应纵深化与特色化的发展规划。如江苏省前黄高级中学生物学学科发展中心凝炼了基于大概念的主题式情境教学模式，数学学科发展中心提炼了基于问题解决的学习进阶教学模式等。

第三，进行适切化与结构化并行的管理协同。实践的深耕如若缺乏良好的管理保障予以协同，则难以实现学科发展中心建设的可持续发展。管理的协同何以实现，这应当要依赖于场域优化的适切化与结构化。场域作为具有自身逻辑、相对自主性和必要性的客观关系的空间，其包含了物理环境的显性场域与文化环境的隐性场域两大部分。场域优化的适切化给与学科教师相对自主的物理和文化环境，并可以将各类学科教师实际教学所需、个人发展所备的资源安置其中。而场域优化的结构化不仅可以使得各种环境的布置、氛围的创建与资源的介入相得益彰，还可以借由不同场域间的相互配合促进教师品悟发展中心的深层价值，凝聚学科未来的发展共识，内化不懈追求的成长观念。正如协同学中所强调的“透过集体行动、关联交互与协调配合，可以实现资源的最大化利用与可持续发展”。正因如此，学科发展中心应当做好物理环境的资源配置，包括校内、校外与信息化资源，以及文化氛围的良好创建，即在共同体中探索良好的人才培养机制，实现名师的引领示范与个人的追求提升。

在校内资源方面，应优化学科空间，建设学科专用馆室。如语文、外语学科整合图书馆、国学馆、外文馆资源，建设跨文化素养培养基地。物理、化学、生物等学科，以科学素养为指向，整合 “环境・生命”课程基地和“启・创”物理实践课程基地，改造实验楼，建设智慧云实验室，建成创客教育和 STEM 课程中心。而校外资源方面，应进一步开拓社会资源，建设校外学科基地。利用地域相关的资源优势，合作共建一批校外社会实践与劳动教育基地、通用技术基地、职业生涯体验场所。利用政府和驻常高校、科研院所的优质硬条件，拓展师生软实力提升，发挥聚合效应，合作共建高端研究项目。除了每年引进 1～2 位正高级、特级、博士或金牌教练外，还应当更多地建设实践共同体，加强师资队伍的建设。第一，聘请驻校专家。由各学科发展中心签订几位学科专家，实行专家驻校工作制，每月来校指导 1～2 天，对学科教师进行讲座培训、课题指导、命题分析等。第二，建立学科联盟，搭建学科交流大舞台。各学科发展中心主动联系 5～8 所省内外学校，组建学科联盟，共同开展项目研究。第三，还应加强与高等院校、科技协会、教科研机构的交流合作，形成一批学术交流与合作研究项目。第四，积极争取教育教学成果奖。各学科发展中心应主动向周边学校、边远地区推行代表性成果，起到高品质示范作用，并系统梳理学科发展的重要业绩和重大成果，申报各类教学成果奖。

第二节　资源保障

学校教育系统内部各组织之间的协同是提升教育治理能力和治理水平的重要方面，也是实现教育现代化的重要保证。党的二十大报告中明确提出，深化教育领域综合改革，加强教材建设和管理，完善学校管理和教育评价体系，健全学校家庭社会育人机制。新高考改革也在不断地推进当中，“三新”背景下普通高中组织协同的资源保障面临着前所未有的挑战。学校教育系统内部各组织之间协同是指不同组织之间基于一定的利益关系而建立起来的合作、沟通与协作关系，在这一过程中需要涉及人力、物力、财力等多方面资源保障。

一、学校政策经费支撑

随着我国基础教育的改革与发展，普通高中已经成为我国高中阶段教育的主体。由于我国普通高中的办学资源较少，普通高中教育在经费投入、资源配置等方面还存在着一定的问题，比如普通高中建设中政策经费不足、经费投入不合理、学校布局不合理等问题。“三新”背景下，普通高中教育改革需要教育经费支持，需要相应的政策经费支撑，以适应新形势下普通高中发展的需要，为全面提升我国普通高中教育质量提供保障。

坚持教育投入的优先保障，使教育经费的投入重点向普通高中倾斜，将普通高中的建设与发展纳入国家中长期教育改革和发展规划之中。一是要制定和完善相关法律法规，明确普通高中教育经费投入的责任主体、责任承担方式，确保国家和地方政府落实教育经费投入的责任，保障普通高中经费投入的稳定增长。二是要建立健全普通高中教育经费保障机制，对普通高中建设和发展提供经费支持，根据当地经济社会发展水平、区域经济结构、人口变化趋势等因素，合理确定普通高中学校布局与建设规模，为普通高中学校建设提供充足的经费保障。三是要落实相关政策。出台具体政策，支持普通高中学校建设，对在新建、改建、扩建学校过程中，涉及土地、规划、资金等方面给予必要的支持和帮助。同时要优化经费投入结构，增加用于农村地区的教育投入和用于职业教育、特殊教育等的投入。

提高普通高中生均公用经费拨款标准，普通高中公用经费的标准较低，在一定程度上影响了普通高中学校办学规模的扩大，不利于普通高中学校的建设和发展。提高普通高中生均公用经费拨款标准，有利于增加普通高中学校办学经费，改善其办学条件，扩大其办学规模。同时，对公用经费中用于改善学校校舍、教学仪器设备、图书资料等方面的支出，要通过高中生均经费拨款标准的调整，向农村地区倾斜、向薄弱学校倾斜、向办学规模小的学校倾斜。要进一步完善普通高中学生资助政策体系，保障家庭经济困难学生顺利完成学业。从 2016 年起，继续实施农村义务教育学生营养改善计划和免除普通高中建档立卡家庭经济困难学生学杂费政策。各省（自治区、直辖市）要制订出台具体政策，确保免除普通高中建档立卡等家庭经济困难学生学杂费政策全面落实到位。鼓励有条件的地区积极采取免费或减免学费等方式支持普通高中家庭经济困难学生完成学业。

完善普通高中学费标准，普通高中学费标准由省级人民政府统筹制定，原则上应不低于同级同类公办普通高中学校高中生均公用经费基准定额，各地要根据经济发展水平、学生家庭经济负担能力和普通高中教育培养成本等因素，合理确定不同区域普通高中学费标准。为充分体现公益性，不以营利为目的，公办普通高中学费标准不得高于当地同类型公办普通高中学校收费标准的 80%。学费标准要定期向社会公布，接受社会监督。

普通高中教育属于国民教育体系的重要组成部分，是国民素质提高和经济社会发展的重要推动力量。政府对普通高中教育的投入应随着经济发展水平和人民群众生活水平的提高而增加。因此，我国普通高中教育的经费投入应与我国经济社会发展水平相适应，适当增加普通高中教育经费投入规模。学费标准的确定应遵循以下原则：一是国家和地方政府不得擅自制定或提高收费标准、扩大收费范围；二是学费标准要与当地居民可支配收入水平相适应；三是不同地区之间应实行差别化管理。

当前，我国已有部分省市对公办普通高中实行了差异化收费政策。例如，浙江省规定公办普高学费标准为每生每年 1 300 元，民办普高学费标准为每生每年 8 000 元；陕西省规定公办普高学费标准为每生每年 1 500 元，民办普高学费标准为每生每年 3 000 元。此外，部分省市也制定了相应的公办普高学费减免政策，如河北省规定对建档立卡家庭经济困难学生免收学杂费、对其他家庭经济困难学生免除教科书费等。因此，各地区可根据当地经济社会发展水平、人民群众教育消费水平、学生家庭经济承受能力等因素制定相应的学费标准并及时进行调整。

建立健全普通高中经费保障机制，国家要加强对普通高中经费保障机制建设的指导和监督，健全省级统筹、以省为主的普通高中经费保障机制。县级教育行政部门应承担对本行政区域内普通高中教育经费投入和使用的管理职责，对本级财政安排用于普通高中教育经费的支出情况进行监督检查，确保各项政策措施落实到位。省级财政要统筹中央和地方两个方面资金，对地方普通高中经费投入情况进行督促检查，按照“保运转、保重点、保民生”的原则，足额安排中央和省级财政转移支付资金，确保省级财政教育支出逐年只增不减。各级教育行政部门要按照《义务教育法》有关规定，将普通高中经费纳入财政预算，落实普通高中公用经费、家庭经济困难学生生活费、国家助学金等标准，落实免学费和免费提供教科书的政策，切实保障普通高中学校正常运转和学生顺利完成学业。

推进普通高中生均公用经费拨款制度，我国普通高中生均公用经费拨款制度是指中央和地方财政为普通高中生提供均公用经费的一项政策制度，是保障普通高中基本运行和发展的重要政策措施。从 2000 年到 2012 年，我国普通高中生均公用经费拨款制度的实施取得了良好的效果。然而，目前我国普通高中生均公用经费拨款制度还存在一些不足，比如高中生均公用经费的核定标准不明确，不同地区高中生均公用经费标准差距较大；高中生均公用经费不能充分发挥对学校正常运行和发展的激励作用。

为推进我国普通高中生均公用经费拨款制度的实施，国家需要建立科学合理的普通高中生均公用经费核定标准体系，明确高中生均公用经费标准在全国的适用范围，以实现对普通高中生均公用经费的科学核定。首先，需要国家财政部门制订全国统一的高中生均公用经费核定标准，并根据各省、自治区、直辖市经济发展水平、人口数量、区域面积等因素制订适用于全国各地的高中生均公用经费标准。其次，需要建立统一的普通高中生均公用经费拨款制度。这需要中央和地方财政部门共同负责制订全国统一的高中生均公用经费拨款制度。在确定全国统一的普通高中生均公用经费拨款标准体系时，应充分考虑到不同地区经济发展水平、人口数量和区域面积等因素，并依据国家法律规定和相关政策要求确定高中生均公用经费标准。最后，需要明确高中生均教育资源配置标准。在确定高中生均教育资源配置标准时，需要依据国家法律规定和相关政策要求来确定。综上可知，我国应建立科学合理的普通高中生均公用经费拨款制度，通过实行高中生均教育资源配置标准体系、制订全国统一的高中生均教育地面积标准和高中生均师资数标准等措施来保障普通高中生均教育资源配置。只有这样才能使我国普通高中学校在新形势下实现可持续发展。

统筹支持普通高中特色发展，普通高中是我国基础教育的重要组成部分，也是学生个性发展、自由成长的主要场所。普通高中在课程建设、学校建设、教师队伍建设、特色发展等方面都需要政策经费的支持。在“三新”背景下，需要在政策经费方面给予普通高中更多的支持，尤其是在课程建设和学校建设方面，要加大对普通高中特色发展的政策经费支持力度。

普通高中教育具有普及性、基础性和选择性。普及的性质决定了其办学经费需求较低,但对于普通高中而言,其主要任务是为社会培养人才,因此在资源配置上应该向素质教育倾斜。目前普通高中学校办学的主要问题是生源流失严重和学科教学质量不高。因此,在政策经费支持上,需要有条件地支持普通高中特色发展。比如,在教师队伍建设上给予倾斜,加大对普通高中教师的培训力度;在课程建设上给予倾斜,加大对普通高中特色课程建设的政策经费支持力度。通过以上政策经费的支持,能够使普通高中教育更好地发展素质教育特色。同时在经费投入上也要有区别于其他教育形式的政策经费支持。比如公办学校中的民办学校,其办学经费需要由政府和社会共同承担;而民办学校中的公办学校则需要国家给予一定政策经费支持。

"三新"背景下,普通高中面临着招生规模不断扩大、教育投入增加、学校债务化解等问题。普通高中是我国基础教育的重要组成部分,是实施素质教育的主阵地,对培养合格人才、促进社会和谐稳定具有重要意义。但由于历史原因,普通高中教育发展不平衡,出现了一些薄弱学校。目前,我国普通高中学校建设水平仍不高,办学条件相对落后。一些地方教育经费投入不足,办学条件差,资源配置不合理,硬件建设跟不上发展需求;教师队伍建设薄弱;优质教育资源紧缺;职业教育与普通教育缺乏有效衔接等问题比较突出。此外,一些地方还存在普通高中债务风险问题。近几年来,全国各地高中学校债务总额呈现出上升趋势。如果不及时化解这一风险,将会对我国普通高中教育健康发展带来不利影响。

强化政府保障责任,各级政府要按照规定落实普通高中经费保障责任,合理划分中央与地方支出责任。要建立健全各级政府职责明确、管理规范、标准统一、监管有力的普通高中经费投入机制,完善财政支持政策和成本分担机制,健全经费动态调整机制。落实公办普通高中学生减免学费和资助政策。将普通高中教育纳入生均拨款或生均公用经费基准定额拨款范围,完善成本分担机制。同时,要进一步完善支持普通高中发展的各项政策措施,这将有利于促进普通高中教育质量提升、高层次人才培养和城乡教育一体化发展。从政策层面看,各地应进一步加强政府对普通高中建设的保障责任,把发展普通高中作为保障和改善民生的重要工作来抓,加大对普通高中建设的支持力度;从资金层面看,要加大财政投入力度,确保普通高中生均经费逐年提高;从师资队伍层面看,要深化教师人事制度改革,健全中小学教师工资长效联动机制,推动各地将教师工资收入水平纳入当地财政保障范围。

二、学习环境优化协同

"三新"背景下普通高中的学校学习环境优化协同,是指普通高中教育教学改革的重点是要围绕学校课程、教学、评价等环节,充分发挥学校教育教学的基础性作用,将深化课堂教学改革和推进课改实验作为根本抓手,进一步优化学习环境、改革课程体系、丰富教学资源和完善评价机制,从而促进普通高中学生全面而有个性的发展。当前,普通高中教育在新高考改革背景下面临着新的挑战和机遇。深化普通高中学校教育教学改革,需要进一步优化学校学习环境,丰富课程资源,加强教师队伍建设,完善评价机制。在“三新”背景下加强普通高中的学校学习环境优化协同具有重要的现实意义。

(一) 优化学习环境:从教室走向社会

普通高中的学校学习环境,是指学生在学校里所处的环境,包括学习空间、教学设施、师资配备、管理服务等。优化学校学习环境,要从教室走向社会。在新高考改革背景下,高中学校必须加强与社会资源的联系与合作,为学生全面而有个性的发展创造更好的条件。第一,加强与社会资源的联系与合作。高中学校要依托社区、企事业单位和公益团体等社会资源,为学生提供丰富多彩、形式多样的学习环境。一方面,通过开展不同形式的教育培训活动,提升社会资源参与教育教学改革的意识和能力;另一方面,要加强与社会资源的联系与合作,通过开展学生实习、实践等活动,拓展学生的社会实践能力和丰富学生对社会问题的认识。与此同时,高中学校也可以借助这些社会资源为学生提供更加优质、全面、深入地学习体验机会,使学生更好地融入社会中。第二,开展多样化的教育培训活动。在新高考改革背景下,普通高中学校要创新教育培训活动形式。要充分发挥课堂教学对学生学习的基础性作用,根据新高考改革要求和高中学校实际情况,选择具有典型性和代表性的课程内容与教学方式开展教育培训活动。例如:通过网络在线学习、“一师一优课”平台学习等方式开展线上学习培训;通过体验式教学、项目化教学等方式开展线下学习培训;通过教师专业发展支持平台进行线下学习培训等。第三,建设安全、开放和有吸引力的校园文化环境。首先,要营造良好的校园文化环境。在校园文化建设中融入安全教育、德育教育等内容,可以通过宣传栏、班队会、手抄报、讲座、主题班会等形式营造安全和谐的校园文化环境;其次,要构建开放、有吸引力的校园文化环境。在校园文化建设中可以通过开展丰富多彩、形式多样、健康向上的主题教育活动等方式营造开放有吸引力的校园文化环境;最后,要创设良好的人文环境。学校要注重人文精神和科学精神相融合的校园文化建设,促进学生全面发展和个性成长。第四,建立和完善师生成长档案数据库。普通高中学校要建立和完善师生成长档案数据库,全面记录学生在学业水平考试、综合素质评价以及新高考改革中所取得的进步与成绩以及在成长过程中所遇到的各种问题与困难等方面内容。这样不仅能够了解学生成长过程中所取得成绩和进步情况,还能够了解学生在学习过程中遇到各种问题和困难,以及了解学生在学习过程中所获得进步与成长情况，能够帮助教师及时掌握学生发展情况并有针对性地进行教育教学工作调整与改进等。第五，建立健全学校社会支持系统。普通高中学校要通过社会资源积极开展校内外合作交流活动；通过走进社区、企业开展实践体验活动等方式为学生提供更多社会实践机会；通过教师与家长共同参与学生成长档案数据库建设等方式加强与家庭联系和合作交流。普通高中学校要通过建立健全师生成长档案数据库、强化家校沟通和社会支持等方式为学生提供更好的学习环境。

在建立健全师生成长档案数据库过程中，首先，要根据学校实际情况，选择合适的师生成长档案数据库内容；其次，要对师生成长档案数据库进行规范化建设，保证其全面性和真实性；最后，要对学生在成长过程中所取得进步与成绩进行全面记录，为教师及时掌握学生学习情况并有针对性地进行教育教学工作调整与改进提供有力支持。师生成长档案数据库内容主要包括学生个人基本信息、在校学习情况、心理健康状况、体育运动情况、社团活动情况、志愿服务情况、获奖情况、社会实践情况等。其中，学生基本信息主要包括学生姓名、性别、出生年月、身份证号码等；在校学习情况主要包括学生在各年级所学课程的总数量和各学科所学总课时数，并在每学期末将所有学科的学生成绩进行汇总；心理健康状况主要包括学生是否患有精神疾病和是否存在心理问题；体育运动情况主要包括学生每天的体育课总数量和参与体育活动的次数，并将学生在体育活动过程中所取得的成绩进行汇总。

家校沟通和社会支持是一项复杂的系统工程，需要学校、家庭和社会各方共同努力。一方面，学校要主动与家长建立良好的沟通联系，定期向家长通报学校各项教育教学工作开展情况、学生在教育教学过程中取得的进步与成绩以及遇到的各种问题和困难，让家长充分了解学校教育教学工作和学生在校情况。另一方面，要通过家长委员会、家长课堂、家长开放日等多种形式与家长保持密切联系，定期召开家长会或座谈会等形式加强与家长的沟通交流。同时，要加强与社会各界的合作交流。学校要积极联合社会各方面力量为学生提供更多的学习体验机会，让学生在丰富多样的社会实践活动中提升综合素质和能力，也要为学生提供更多走进社会的机会，使学生更好地了解社会、融入社会。此外，还可以通过开展各种类型的讲座、论坛等形式加强与家庭沟通交流。

新高考改革对高中学校的管理工作提出了更高要求。在新高考改革背景下，高中学校要充分利用信息化手段，加强对学生学习环境的管理。第一，借助信息技术手段优化课程教学。在课堂教学中，高中学校可以运用信息技术手段优化教学过程，如：运用云课堂、慕课、翻转课堂等形式提高课堂教学效率；运用信息技术手段加强教学互动，增强学生对知识的理解和掌握程度；利用信息技术手段优化课堂提问设计，增强学生对问题的理解和掌握程度。其次,利用信息技术手段加强评价管理。高中学校可以利用信息技术手段加强评价管理,如:通过网上学习资源库、网络课程、师生成长档案数据库等形式对学生学习过程进行评价;通过学业水平考试、综合素质评价以及学生成长档案数据库等形式对学生学习成果进行评价;通过建立学生档案管理系统、学生综合素质档案数据库等形式对学生综合素质进行评价;通过智能学情分析系统、教师课堂评价系统等形式对教师教学过程进行评价。高中学校可以通过建立家长学校、家长会、家校通等方式加强与家长的联系与沟通,及时了解和掌握家长对学校教育教学工作的意见和建议,促进家校合作。第二,充分发挥教师在学校管理中的作用。首先,要完善教师绩效考核制度。在新高考改革背景下,教师绩效考核制度是保障教师教学积极性的重要依据,也是确保教师工作质量的重要手段。例如:建立基于教育教学效果的绩效考核制度;建立基于学生学业水平考试成绩的绩效考核制度;建立基于学生综合素质评价的绩效考核制度等。其次,要强化教师师德师风建设。一方面,要强化教师职业道德教育;另一方面,要强化教师职业素养教育。因此,高中学校要强化对教师职业道德教育和职业素养的培养与提升工作。例如:通过专题讲座、主题班会、网络学习平台等方式加强对教师师德师风建设的宣传教育工作;通过设立"师德标兵""优秀班主任"等方式加强对优秀班主任工作经验进行宣传报道与推广;通过举办主题演讲比赛、征文比赛等方式加强对优秀教师先进事迹进行宣传报道与推广等。再次,要完善学校规章制度建设。例如:制定健全完善的班级管理制度、学生学习制度、家校联系制度、学生奖惩制度等;制定完善的学生奖励制度、学生处分制度等;制定健全完善的班主任工作常规管理制度、班级活动管理制度等。同时,还要不断完善学校规章制度建设和健全学校规章制度执行机制。

(二)改革课程体系:从分科走向综合

新高考改革将课程从分科走向综合,对学生的综合素养提出了更高要求。在此背景下,普通高中应以课程为载体,加强学习环境与学校学习环境的协同优化,探索如何在新高考改革背景下进一步提升学生的综合素质和核心素养。改革课程设置。在普通高中,学校应加强学科间的整合,建立学科课程与活动课程相结合的课程体系,从"分科"走向"综合",避免学生重复学习同一门学科。在此基础上,学校还应进一步开发综合实践类、研究性学习类等课程,充分利用国家、地方和学校的课程资源,实现课程体系从分科走向综合。加强选修课建设。普通高中应建立完善的选课制度,根据学生的兴趣、特长和生涯规划等因素,选择不同的选修课程,满足学生多样化、个性化发展需要。同时,学校应加强对选修课教师的培训和指导,引导教师在教学中积极开发选修课程并合理设置教学内容。加强校本课程开发。

普通高中学校可充分挖掘地域和校园资源优势开发校本课程体系。针对不同年级学生特点和学科学习需要，开发“1＋1＋1＋1＋1＋X”多元校本课程体系。第一个“1”是指核心课程，即学科知识与方法拓展课程。第二个“1”是指特色课程，即校本选修课程，包括人文素养类、科学探究类、艺术与体育类、劳动实践类等课程。同时，学校可根据办学定位和特色开发校本课程，如面向高中生的人文素养拓展课程等。推进综合实践活动课程建设。普通高中应强化劳动教育，在完成国家规定的课时外，结合地方和学校特色，开发适合学生的综合性实践活动。在“双减”政策下，学生的劳动时间减少了，但学生的劳动需求不能减少。学校可引导学生开展研究性学习、社区服务与社会实践活动等，满足学生劳动需求。重视生涯规划教育。普通高中可将生涯规划教育纳入学校教育的整体规划中，在高一和高二开展生涯规划指导课，帮助学生认识自我、了解社会、发现兴趣点和特长、了解职业前景，为学生的学业发展和职业选择提供支持。同时，学校应完善生涯规划课程体系建设和管理制度，加强教师培训和指导。学校还可借助校园网等网络平台，建立生涯规划课程资源库和选课系统，为学生提供自主选择和个性化发展的支持。第三个“1”是指学科课程，包括学科基础、学科拓展和学科综合三部分内容。第四个“1”是指地方课程，包括乡土文化、乡土植物等。第五个“1”是指校本课程，包括学生社团、科技创新和创业教育等。开发多元活动课程。学校可充分利用校内外资源，开发系列主题式活动课程。如在校内开发以劳动教育为主题的综合实践活动课程，如研学旅行、劳动教育实践基地等；在校外开发以传统节日为主题的实践活动课程，如清明节、端午节、中秋节等，让学生在体验传统文化的同时，培养民族情怀和家国意识。建设信息技术平台。学校可充分利用信息技术手段，如互联网、人工智能、大数据等，将校园内各种硬件资源和软件资源整合起来，搭建基于网络平台的学习环境。同时，学校可开发网络课程平台，为学生提供在线学习、在线辅导、在线答疑等服务；也可开发网络管理系统，为教师提供教学管理、质量监控和数据统计等服务；还可开发网络教学平台，为教师提供网上备课和考试评价服务。“X”是指综合实践活动课程，主要包括社会调查、专题研究、职业体验和劳动技能训练等内容。普通高中学校可根据学生兴趣和特长，开发体现学校办学特色的课程，满足学生的个性化学习需要。如，在上海一些普通高中开设了书法、设计、机器人等特色课程；在一些高校，有的专业对学生有特殊要求，比如某高校规定只有艺术特长生才能报考，那么学校可以开设舞蹈、播音主持等艺术课程。

推进选课走班。普通高中应以促进学生个性发展和满足不同学生兴趣爱好为目标，通过选课走班的方式实现“走班制”。这样做既能满足学生多样化学习需求，也能充分发挥普通高中的课程优势，通过学校教育与社会教育的结合，有效促进学生个性发展。同时,学校还可根据国家、地方和学校的课程资源开展研究性学习、综合实践活动等课程。

（三）丰富教学资源:从固定走向开放

普通高中要严格依据国家课程方案和课程标准,开齐开足必修课程,充分利用校内外教学资源,积极开发选修课程。加强选课指导,探索适应不同学习需求的教学组织形式。普通高中要完善学生选课指导制度,充分尊重学生的意愿,为学生选课提供必要的指导和服务。当前,普通高中学校还存在着一系列“硬件”不足的问题,如:教室、实验室、图书馆等设备相对落后;实验材料不足;教师教学所需的多媒体设备严重短缺;教师专业知识不足。因此,需要积极开发利用好教育教学资源。随着网络技术的发展和普及,教育资源已经突破了传统意义上的空间限制,可以通过互联网,将优质资源在全球范围内进行共享,扩大了教育教学资源的来源和途径。然而,新高考改革后,考试科目和要求增加了“综合”这一特点,也就意味着考试命题不再局限于以往的知识体系,而是需要更加注重对学生思维能力的考查。在这种情况下,单一的教室、实验室、图书馆等固定的教育教学资源已无法满足学生学习发展的需要。因此,普通高中要从固定走向开放,进一步丰富教学资源。在开发利用教育教学资源时需要注意两点:一是要做到开放共享;二是要确保安全有序。例如,要注重学校之间、学校与企业之间的合作,积极开展校际间的教育教学交流活动,通过教师培训、观摩交流等方式,使其在教育教学过程中实现资源共享、优势互补,从而达到资源共享的目的。此外,还可以通过创办开放日、网络直播等方式,让社会各界了解普通高中学校的教育教学工作。

三、校外实践基地联动

新高考背景下,普通高中校外实践基地联动的机制应立足于学生发展需要、学校办学特色和地方教育资源等条件,发挥各基地优势,创新育人模式。根据各地校外实践基地的基本情况和学生特点,通过与学校、政府、企业、社区等建立联动机制,加强对实践基地的管理,深化基地内涵建设,进一步拓宽资源渠道,丰富校外实践内容,开展主题活动、研学旅行等教育活动,培养学生的创新精神和实践能力。

普通高中校外实践基地是学校开展社会实践活动的重要场所,在学生的学习和成长中发挥着重要作用。普通高中通过与校外实践基地建立联动机制,可以实现优势互补、资源共享,使实践基地在育人目标上更加契合学校的教育理念。一方面,学校可充分利用校外实践基地丰富的实践资源,为学生提供更多更好的发展空间。如校外实践基地中的图书馆、博物馆、科技馆、体育中心等场所,在学生进行研学旅行时可作为学校开展体育活动和课外活动的场所，同时也为学生提供了专业的技术指导。另一方面，学校可依托校外实践基地丰富的资源和管理经验，进一步加强对校外实践基地的管理和建设。如学校可以邀请基地组织开展有意义的社会调研、参观考察等活动，并给予一定的经费支持；在对基地进行评价时也可以参考学校对基地管理方面的意见。此外，普通高中与校外实践基地还可以通过建立联动机制加强校际之间在课程资源、学生教育方面的交流与合作。如普通高中可以定期邀请基地老师来学校为学生开展专题讲座，邀请基地专家与学校教师进行研讨交流等；通过定期组织学生到基地开展社会实践活动，使学生能及时了解不同地区、不同行业、不同职业岗位对人才素质要求的差异，促进学生全面发展。

普通高中开展实践教学的目的是引导学生深入社会、了解社会、认识社会，使学生在实践中了解国情、省情、市情，增强学生服务国家、服务人民的社会责任感，在实践中提升综合素质，获得全面发展。因此，普通高中在实践教学过程中可以通过与校外实践基地的合作，借助校外实践基地的专业资源，为学生提供更多更好的实践体验。首先，普通高中可以邀请校外实践基地的专家或教师为学生开展专题讲座或组织师生开展研学旅行等活动，为学生提供专业指导和服务。例如学校可以邀请基地老师或专家为学生讲授“新中国成立 70 周年成就”“世界百年未有之大变局”等专题知识，帮助学生了解国家大事、了解世界局势。在校外实践基地开展研学旅行时，学校可以邀请基地教师或专家为学生开展安全教育、心理健康教育等讲座，帮助学生提高安全防范意识和心理承受能力。其次，普通高中可以邀请基地教师或专家开展专题讲座，向学生介绍学科知识和技术的前沿发展动态，让学生了解更多领域的专业知识。例如学校可以邀请基地教师或专家来学校为学生进行专题讲座或组织师生参观科技馆、博物馆等场馆；在校外实践基地开展研学旅行时，学校可以邀请基地教师或专家为学生讲解历史文化、地理环境、生态保护等方面的知识。此外，普通高中还可以将实践教学与国家课程、地方课程和校本课程相结合。通过将校外实践基地作为国家课程和地方课程的补充和延伸，丰富学校的课程内容和类型。

普通高中通过与校外实践基地建立联动机制，可以使基地充分发挥自身资源优势，不断提高服务水平，为普通高中的教育教学和学生成长提供更加优质、高效的服务。具体而言，一方面，学校可在基地原有的基础上进行改造和升级，以满足不同类型、不同层次学生的多样化需求。如可将基地原有的图书馆、科技馆进行改造升级，在此基础上开辟出更多更好的实践场所；或在基地原有基础上，增设与学校相匹配的专业教室和实验室；或通过增加室外活动场所和实践场地来满足学生开展户外活动的需求。另一方面，学校可对基地现有的软硬件设施进行评估，并根据评估结果有针对性地提出改善意见和建议。如针对基地设施设备陈旧、服务不够完善等问题，学校可向基地提出“组织教师培训”“制订设备更新计划”等建议；对于基地教师队伍建设不到位、实践能力不足等问题，学校可向基地提出“提供教师轮岗机会”“提高教师待遇”等建议。通过普通高中与基地的互动合作，不断提升实践基地的服务能力和水平。

创新精神是人的创新能力的重要体现，也是人才培养的核心。培养学生的创新精神和实践能力，有利于提升人才培养质量。学校可与校外实践基地合作，借助基地的教育资源和人力资源优势，充分挖掘基地的科技资源和育人价值，为学生提供更多实践体验的机会。同时，学校可将与实践基地合作开发的校本课程中涉及创新精神和实践能力相关内容纳入课程教学中，并可将社会实践基地作为重要的课程资源纳入校本课程体系。学校还可以与基地共同开展丰富多彩、形式多样的活动，如科技创新大赛、科学实验比赛、科技创意大赛、创客作品比赛等；在学校开展研学旅行时可将基地作为研学旅行地，让学生亲身体验“研学”和“旅行”的不同内涵；学校还可以与实践基地共同开发研究性学习课程，使学生在真实情境中开展科学探究和技术发明活动。

加强实践基地建设是提高学生实践能力、培养学生综合素质的重要途径。通过学校与实践基地建立联动机制，将地方课程、校本课程与实践基地教育资源整合，开发出与地方文化和历史相融合的实践课程。一方面，通过学校与实践基地的联动，更好地挖掘地方历史文化和自然地理资源，为学生提供多样化的社会实践活动。在此过程中，通过加强学校对校外实践基地建设和管理工作的指导和规范，能有效推动实践基地建设工作的发展。在建设过程中，一方面应从学校实际出发，以学校为主导进行建设规划和方案设计；另一方面应充分考虑地方特色和学生发展需求。

为了更好地发挥校外实践基地在高中阶段培养学生综合素质的作用，建议重点从以下方面入手：第一，加强顶层设计。首先需要根据地方经济社会发展水平、区域内学校布局情况、学生特点等因素对基地进行分类规划设计，如针对城市社区类基地应加强宣传和引导工作；针对工业企业类基地应加强企业文化建设；针对自然类基地应加强生态环境保护教育。其次要根据实际需求确定项目设计内容和具体方案。在设计过程中，应注重综合运用科技手段、学科知识、生产工艺等，做到理论与实践相结合。第二，加大经费投入。教育经费投入是学校建设、发展、实施素质教育的基本保证。由于社会力量办学具有非营利性特征，国家应通过财政支持等方式加大对社会力量办学的支持力度。各级政府、教育主管部门和学校都应建立相应的经费投入保障机制。例如政府可以通过购买服务等方式对社会力量办学进行财政补贴；教育主管部门可以通过政策引导等方式鼓励企业、高校等社会力量参与到学校教育教学工作中；学校可通过“以奖代补”“先建后补”等方式加大对社会力量办学的经费支持力度。第三，建立第三方评估机制。学校应成立专门机构和人员，加强与基地的联系与沟通，及时了解基地建设情况及发展动态。同时还可以委托第三方评估机构对实践基地进行定期检查和评估，形成科学、客观、全面的评价机制。

普通高中校外实践基地联动要发挥各自的资源优势，在学生的自主学习和创新能力培养方面深度挖掘。一是要加强基地资源的开发和利用，充分利用学校教育和社会教育资源，形成育人合力，探索以主题式、体验式等为特色的校外实践课程。二是要创新基地管理模式，健全实践课程开发与管理机制，使之规范化、制度化。三是要建立校外实践课程基地评估体系，将实践课程基地的建设与学生的学习、教师的教学和社会实践等情况作为重要依据，定期进行评估和考核。各地可根据学校办学特色、学生兴趣爱好和专业特长等实际情况，引导基地与学校在校外教育资源整合上实现深度融合。通过这些深度融合，学生可以获得更丰富的校外实践体验。

普通高中校外实践基地联动要依托自身的资源优势，设计研学实践课程，引导学生积极参与。一是要将基地作为学校与学生联系的纽带，以基地为依托，建立研学基地联盟，开展以项目为中心的研学实践活动。二是要利用学校教育资源，结合学生的兴趣爱好、专业特长等进行研学实践课程开发。三是要发挥学校在社会实践中的主导作用，鼓励学校以校外实践基地为依托，积极组织学生参与社会调查、志愿服务、生产劳动和科技发明等活动，让学生在真实的情景中感受社会生活的多样性、复杂性。四是要注重培养学生的自主学习能力、探究能力和创新意识。在研学实践活动中，一方面学校可以引导学生对基地进行深入了解和考察，如通过实地参观、访谈等方式收集第一手资料。另一方面也可以由教师或者第三方组织开展课堂教学或讲座等活动。五是要结合学科课程内容进行研学实践课程开发，比如江苏省前黄高级中学的“延陵春秋”历史研学课程，通过实地考察、参观与访谈春秋淹城博物馆，追溯古代先民们的生活方式与人文环境。六是要引导学生将校外实践和校内教育有机结合起来。比如江苏省前黄高级中学的劳动教育开展，让学生进行太湖湾劳动实践之后，将掌握到的劳动技能运用至学校药园的中草药栽培与维护中，培养学生良好的劳动习惯与劳动精神。

普通高中校外实践基地联动要以劳动教育为主线，让学生在劳动中去体会、感悟劳动的意义与价值，去体验生活。一是要注重开展适合学生特点的劳动教育。《关于全面加强新时代大中小学劳动教育的意见》指出：“把劳动教育纳入人才培养全过程，贯通大中小学各学段，贯穿家庭、学校、社会各方面，与德育、智育、体育、美育相融合。”充分挖掘各类资源，建设专兼结合的劳动教育教师队伍，打造专兼结合的劳动教育实践课程。要合理安排日常生活和生产实践活动，加强家庭生活技能训练和社会生产劳动实践。同时，要有针对性地加强对学生的职业启蒙教育，鼓励引导学生选择适合自己成长特点的职业。二是要结合学校办学特色开展劳动教育，可探索在学校开展多种形式的劳动实践活动。如南京市铁北中学以“陶行知”为办学特色，在校外建立“小陶行知”实践基地，学校统一安排学生到基地开展“陶行知”德育体验课程；南京雨花经济开发区实验中学结合航天产业发展特色，与相关企业共建了“雨花航天基地”；安徽理工大学附属中学利用大田湾卫星发射基地作为安徽省唯一一个实践课程基地开展卫星发射体验活动。三是要引导学生走出校门、走向社会。可组织学生到社区、企业等社会单位参与相关生产劳动和服务性劳动，通过集体劳动体验增强学生的责任感和使命感，让学生体会到劳动的艰辛与光荣。

在新高考背景下，普通高中校外实践基地联动机制要进一步拓展资源渠道，通过与学校、政府、企业、社区等建立联动机制，将校外实践基地的优质资源引进学校，为学校的发展提供帮助。校外实践基地不仅为学生提供校外实践活动场所，也可以为学校提供培训教学场所、教学设备等。因此，普通高中要主动与校外实践基地联系，了解实践基地的教学资源、师资力量和管理水平等基本情况。同时，普通高中要充分利用校外实践基地的优质资源，制定统一的培训方案，邀请基地专家或教师到学校开展专题讲座或教学培训，推进校外实践基地与学校间的共建共享。

普通高中要积极主动地与校外实践基地建立联系，充分利用各种资源，深入挖掘实践基地的教育资源。一是加强与校外实践基地的沟通交流，通过互相走访、调研、座谈等方式，了解实践基地的基本情况，对实践基地存在的问题进行梳理和总结；二是要与校外实践基地就课程建设、师资队伍建设等方面进行合作交流，充分利用校外实践基地的优质资源；三是要积极参加校外实践基地举办的各类活动，加强与其他学校或教育机构的联系和交流；四是要加强与学生家长和社区的沟通，及时了解学生在校外实践活动中遇到的问题和困难，共同探讨解决方案。

普通高中要主动建立校企合作“共同体”，发挥校企合作“共同体”的协同育人作用，促进普通高中与企业双方的共同发展。普通高中与企业在学生校外实践基地建设方面有很大的合作空间，学校可以通过与企业共建实践基地、合作开发课程和联合组织教学等方式，加强校企合作。如与上海联影医疗科技有限公司共建“联影·上医学生实践基地”，学校通过“大手拉小手”“走进联影”“小手牵大手”等活动，让学生参与到实践活动中去。同时，学校还可以邀请企业专家或技术人员到学校开展讲座或教学培训，向学生讲解实践基地的发展历程、产业结构、先进技术等，增强学生对实践基地的了解，激发学生参加校外实践基地建设的兴趣。

第三节　督管保障

教育是党和国家事业发展的重要基石，是民族振兴、社会进步的重要基石，是提高人民综合素质、促进人的全面发展的重要途径。党的十八大以来，党中央、国务院高度重视教育改革发展。在新时代背景下，推进普通高中的教育教学改革、提高高中阶段教育质量，必须加强党对学校工作的全面领导，坚持正确办学方向，落实立德树人根本任务。为保障普通高中的学校组织协同，切实提高“三新”背景下普通高中的教育教学质量，就必须加强督管保障。

一、创新督管机制

督管工作是教育督导的重要内容，对推进“三新”背景下普通高中的学校组织协同，切实提高高中阶段教育教学质量具有十分重要的意义。但在实际工作中，由于督管部门力量薄弱、经费不足等问题，影响了督管工作的有效开展。为此，我们应当创新督管机制，加强督管保障。

一是要提高认识。要把普通高中的学校组织协同作为落实“三新”背景下普通高中教育教学质量提升行动计划、推进“双减”政策落实的重要内容，作为推进高中阶段教育高质量发展的重要抓手。要强化责任担当，通过建立健全督管保障机制，切实提高普通高中教育教学质量，为培养德智体美劳全面发展的社会主义建设者和接班人提供坚强有力的保障。

二是要加大经费投入。督管工作需要较大资金投入。但由于我国区域差异大，在经济欠发达地区、农村地区等，由于办学条件差、教学质量不高等原因，需要财政加大投入力度。通过增加财政投入力度，能够为督管保障工作提供有力支持。

三是要创新体制机制。在实际工作中，我们要探索建立督管保障工作的统筹协调机制、督查督办机制、督管队伍建设机制和保障机制等，通过创新体制机制建设，使学校组织协同落到实处。如可以探索建立区域统筹协调机制，在教育督导机构内部成立督管保障办公室，专门负责统筹协调区域内督管工作；建立区域督管协调机制和督查督办机制，形成督管合力；建立督管队伍建设机制和保障机制等。通过创新体制机制建设，使学校组织协同落到实处。

四是要明确职责任务。教育督导部门要充分发挥教育督导职能作用，对本行政区域内教育事业发展情况进行监督检查；负责组织对县级人民政府履行教育职责情况的评估和考核；对县级人民政府及有关部门落实教育法律法规、方针政策和决策部署情况进行监督检查；对学校办学行为、教育教学质量进行评估和考核；提出普通高中发展规划、政策建议等。省级人民政府要加强对本行政区域内的督管工作的领导和指导。各地要在省级人民政府领导下建立相应的督管机构，落实人员编制并保障必要经费投入。同时加强教育督导部门自身建设和督管队伍建设。通过明确职责任务、创新体制机制、落实保障措施等方面的努力，为促进普通高中教育高质量发展提供有力保障。

第一，督管主体的责任。督管工作的主体是教育督导部门，作为督管工作的职能部门，教育督导部门应当加强对督管保障工作的领导，加强对督管保障工作的研究，提出加强督管保障工作的意见建议。各级教育督导部门应当充分发挥教育督导职能作用，建立健全相关规章制度，建立督管保障机构和队伍。各级教育督导部门应当通过建立健全相关规章制度，对本行政区域内的学校组织协同进行监督检查和评估考核；通过加强对学校组织协同的监督检查和评估考核，推动学校组织协同有效开展。各级教育督导部门应当注重发挥专家的作用，加强对督管保障工作的研究，为科学决策提供咨询服务。通过加强对专家的指导，发挥专家在督管保障工作中的作用。同时，学校应当通过加强对教师特别是校长及行政人员的培训，提高学校组织协同能力。同时，教育督导部门也要对学校组织协同情况进行评估考核，并将评估考核结果作为教育督导部门及其工作人员考核评价的重要依据。

各级教育督导部门应当充分发挥“督政”作用，制定规划并督促落实，推动当地政府认真履行教育职责。教育督导部门应当及时向本级人民政府报告学校组织协同有关情况，提出加强学校组织协同的建议。同时，教育督导部门还应发挥“督学”作用，通过监督检查和评估考核，督促学校积极开展组织协同工作。教育督导部门可以通过参与学校组织协同工作的专项督导检查，对学校组织协同开展情况进行监督检查；可以通过定期和不定期地对学校组织协同工作开展情况进行评估和考核；可以通过对学校组织协同的情况进行评价，提出意见建议。此外，教育督导部门还应当加强自身建设，完善自身职能，不断提高督管保障工作能力。各级教育督导部门应当加强自身建设，完善内部机构设置和管理体制机制，优化督管保障队伍结构，建立督管保障专家库；注重对督管保障工作的研究和指导，提高自身督管能力和水平。

第二，督管内容。在普通高中的学校组织协同中，督管内容包括学校办学行为、教育教学质量、师资队伍建设、资源配置等方面。因此，各地要根据实际情况，突出重点，科学设计督管内容。可以根据本省（区、市）普通高中教育的特点，突出督管重点，如可以突出重点地区、重点学校、重点学科等。同时还要注意把握好督管内容的科学边界和底线要求，在坚持教育优先发展战略地位的前提下，以问题为导向，以改革创新为动力，以促进公平为着力点，结合实际制定具体的督管内容。一是要把新高考改革和“双减”政策落实作为重点。普通高中新高考改革是新时代高中阶段教育的一项重大改革。要把推进普通高中新高考改革作为教育督导的重要内容。各地要以普通高中新高考改革为契机，推动普通高中学校组织协同。在督管过程中，要紧扣普通高中学校组织协同的核心要求和关键环节，进一步深化教育评价制度改革。要进一步加强对高中学校组织协同的监督检查，推动各级各类学校落实课程方案、开齐开足课程、严格规范办学行为等要求。二是要把学生综合素质评价作为重点。普通高中学生综合素质评价是学生发展档案的重要组成部分，也是评价学生发展水平和质量的重要手段。各地要将学生综合素质评价工作作为督管工作的重要内容，并加强对学生综合素质评价结果运用的监督指导。三是要把师资队伍建设作为重点。优质师资是办好普通高中教育、提高教育质量的关键要素和根本保证。各地要结合实际制定督管内容，充分发挥学校组织协同作用，探索建立教师统筹调配机制、教师培训培养机制、教师定期交流制度等。

第三，督管方式。督管方式包括常规督导、社会监督、舆论引导、随机抽查、现场督导、综合督导等。

常规督导。教育督导部门要依据国家有关教育法律法规和政策规定，按照“督事、督人、督管理”的工作原则，建立健全普通高中学校组织协同督导机制，通过常规督导等方式，对普通高中学校组织协同情况进行督导。如可以建立常态化的常规督管机制，开展常规督导工作，推动普通高中学校组织协同落实。如可以开展专项督导工作，对普通高中学校组织协同工作进行全面督查；可以开展专项调研工作，对普通高中学校组织协同的现状进行调查了解；可以开展专项整改工作，对普通高中学校组织协同存在的问题进行全面整改。教育督导部门要将普通高中学校组织协同列入综合督查内容。如可以开展综合督查工作，通过对普通高中学校组织协同情况进行综合督查，查找问题并督促整改；可以开展专项督查工作，针对重点任务开展专项督查；可以开展常态化督查工作，针对关键环节和重要时间节点开展常态化督查。

社会监督。通过新闻媒体、政府网站、网络平台等途径广泛宣传普通高中学校组织协同的意义和政策措施。要畅通公众参与渠道，充分发挥社会舆论监督作用。如可以利用报纸、电视、网络等媒体平台，宣传教育督导部门采取的督管措施和取得的成效；可以利用教育举报平台和热线电话等渠道，受理社会各界对普通高中学校组织协同的投诉举报。要探索建立普通高中学校组织协同的社会评价机制，引导社会各界特别是教育行业外人员，更好地了解学校组织协同的意义，正确评价学校组织协同工作成效。

舆论引导。教育督导部门要加强对普通高中学校组织协同工作的舆论引导，通过报刊、广播、电视、网络等媒体平台，宣传普通高中学校组织协同的意义和政策措施。要注重加强对普通高中学校组织协同典型经验和典型做法的宣传，鼓励各地在督管过程中学习借鉴先进经验。

随机抽查。教育督导部门要根据国家有关教育法律法规和政策规定，结合当地实际，制定普通高中学校组织协同随机抽查清单，明确抽查对象、内容和方式，对普通高中学校组织协同工作情况进行抽查。

现场督导。要开展现场督导工作，通过实地检查、查阅资料等方式进行，确保实现督管目的。

综合督导。教育督导部门要将普通高中学校组织协同纳入综合督查内容，建立健全督管保障工作的统筹协调机制、督查督办机制、督管队伍建设机制和保障机制。要针对重点任务开展专项督查工作，对重点任务落实情况进行督查；针对关键环节和重要时间节点开展常态化督查工作；针对普通高中学校组织协同存在的问题进行整改督办；对普通高中学校组织协同工作的情况进行评估和考核；对普通高中学校组织协同的落实情况进行全面检查。

二、开展督导评估

普通高中学校组织协同督导评估，就是通过对普通高中学校教学工作的组织实施和管理过程的监督和检查，来对学校教学管理的成效和运行状况进行系统地诊断，从而发现问题，分析原因，提出改进措施和建议。督导评估具有系统性、综合性、科学性的特点，是对学校组织协同效果的综合评价。督导评估应在新时代教育评价改革背景下，围绕“三新”背景下普通高中教育教学改革的目标任务和要求进行。

对于督导评估中发现的问题，应及时发出整改通知书并督促整改。对于被督导评估学校在办学过程中存在的问题，也要提出建议和意见。这样才能不断地改进学校组织协同的运行机制，促进学校教学工作不断提升质量和水平。

第一，对学校进行全面的综合督导评估。学校组织协同督导评估，主要是通过对学校开展全面的综合督导评估来实现的。具体来说，可以采用以下几种方式。一是综合评价。即对学校进行全面综合的评估，主要从办学理念、办学目标、发展规划、机构设置、师资队伍建设、制度建设等方面来进行综合评价。这种方式具有较强的系统性和综合性，在评价过程中可以充分体现出学校办学特色。学校在评估过程中，要坚持以人为本，把学校发展放到学生发展的高度去认识，把学生发展放在教育教学工作的核心位置上来看待。这样，才能进一步提升学校的办学水平和教育质量。二是突出重点。即根据所检查的内容，按照不同性质进行分类评估，以保证评估工作的针对性和有效性。对于那些共性问题或普遍现象较多的问题，如课程建设、教师队伍建设等方面存在问题较多，要进行重点督导；对于那些具有特色的或在某方面有突出成绩的学校和个人要加大督导力度和范围，以达到示范引领和辐射带动作用；对于那些新开办或规模较小、基础较差的学校要重点督导并帮助其不断改进；对于那些生源素质较差、基础较差、社会影响大或影响教育教学改革发展的学校要加强督导。三是问题导向。即针对检查发现的问题进行评估，以推动问题解决为目的。对于发现的问题，要及时发出整改通知书并督促整改；对于问题严重或多次督促整改仍不能达到要求的学校，应采取公开通报、媒体曝光、问责等方式予以处理。四是过程监督。即通过一定的程序对学校进行全程监督和管理。从制度建设、机构设置、人员配备到规章制度、课程建设、教师队伍建设等各个方面进行监督和检查。通过对学校组织协同情况进行全程监督和管理，不断改进学校管理和教学工作中存在的问题，不断提高学校教育教学质量。

第二，对学校教育教学质量进行监测。学校教育教学质量监测就是对学校教育教学质量进行监督检查，以评价学校教育教学质量为目的的一种检查制度。它通过评价学校教育教学目标的达成度，来促进学校教育教学质量的提高。由于影响教育教学质量的因素是多方面的，所以监测评估必须针对不同层面、不同角度，采取不同方法和手段进行，才能保证评估结果的科学性、客观性和真实性。在实践中，主要有以下几种监测方法：一是综合评价。综合评价就是把学生在校学习过程中所发生的各种学习行为、学习结果以及学生在学习过程中表现出来的个性差异、人格特点等纳入到评价之中，从而使学校教育教学质量评估更为全面和准确。二是通过测试学生学业水平来进行评估。学业水平测试主要是对学生在学业水平方面进行评价，了解学生在原有基础上是否有进步。在实施过程中，可根据不同阶段和不同学科的特点和要求进行测试，并对测试结果进行科学分析。这种方法适用于对高、初中毕业班学生进行整体的学业水平评价。三是通过对教师的评价来进行评估。教师是学校教学工作的实施者、管理者和服务者，其工作效率、工作质量和工作态度直接关系到学校教育教学质量的提高。在实施过程中，可根据不同学科和不同阶段确定不同指标来衡量教师在教学过程中是否认真负责、是否达到了教学目的、是否满足了学生的学习需求。四是学校管理水平主要体现在学校领导、教师队伍、条件保障等方面。其中，校长是学校办学思想的指导者，是学校发展战略和发展规划的制定者；教师队伍建设是提高学校教学质量和办学水平的关键，决定着学校教学质量和办学水平的高低；条件保障是提升教育教学质量和办学水平的重要基础。五是通过对家长或社区公众满意度进行评估。评价时要重视评价结果运用，发挥评价在教育教学中的导向作用；同时要充分听取社会各方面对学校教育教学质量监测评估工作提出的意见和建议，进一步改进和完善评估方法、措施和标准，不断提高评估工作质量；还应充分利用网络等新媒体手段开展教育教学质量监测评估工作，以更加便捷、高效、准确地获取信息资源，促进学校教育教学质量的提高。

第三，开展“三新”背景下普通高中学校协同督导评估。评估的目的是更好地促进学校持续改进，不断提高学校教育教学质量和水平。普通高中学校协同督导评估，应根据国家教育督导委员会和教育部相关文件精神，围绕“三新”背景下普通高中教育教学改革的目标任务和要求进行，对学校组织协同运行状况进行评估，并对其问题和原因进行深入分析和诊断。以“三新”背景下普通高中教育教学改革中的“十个相统一”为核心内容，结合实际，对学校在办学过程中存在的问题进行诊断。通过督导评估，推动学校进一步规范办学行为，提高办学水平，促进学校教育教学质量不断提升。制定督导评估方案时，应突出对“三新”背景下普通高中教育教学改革目标任务的落实情况的督导评估，要将重点放在学校推进“三新”背景下普通高中教育教学改革的过程中。在具体工作中，要坚持以质量为中心，围绕“三新”背景下普通高中教育教学改革的目标任务和要求进行，深入分析存在的问题和原因，并提出改进措施和建议。评估过程中应坚持科学导向，注意把握好评估的尺度和分寸。既要防止走形式、走过场，又要避免人为干扰；既要避免简单化、片面化地看待问题、处理问题，又要避免庸俗化、简单化地对待问题。既要避免弄虚作假，又要避免无原则地迁就照顾学校和教师；既要避免因过度干预而造成学校和教师的焦虑和心理负担过重；又要避免因过度保护而降低督导评估的要求和标准。对于那些不符合新时代要求的学校办学行为，则要坚决予以纠正。只有这样才能保证督导评估的质量和水平。

第四，加强学校质量监测与评估结果应用。通过教育督导评估，可以了解普通高中学校的办学情况和教师教学的情况，发现问题，提出改进建议。对于被督导评估学校来说，则可以根据督导评估意见，进行自我诊断和调整，不断完善学校的教育教学管理。同时，也要强化督导评估结果的运用。把督导评估结果作为考核评价学校教育教学质量的重要依据，对问题比较突出、工作有明显改进但仍不能有效保证教学质量的学校，应当进行约谈、限期整改；对于连续两年在教育督导评估中被评为一般等次的学校，要给予限期整改或问责；对于连续两年被评为较差等次的学校，要给予警告、约谈、限期整改、通报批评等处理；对于被评为优秀等次的学校，要给予通报表扬并加大投入力度。通过不断强化督导评估结果的运用和实施，促进教育督导评估工作进一步规范化、制度化，实现“评一次”向“管一次”的转变。

第五，积极构建学校协同督导评估体系。“三新”背景下普通高中学校组织协同督导评估，就是在学校组织协同的全过程中，通过运用信息技术等先进手段，对学校的组织运行、管理绩效、教育教学改革等情况进行评价。构建学校协同督导评估体系，可以根据不同学校的特点，选择不同的评估指标，并制定相应的评估标准。在实践中，一般由地方教育行政部门制定统一的标准和要求。在此基础上，对学校组织协同运行情况进行经常性督导检查和评估。

对普通高中学校组织协同运行情况进行评估，应该以学校为主体、以教师和学生为主要对象、以教学改革和人才培养为主要目标、以过程评价为主要方法。可以采取随机抽样方式，根据教育督导部门下达的年度工作计划和有关要求，每年随机抽取一定数量的学校进行重点督导。也可以采取问卷调查方式，在高中教学过程中进行随机调查，了解教师教学改革情况、学生学习状况以及学校教育教学工作中存在的问题。应该坚持问题导向原则，将督导评估中发现的问题与学校教育教学改革工作的重点、难点相结合，确定督导评估项目。对于能够及时解决的问题和有可能出现问题的环节，采取整改通知书等方式督促整改；对于在督导评估中发现的带有普遍性、倾向性、苗头性、趋势性、隐蔽性的问题，应及时采取预警机制予以关注和解决。

同时，对于已经整改过或者可以解决的问题或隐患也应该采取相应措施加以巩固或提高。对于一些暂时解决不了的问题或隐患，应采取相应措施加以解决。在督导评估中发现学校管理薄弱环节时，要提出有针对性的改进意见和建议；在督导评估中发现学校管理制度不完善或执行不力时，要提出建立健全相关制度和规范的意见和建议；在督导评估中发现学校组织协同中存在的主要问题时，要提出加强和改进工作的意见和建议。通过构建学校协同督导评估体系来推动普通高中教育教学改革工作取得新进展、实现新突破、迈上新台阶。这是推进普通高中教育教学改革发展最有效也是最直接的途径。这一工作思路不仅适应了“三新”背景下普通高中教育教学改革发展需要，也适应了深化考试招生制度改革要求。这一工作思路和督导评估体系能够保障“三新”背景下普通高中教育教学改革工作始终沿着正确的方向不断前进。

第六，持续改进学校协同工作的方式方法。督导评估要注重对学校协同工作的方式方法进行持续改进，避免简单的重复和监督。通过建立健全协同工作机制，不断提高学校协同工作的科学性、规范性和有效性。首先，要建立健全组织协同机制。在学校教学管理中，要根据学校的实际情况，建立健全组织机构和人员构成，明确各自的职责和权限，完善协同工作运行机制和流程。其次，要强化教学过程管理。在教学过程管理中，要针对学生学习行为、教师教学行为、学校管理行为等制定出符合“三新”背景下普通高中教育教学改革要求的考核标准，并严格实施考核评价制度。学校要结合实际制定出本校的教育教学质量监控与评价制度、学生综合素质评价制度等一系列规章制度并严格执行。最后，要建立健全激励和奖惩机制。学校应根据不同工作岗位的实际情况制定出相应的激励与奖惩措施。对于工作优秀的教师和团队，应给予表彰和奖励；对于工作失误、不能胜任本职工作的教师应及时进行调整。同时，要对在协同工作中作出突出贡献的集体和个人给予物质上、精神上的奖励。

三、强化督导引领

强化督导引领，必须把督政与督学结合起来。督学是教育督导工作的重要组成部分，是督政工作的基本手段，也是加强普通高中学校组织协同的有效保障。

在督政方面，要根据《义务教育学校管理标准》，加强对县级政府履行教育职责的督导，督促其履行教育职责。要根据《普通高中学校办学质量评价指标》，定期开展对学校的评估监测，强化对普通高中办学方向、育人方式、资源配置、内部治理等方面的督导。同时，要按照《中华人民共和国民办教育促进法》《中华人民共和国民办教育促进法实施条例》等法律法规要求，进一步规范普通高中办学行为。

在督学方面，要不断完善督学管理制度和工作机制，加强督学培训、考核和激励，指导学校建立健全教育质量保障体系，进一步提高教育督导的科学化水平。要强化督导问责机制，对不履行或不正确履行职责的学校和有关责任人进行问责，确保教育法律法规和国家政策落实到位。要充分发挥督导结果的反馈和纠偏作用，切实加强对学校的指导，引导学校遵循教育规律和学生身心发展规律，落实立德树人根本任务，推动学校落实党的教育方针、回归育人本质，促进普通高中的学校组织协同。

深化普通高中学校组织协同，必须健全监督保障机制。一是要完善以教育督导部门为主的常态化督查机制，切实加强对学校办学行为的监督，确保教育法律法规和国家政策落实到位。二是要建立健全教育督导问责机制，对违反有关法律法规和国家政策、违法违规办学等行为要依法进行处罚，并进行责任追究。三是要建立健全学校督导评估制度，充分发挥教育督导委员会作用，进一步健全学校自我评估制度，加强对学校办学方向、办学质量、管理水平、经费使用等方面的监测和评估。四是要完善督导结果公开和反馈机制，推动督导结果向社会公开，强化对学校的指导和监督。

总之，要以“三新”为抓手，推动普通高中学校组织协同，必须要坚持党对教育工作的全面领导，坚持把党的建设贯穿于学校组织协同发展的全过程；必须要加强督管保障，推进普通高中学校组织协同；必须要优化督管方式，增强教育督导的针对性、有效性和科学性；必须要坚持“双轮驱动”，切实构建普通高中学校组织协同的机制保障。

案例

基于“教科研工作坊”的教师协同发展

常州市三河口高级中学

摘　要：文章主要阐述了基于“教科研工作坊”教师协同发展的抓手——构建学校课程体系与课题群，教师协同发展的路径——“完善活动方式，充实活动内容”与“设立三大中心，优化活动过程”，以及教师协同发展的成果。

1. 教师协同发展的抓手

(1) 构建学校课程体系

第一，重释学校的办学理念，重审学校的办学目标，重建学校的课程体系。国家课程要校本化，校本课程要特色化。要重视办学理念和办学目标的宣讲与传播，要让每一位教师知道学校要培养什么样的学生，要让每一位学生成为有常州市三河口高级中学(以下简称河中)教育烙印的人。第二，在起始年级经年累月地开设1～2门校本课程，使之成为河中教育的特色。

(2) 构建学校课题群

第一，学校要加大对课题研究的支持力度。除了职称晋升方面的权重倾斜外，每年要给予市级以上课题一定的科研经费(用于购买书籍等)，要让学校的老师感受到学校是鼓励教师读书的，是尊重教师的辛勤劳动的。第二，学校要鼓励各教研组积极申报市级以上教科研课题，以此作为教研组建设的一个组成部分。第三，学校要多邀请教育科学研究方面的专家来校讲座，让其引领、感染学校教师在教科研的道路上再前进一步。通过教师个人、学科教研组及学校三方的共同努力，着力构建一个完善的课题群。

总之，以学校课程体系的完善、课题群的形成为抓手，通过长远规划，定向培养，结对合作，抱团发展，成果展评，竞争共赢等方式提升教师课程开发、课堂教学、课题研究等方面能力。

2. 教师协同发展的路径

(1) 完善活动方式，充实活动内容

在原有松散型活动的基础上，进一步完善活动方式，充实活动内容。活动方式上，由原来的个人研究为主，拓展为集体研讨为主；活动内容上，由原来的课例反思、教学研讨，延伸到经典阅读、个人讲座、课例反思、学术沙龙、论文撰写、专家讲座、微课制作、教学改革等等。个人研究与集体研讨相结合，不断丰富活动内涵，提升工作坊成员的科研能力。

① 经典阅读

每学期布置一些必读书目，如《课程与教学的基本原理》《学习、教学和评估的分类学》《课程与教学论》《教学设计原理》《课程评价论》等等，进一步提升成员的理论素养，拓宽视野，指导实践。

② 个人讲座

开展两种形式的个人讲座：一是基于"夯实过程"的系列讲座，分享经验做法、探讨问题困惑、完善改进措施；二是基于"输出成果"的专题讲座，相互启迪智慧、分享成功经验。如每个学期，工作坊成员可以"认领"一种教育科研方法，先是开展理论学习，之后在实践中加以运用，最后在集中活动时结合案例加以介绍。这种在讲座中介绍的研究方法实际上是一种实践理论，具有很强的操作性与借鉴性。

③ 学术沙龙

可以举行"我们的课堂如何实现'翻转'?"等主题的学术沙龙活动。活动前，工作坊成员带着问题学习相关理论。活动中，用相关理论关照教育教学实践，寻找解决问题的途径与方法。活动后，用教育教学实践检验理论与方法的效用。这种沙龙实际上是贯通"理论与实践"的教学问题的探讨，具有教学实践的生动性，又不失教学理论的严谨性，通过沙龙取人之长、补己之短，更好地指导实践。

(2) 设立三大中心，优化活动过程

教学改革、课题研究、课程建设是教育科研的三项主要内容。工作坊将设置"课例研究中心""课题研究中心"和"课程建设中心"，以突出工作重点，开展教改试验，托管综合课题，建设校本课程，以突破工作难点。

① 课例研究中心：开展教学改革试验，集成朴素教学经验

教学技能是在教学改革试验中一点一滴积累起来的。以课例研究为载体，进行递进式和主题式教学改革。递进式教学改革就是围绕"追求深度理解的教—学—评一致性改革"，对教学目标、内容、活动、方法等教学环节进行优化，以最大限度地提升教学效果。这种改进可以是教学板块的重新架构，也可以是教学手段的优化、练习考试的评价等等。主题式教学改革是指教师带着研究主题进行教学设计与教学改革试验，如基于认知学习目标的课堂教学设计与实践，就是围绕着"如何优化教学设计与教学实践以有效实现认知学习目标"而进行的系列教学试验。

② 课题研究中心：托管综合课题，汇聚教育科研智慧

课题研究就是对某一问题的持续关注。以托管的形式进行学校主课题的研究，让工作坊成员承担学校主课题的主要研究工作。围绕研究内容，开展理论学习、沙龙研讨、教学改革试验、成果汇编等系列研究活动。在此过程中，学校做好监督和评估

工作。如此，可以汇聚众人智慧，极大地提高学校主课题的研究质量。

③ 课程建设中心：开发校本课程，提升资源开发能力

课程是跑道，它影响着学生的学习。因此，学校将更加重视课程建设，特别是校本课程的开发。工作坊在对学校现有课程进行梳理的同时，构建了以“诚恒”校训为宗旨的三级课程体系——基础课程、拓展课程和探究课程。在此基础上可以开发一些特色校本课程，如《延陵季子》《高晓声在河中十七年》等。通过校本课程的二次开发，实现教师视域的不断融通，课程开发能力的不断提高。

3. 教师协同发展的成果

基于“教科研工作坊”的教师协同发展研究取得了丰硕成果。2020 年，语文、历史教研组被评为常州市天宁区先进教研组。2022 年，历史教研组被评为常州市先进教研组，两人晋升为市学科带头人。2022 年，河中两个校区教师发展工作室被评为常州市天宁区优秀工作室。教育部校本课程建设第三批推进项目《〈延陵季子〉校本课程的实践研究》与教育学会课题《引领学生主动发展的教学评一体化模式研究》均于 2020 年结题，省教育科学规划（重点自筹）课题《“图像转向”视野下美术鉴赏课例设计与运用的实践研究》于 2021 年通过中期评估。

参考文献

[1] 麻宝斌，李辉．协同型政府：治理时代的政府形态[J]．吉林大学社会科学学报，2010，50(04)：11－16.